THE POWER OF EMPATHY

共情的力量

[美] 亚瑟·乔拉米卡利
[美] 凯瑟琳·柯茜 著
王春光 译

中国致公出版社
China Zhigong Press

图书在版编目（CIP）数据

共情的力量 /（美）亚瑟・乔拉米卡利，（美）凯瑟琳・柯茜著；王春光译 .
— 北京：中国致公出版社，2019（2022. 1重印）

ISBN 978-7-5145-1301-1

Ⅰ. ①共… Ⅱ. ①亚… ②凯… ③王… Ⅲ. ①心理学—通俗读物 Ⅳ. ① B84-49

中国版本图书馆 CIP 数据核字 (2018) 第 143242 号

著作权合同登记图字：01-2018-4130

共情的力量

[美] 亚瑟・乔拉米卡利，[美] 凯瑟琳・柯茜　著　王春光　译

责任编辑：王福振
责任印制：岳　珍

出版发行：

社　　址：北京市海淀区翠微路 2 号院科贸楼
邮政编码：100036
电　　话：010-85869872（发行部）
经　　销：全国新华书店
印　　刷：三河市冠宏印刷装订有限公司
开　　本：700 毫米 ×1000 毫米　1/16
印　　张：18.5
字　　数：261 千
版　　次：2019 年 1 月第 1 版　　2022 年 1 月第 7 次印刷

定　　价：49.80 元

一道光芒闪过，我们的现实生活崩塌。这时你才意识到，你和他人实为一体。

——约瑟夫·坎贝尔（Joseph Campbell）

PREFACE | 序一

我不想用欢乐将我心中的忧伤换掉，也不愿让我那发自肺腑怆然而下的泪水变成欢笑。我希望我的生活永远是泪与笑……泪表达出我的痛心与悔恨，笑则流露出我对自己的存在感到幸福和欢欣。

——哈利勒·纪伯伦（Kahlil Gibran），

《泪与笑》（*A Tear and a Smile*）作者

这是一本关于我的书。我在这本书里讲了很多我生活中的故事，关于我爱的人和失去的人的故事。我也提到了我跟病人、教授、学生和同事之间关系的细节。在这些故事中，我展露了我的欢乐、我的悲伤、我的恐惧、我的希望、我的梦想和经历过的绝望。

我是苦思冥想了好多个礼拜之后才决定要公开这些生活细节的。即使是在做了决定之后，我还是会无数次在夜里醒来，被下面这些问题所折磨。有谁会想知道我生活中的这些事情呢？我为什么会觉得需要跟陌生人说出这些个人经历呢？我希望能分享什么心得呢？

这些问题也道出了我的职业身份和个人身份之间的冲突。我作为一名临床心理学家所受的训练和实际的经验都告诉我要对我的情绪进行严格的控制。多年来，我已经学会了严密注意我的感受，不对外公布我的私人生活，高度尊重病人和治疗师之间必须要明确的边界。然而，从个人的角度出发，我也知道关系中的信任是在我们愿意展露出我们内心的想法和感受的时候才能建立起来的。只有当我们有勇气对他人打开自己，放弃我们自己的观点以进入他人的世界时，我们才有望建立亲密长久的关系。如果我们都有所保留，只打安全牌，那就减弱了共情能把我们拉得更近的力量。

在我为这个决定而犹豫不决时，我试着把自己放在读者的位置上，想知道如何才能把我通过生活和工作学到的共情讲得最好。最后我决定勇敢一试，讲出我自己的故事。共情让我发生了脱胎换骨的变化，如果我想要说明它的潜能，就必须承认并感谢它对我的生活所产生的深远影响。

所以，我决定向读者敞开我的生活。我知道，是我的体验让我明白了共情的力量和承诺。我是一个临床医生，跟那些正在遭受痛苦、奋力想从绝望中找到出路的男女老幼一起工作，但是我来写共情的首要资格在于我也是一个在寻找、在挣扎、在受苦的人——跟每个人都一样。

我跟其他人连接的最有意义的方式就是讲出我的故事。这也是在生活中我们身处一段真诚的关系时要做的事情——我们讲故事，我们听故事，然后我们花时间在这些讲述中寻找意义，希望能找到一个共同的线索和主题来给我们指出一个明确的方向，帮助自己找到一个前进的目标，找到能穿透黑暗、指明道路的那束光。

我在工作和生活中发现了一个绝对的真理——共情就是那束光，能穿透痛苦和恐惧的漫漫黑暗，找到我们生而为人的共通之处。

目录 CONTENTS

第一部分　我们为什么需要共情

第一部分

我们为什么需要共情

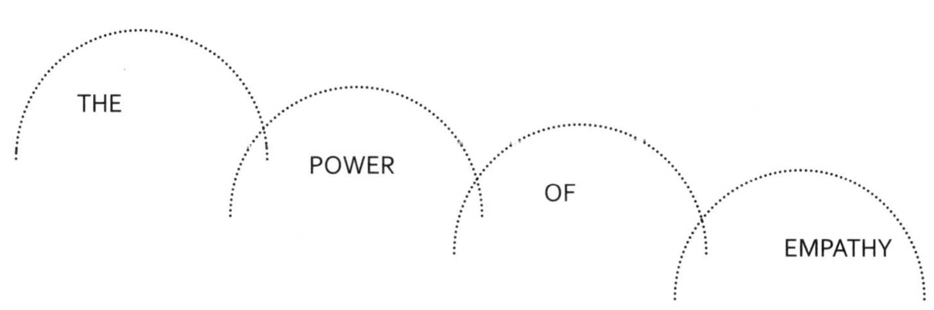

第一章

认识共情：共情其实有两面性

共情是理解他人特有的经历并相应地做出回应的能力。共情的两面性是指这种与生俱来的能力既能用来助人，也能用来害人。

我眼望着大海，心里想到了共情。坐在岸边，看着海浪拍打着海边的岩石，我意识到其实这浩瀚的海水时刻都在进行调整，发生变换。在这潮起潮落之间，所有的事物也都随之发生变化，不停地移动、翻整和重排。海浪不停地扑上来又退下去，侵蚀着高耸的峭壁，也打磨着有三亿五千万年历史的岩石。海面上倒映着天上的白云，炽烈的太阳射出跃动的光线，像绿宝石一样闪耀。入夜后，远看水面就像一面镜子，月光在镜面上划出一条银色的痕迹。

我从岸边凝望着大海，恍惚间仿佛觉得我能知道这大海有多深。而事实却是，每学到一点知识，我就会发现有更多的奥秘有待探索。对人的认识也是一样。我们总以为通过看外在就能了解到一个人的内心。在生活中，我们总是观察别人，还以为自己可以真正了解他们。但我们也经常因为一些想法或情绪激发出新的思考或感悟而感到惊讶。

就像潮水能决定着大海的起落流向一样，我们的共情也具有汹涌激荡的威力。**共情是一种与生俱来的力量，它从祖先那里传承下来，并赋予我们生**

活的能量、方向和目的。共情并不是一种突然涌过、将人笼罩的感觉或感知，而是对世物表象之下的内容所进行的富于智慧又充满敬意的探索。在持续变化的大背景下，共情有助于我们维持平衡和洞察，并教会我们如何做出相应的改变，让我们放下预判，带着开放的心态和头脑进入到关系当中。

共情的疗愈力量

我把共情定义为理解他人特有的经历并相应地做出回应的能力。共情的两面性是指这种与生俱来的能力既能用来助人，也能用来害人。共情就像海浪一样，有时温柔轻抚，转瞬间又凶猛恶毒。每次我要介绍共情的疗愈和支持力量的时候，都会想起丽莎的故事。

丽莎是一位身材高挑、很吸引人的女士，大概三十五六岁。第一次面谈时，她很急匆匆的样子。她跟我握了手，做了自我介绍，然后坐下来，把她的大号皮质公文包放在椅子边的地面上。她动作干脆利落，每隔几分钟就要看一眼手表。

“第一次面谈时，我都要做点记录，”我说，“您不介意吧？”

她眉头微皱。“我不确定您是否需要这样做，”她说，“我知道您是一位心理学家，但是我并不打算做长程心理治疗。我听说您的专长是使用各种替代疗法，我想用一些维生素或中草药之类的东西来让我镇静，改善睡眠。或许等我不太忙的时候，我会考虑去上一个减压的课程，但现在我只想要点什么东西能让我每天好过一些。”

丽莎很想要一个快速见效的解决方案，而且明显不想去探索她这些症状下面的深层原因，这让我觉得应该把节奏慢下来。如果我想要帮她，就需要了解一下是什么事情把她弄成这个样子。“我会很乐意回答您关于维生素和中草药及这些东西减压效果的问题，”我说，“但是首先我要先对您有所了解。我明白您现在就想要点这些东西，但我觉得，如果我不了解一下您的情况就给出建议的话，是很不负责任的。您介意我问您几个问题吗？”

丽莎的眉头皱得更紧了，嘴巴紧闭，做了一个“这可不是我想要的”表情。“好吧，如果您觉得这是必须要做的。”她回答，眼睛却直直地盯着窗外，身体在椅子里不自在地挪动着。

我对她的耐心表示了感谢，然后开始问她一些标准化的问题。结婚了吗？结了。有孩子吗？两个女儿，一个6岁，一个8岁。职业？波士顿一家科技公司的中层管理人员，刚被提升了一大级，经常出差，每天工作10个小时。父母的年纪？

“我母亲65岁了，”她说，“我有两个姐姐和一个哥哥，我是家里的小宝贝。”

“您没提到您的父亲。”我说。

“我父亲过世了。”她说。我注意到丽莎的眼眶突然变得柔软湿润了。

“很抱歉，”我说，“您能告诉我他什么时候过世的吗？”

“3年前，”她咬着嘴唇说，“他是4月份去世的。”

“他是3年前的这个月去世的。”我回应道。

丽莎点了点头，然后突然弯下腰在她的包里找东西。她这个快速的无意识动作告诉我，我们刚才的话题触及了她强烈的情绪。她继续在她的包里翻找，眼睛一直朝下看，我就看着她，但只能看到她的头顶。过了一会儿，她直起身来，对我浅浅地笑了一下。“不好意思。”她说，手里捏着一叠纸巾。

“没事，”我说，“我想我能理解您的感受。”

“您能理解？”她问道，并用纸巾轻拭眼角。

“您毕竟只有一个。”我说。

“一个？一个什么？”

“一个父亲。”我说。

她盯着我看了一会儿，她内在的一些东西好像突然间就消退了。她深深地叹了口气，眼中噙满泪水。“每次说起他，我都会哭，”她充满歉意地说道，“我两个姐姐都说我早应该调整过来了。她们说我的反应像个小孩儿。”

“我还不是很了解您的情况，”我说，“但我不觉得您为父亲落泪就像个小孩儿。”

这时她的眼泪索性顺着脸颊流淌下来，她也没有刻意去止住泪水。

“您的眼泪告诉我，您对您父亲有着很深厚的感情。”我继续道。

“是的，”她说，“我非常爱他。我特别想念他。”

“我完全理解您对他过世的反应。”我说。

“即使已经过了3年？”

“当然了。”我说。

“所以您理解我现在是什么感觉？”她说，眼睛直视着我的眼睛。

“我觉得我能理解，”我说，“但是我肯定还需要了解更多的情况。”

过了一会儿，丽莎把身体靠在椅子上，对我露出一个非常伤心疲惫的微笑。她开始给我讲她的丈夫一年前被解雇了，现在得了严重的抑郁症。她说不知道该怎么给他们的豪宅还房贷，她很担心她年幼的孩子如何面对她每天长时间的工作和她丈夫的抑郁。

“我觉得就像那个大坝终于坍塌了，”这次面谈结束时，她说，“我之前用尽了所有力气来装成一切正常的样子。现在能把糟糕的情况说出来，这对我是巨大的解脱。”

就在我通过共情而理解她的瞬间，丽莎的自我觉察突然间拓宽了，也更深入了。借由共情来引导我们的沟通，这让她的世界逐渐扩展开来，她看到了以前无法看到的东西。她对自己的悲伤和眼泪有了新的认识，也对自己与姐姐、丈夫和孩子之间时常艰难的关系有了更好的了解。视野打开之后，她决定要花时间来探索自己的情绪，并尽力加强自己与家庭成员之间的关系。共情需要坦诚的自我评估，这也给她指出了新的方向和自我蜕变的可能性。

如果当初在访谈的一开始就按照丽莎的要求，讨论一下她生活中的压力，给她一些关于维生素和中草药的使用建议会是非常容易的。她也会吃这些药，可能短时间内也会看到效果。但是，她的痛苦不会被根除。

因为用了共情来指引我的工作方向，我知道给丽莎**想要的**并不意味着给了她**真正需要的**。关注表象下的东西让我对她的纠结和痛苦有了更深层的理解。我们把面谈的进度放慢，这让我们俩都平静了下来，因为我们能够进入到一段有意义的关系当中，可以讨论对她真正重要的事情，能让我们对她本人的经历及与此相关的情感，都有更深入、更全面的理解。

共情不是好心人的特权

丽莎的故事展示了共情积极、有益的一面，这是一种源于我们内在的力量，驱使着我们去深入而不仅仅是流于表面地理解别人。但是共情还有一个阴暗面能被恶意利用。共情可不是好心人特有的权力。我一直都记得，我开始了解到共情的阴暗面是20年前了。当时，我在家中的书房里阅读一本学术论文合集《自体心理学进展》(*Advances in Self Psychology*)。我看了一章又一章，对各种理论术语都有点儿烦了，然后正好读到了精神分析学家海因兹·科胡特（Heinz Kohut）撰写的一篇文章。

科胡特在文章中说，共情既可以被用于善意、积极的目的，也能被恶意利用。比如，纳粹分子在他们投放的炸弹上加上响亮的警报声，因为他们知道这种从天空中传来的奇怪声音会给地面上的人们造成恐慌。通过**共情——就是那种能看透别人的内心和灵魂、知道他们的想法、感受他们的情绪的**

能力——纳粹分子能够精心算计并掌控受害者的恐惧，以最终摧毁他们。

我读到科胡特的这段分析时，突然间激情澎湃，因为我突然理解到，共情比我之前以为的要强有力得多。科胡特关于共情阴暗面的见解既阐明了共情的两面性，也揭示出了这种人类与生俱来的能力还有一些尚未被开发的潜能。我突然间意识到，我每天跟那些遭受困扰的人们打交道时的切身体验其实是一种奥秘，而且这种奥秘极具深度和广度，以至于我才领悟到九牛一毛。这就是那个需要被厘清的问题，即共情可以带我们体验到生命中最崇高、最伟大的情感——关心他人、慈悲、自我牺牲和爱，而转瞬间，共情也能让我们看到躲在人类灵魂最阴暗处的欺骗和背叛。

其实，纳粹分子并不是唯一利用共情能力来掌控他人的人。科胡特在文章中继续写道，推销员时而语调坚定权威，时而温柔地花言巧语，用这种套路来攻破顾客的心理防线，这也是在使用共情。这就像很多父母教育孩子的方式一样，一会儿是“你要把这个或那个做好”的命令，一会儿又温柔爱怜地呼应孩子的情感。正如科胡特所分析的，推销员就是在与顾客的“内在小孩”共情，而这个“内在小孩”当初就是被这种命令与劝诱并用的方法所驯服的。

我曾经看过推销员是如何工作的，知道最“狡诈”的那些推销员是如何锁定他们的猎物，悄悄地找出最容易下手的目标，然后快速坚决地使出撒手锏。“夫人，您看，”我有一次听到一个汽车推销员跟一位老妇人说，“您需要一辆车。您不能一直开着原来那辆老古董了，那很不安全。”

一转身，他那坚定的、家长般的语调就换成一种温暖的、花言巧语的渲染。“这难道不是您摸过的最柔软的皮革吗？这车开起来多么平稳啊，都感觉不到路面的起伏颠簸。”然后，再一转身，又盯着手表说：“我15分钟之后约了别人，不过我可以现在跟我的经理说一声，让他给您一个在哪里都拿不到的好价钱，如何？”

共情教我看透人心

其实我是在我父亲的指点下长大的。他开了一家家具店，自己就是一个很有天赋的推销员，知道怎么对付那些骗子。我父亲只卖高端家具，他知道怎么说服顾客选择稍微贵一点的高级正品，而不选那些便宜的赝品。他对他卖的货很有信心，而且又是个很守职业道德的人，所以顾客们渐渐地都很信任他。其实我父亲比绝大多数人都知道，操控别人的感情和想法是多么容易。经年累月下来，他早就学会了怎么识别哪些人是真心为你着想，而哪些人是忽悠你，他们只是为了得到自己想要的东西。

在父亲教给我的所有技巧当中，他觉得最有用的是评估别人的特质和动机的能力。我父亲每天要工作12个小时，下班回家后他会坐下来喝杯咖啡，抽支烟，再问问我当天的情况。我会告诉他我的事情，他就会给我一些建议，用他那无可比拟的方法来教我怎样看透别人的内心和灵魂，判断对方的真正用意。“一定要记得，亚瑟，”他会抓着我的手腕表示重点强调，“看起来像是朋友的人可能只是在利用你，而貌似敌人的人也可能只是害怕你。要注意看他人的眼神。看他是直视你，还是不敢看你？他手上的动作是什么？他站着的时候是不是两只脚交替着地？他是不是搂着你的肩膀说你是他最好的朋友？一定要记得问自己‘这家伙想跟我推销什么’。”——说到这里，他会把我的手腕抓得更紧——“要想想真正的原因。”

我父亲还教会我如何镇定又用心地评估别人的特质，这都是为了让我能跟真心为我好的人为伴，不要受害于想利用我的人。有件事让我记忆犹新。有一次他在我上班的时候来找我，我把他介绍给一位我很敬仰的同事。后来我父亲问我：“亚瑟呀，亚瑟，这就是你敬佩的那个人吗？你糊涂了吗？你们说话的时候我观察了一下，他都不看你的眼睛！你说什么他也没有在听，他只是想等你说完之后好说出他的意见。他说话的时候好像是在布道。”我父亲提高了音量来强调最后一点。“你注意到他的裤子了吗？亚瑟，他的裤子短了整整3英寸。”

我笑了起来，父亲却非常严肃。“他的裤子短了3英寸，亚瑟，”他一字一顿地说，“那是因为他从不往下看。他太高高在上了，他并不在乎你、我或其他人，他只在乎他自己，在乎如何保住他的高位。”

我父亲利用共情来评估他人，就像给人做X射线扫描一样。他把这种智慧传授给我，想让我学会怎样看清他人的头脑和内心，如何明辨他人的用意。跟心理分析学家科胡特一样，我父亲也明白，共情的力量既可以助人，也可以害人。我以前从来没觉得我父亲对面部表情和肢体动作的精细分析也算是共情，但读了科胡特关于纳粹分子和推销员利用共情来操控他们的目标的分析之后，我突然觉得他的那些分析和共情之间的联系是如此密切。

我渐渐迷上了共情。我很想了解更多东西，想知道它是怎样起作用的，怎样用来影响他人，怎样用它来保护自己。在我看来，如果共情能被恶意利用来操控别人——比如一个预谋强奸犯或许会盯上一个容易下手的年轻姑娘，把她哄骗进他的车里——那这些目标受害者也应该可以通过共情来识破这个阴谋。**如果可以用共情来控制他人的情感和行为并加以利用，那应该也可以用共情来自我保护和防卫。**共情就是个矛盾统一体。

多年之后我对共情越发地着迷。我不是搞学术研究的，所以如果你想要一本关于共情的学术论著，那这本书估计不是你要看的。我是个临床工作者——我的工作对象是那些正遭受困扰需要帮助的人们——所以我的兴趣主要是共情和亲密感之间的关联。我想知道如何利用共情来加强人与人之间的连接，给绝望的人以希望和安慰，修补因为误会而受损的关系，让失去自我的人重拾自信、信任和信念。我向不同年纪、不同性别的人讲授如何把共情用作一个评估工具，帮助他们识别出别人什么时候是出于好心，什么时候是想利用共情来欺骗、害人。

尽管我自己不做研究，但我还是会介绍其他人的研究工作和他们在实验室里对共情所做的一些引人入胜的实验分析。在过去的10年里，共情本身已经成为一个明确的科学研究对象。心理学家们研究了男性和女性在关系中表达共情的不同方式、自发和有意共情之间的区别、情绪如何影响行为等。更有意思的是，他们还会去看面部表情和身体动作如何不经意间流露出的某种特别的情绪，比如愤怒、恐惧或喜悦。

共情是头脑能做的第二伟大的事情

科学家们都很注意保持客观，但他们也对共情非常着迷。得克萨斯大学的心理学家威廉·伊克斯（William Ickes）是在共情研究领域中最高产和最德高望重的研究者之一，他在自己的《共情的精准度》（*Empathic Accuracy*）一书中做了如下表述，让人难以置信。

> 共情推理就是日常生活中的读心术……共情可能是头脑能做的第二伟大的事情，而最伟大的就是意识本身。

首先，我们是有意识的——清醒并能觉察到我们自己正在思考和正在感觉着。其次，我们是能共情的，也就是说，我们能在更深层次上相互理解，真实地感觉到他人的感觉，明白他人的想法、主意、动机和判断。共情是人与人之间相互联系的纽带，让我们能在行动之前有所思考，去了解那些处于痛苦中的人们，教我们如何利用推理能力来平衡我们的情感，激励我们向人们所能够追求的最崇高理想而努力。如果没有共情，我们就会像一些相互没有关联的物质一样在这个星球上游荡，即使碰巧撞上了彼此，也会在说一句“你好”之后相互弹开。这样的我们虽然清醒但没有感觉，虽然有觉察但漠不关心，虽然有很多情感但无法理解或影响它们。

共情能提高我们对他人想法和感觉的觉察力，让我们知道如何全然又全心地生活。共情最想把自我变得更为广大，其实这也是**共情的实质——把你的生活扩展到别人的生活里，把你的耳朵放到别人的灵魂中，用心去聆听那里最急切的喃喃私语**。你是谁？你感觉怎么样？你是怎么想的？你最看重什么？这些就是共情需要去探索的问题。共情既顽皮又好奇，而且关注于每时每刻的沟通。共情具有诗人一般的灵魂、孩童一般的内心和先知一般的智慧。

至少在出于友善助人的目的时，共情是这个样子的。但共情的阴暗面也是我要讲的故事中同样重要的一部分。其实每天都有人通过共情来影响你。你的老板利用职业操守或你害怕被炒鱿鱼的心理来劝你超时工作；你的爱人花言巧语地恭维你，想让你忘掉一段不走心的话语；孩子的要求没有得到满足时双眼含着泪水，一方面是因为沮丧，另一方面显然也是因为想要你改变主意。“爸爸，您工作太拼命了，我都觉得我再也没有机会单独跟您待一会儿了。”我16岁的女儿阿莱娜这么说的时候言语中充满了情感。然后她对我闪过一个胜利者的微笑，“那么，今天下午您能送我和艾瑞卡去购物中心吗？”

明知道我正在被操控，可我还是觉得女儿的这番煽情蛮招人喜欢的。这就是最关键的一点——只要你知道事情是怎么回事，你就可以自己决定要不要进行配合。共情会告诉你什么时候可以表示同意，什么情况下要拒绝。共情知道怎样设定边界，划清界限。共情在教你如何敞开心扉迎接生活的不同经历时，也会保护你免受伤害。

当被善意使用时，共情能修补人与人之间关系中长久深存的裂痕。在先后跟几百个病人打交道的过程中，我已经见证了共情能促进相互理解。我曾经见过共情是怎样起作用的，它能奇迹般地抚平紧张的关系，同时也能让人更好地理解自己。我坚信，相比于其他的任何能力，共情能力才是建立人与人之间互爱关系的关键，也能消除正在影响我们很多人生活的孤独、恐惧、焦虑和绝望。

共情是让我们跨越人与人之间鸿沟的一座桥梁。在共情的引领下，我们能扩展自己的边界，到未探索的空间，去建立更深入、更真诚的关系。通过自我扩展，我们能赋予我们的内在生命以活跃的能量和意义感。通过理解他人，我们能体验到生命中最具意义的体验——感恩、谦逊、宽容、宽恕、仁慈和爱。

我相信共情能让这个世界更加善良，更加安全。如果失去了彼此间的连接，如果只关注自己的需求，总是去评判而不是去宽恕他人，那么对任何人来说，生活都会更加艰难。如果通过共情加强了与他人和与自己的关系，生活中的悲伤和痛苦就会更容易接受。共情并不需要任何成本，所以并不是只有有钱人、受过良好教育的人或读书人才能拥有。共情是每个人都可以拥有的能力。而且共情是可以传播开来的——如果你“共情”别人，别人也会加倍地“共情”你。

我对共情的着迷也源于我成长的经历。我是在一个人与人之间联系密切的环境里长大的。邻居们相互来往，阿姨叔叔和表兄妹们经常在礼拜六下午顺路来串门。晚饭后一家人经常坐在门廊里或前门的台阶上休息，或是跟过路人攀谈。葬礼司仪认识家具店老板，家具店老板认识银行职员，银行职员还认识高中足球教练家的孩子们。诸如宽容、宽恕、信念、希望等，这些都不仅仅是理想，而是我们每天的切身体验。

在这本书里，我会说到很多我认识的人和我经历的事。我会跟你讲我父亲和我高中辅导员之间的对话，那个辅导员建议我去参军，因为我唯一的特长就是打橄榄球；我会讲在“二战”期间一个德国间谍出卖我父亲的故事，以及我父亲从中吸取到的关于友谊和欺骗的教训；我还会讲我和母亲在她临终之前的最后一次谈话，那时她已经因乳腺癌住在医院里了；我也会讲到很多我与其他教授、同事和病人打交道的故事。我相信我自己的这些故事能告诉你共情在生活中是怎样发挥作用的。

但是，在开始之前，我要先告诉你这本书是如何写就的。几年前我写过一本关于心理治疗过程和我关于人际关系的哲学观点的学术著作。像大多数学术书籍一样，看过这本书的人不多。“我觉得这本书挺有意思的，”我的一个病人告诉我，“我只是不知道我有没有看懂你写的东西。”

我知道这次我应该写一本让大家都能看得懂的书。我还知道要想让大家真能看得懂的话，我应该写一些我自己的故事。但刚开始我还不确定我是不是想写这些故事。于是我开车去了我最好的朋友理查德•苔希希尼（Richard Tessissini）的家。我和理查德从小在马萨诸塞州米佛镇一起长大。这么多年来，理查德参与了我生活中所有的喜悦和悲伤。他像爱他的父母一样爱我的父母，即使在几年之后，他还对他们的故去感到伤心。

“理查德，你怎么看？”我问他，“我应该写写大卫吗？”

理查德看着我，沉默了一会儿。然后他笑了，从他的微笑中我似乎感觉到了我们共享过的所有悲伤和喜悦。“所有的事情都是从大卫开始的，”他说，“他就是核心。”

我点点头，心里明白他是对的。大卫是我最伟大的一位老师，他让我知道共情不只是一个哲学框架或心理学理论，共情的力量能引领我们穿越黑暗，重返光明。

第二章

我为什么研究共情：大卫的故事

共情深知人们精神之强韧。

大卫是一个健康帅气的年轻人，住在一个以蓝领工人为主的小镇上，这里家家户户世代相熟，邻里之间往来密切。大卫是一个有天赋的运动员，才思敏捷，温和亲切，仅是跟他共处一室都会让人感觉很好。父母宠爱他，老师们尊重他，朋友们佩服他，所以大卫对自己的能力很有信心，自我安全感也很好。

1970年大卫离开家乡去上大学时，他梦想着此生能做一些有意义的事情，以回报这个一直以来都如此善待他的世界。只是，他对学业从来都没有感兴趣过，很快就烦透了上课，几个月之后便离开了学校。他就在老家的街道上闲逛，寻找着谋生之路，人变得很低落，对自己失去了信心。他很害怕这是在拿自己所学到的东西开玩笑。看到父母表情里的担心时，他也为自己感到羞愧。

没有大学文凭的他能做些什么呢？他的父亲虽然没有大学文凭，却也把自己的生活经营得很好。他的父亲曾经是一个“二战”英雄，是特遣队的一员，这个特遣队曾经直接利用降落伞空降到敌人战线的后方，组织游击队，最终对推翻意大利的独裁者墨索里尼起到重要作用。大卫希望参军也能拯救自己，所以，他自愿报名去越南参战。他琢磨着，至少这也是一件可以做的事情，是一种可以向家人——可能更重要的是自己——来证明他并不缺少勇气或积极性的生活方式。

没人能看见我的真实脆弱

不过大卫并没能获得去越南的机会。因为大学生们抗议战争，国会议员开始把部队召回国，大卫只在新泽西州的迪克斯港（Fort Dix，美军的军事基地）待了两年，又在马萨诸塞州的军方实验室里待了一年，志愿做一些药理学实验。被遣散之后，大卫回到老家，又跟一些从高中和大学辍学的酗酒嗑药的人混在一起。他开始酗酒，抽大麻，还尝试使用LSD（麦角酸二乙酰胺，一种致幻剂）。最终，他吸上了海洛因。

他的父母手忙脚乱地帮他戒毒。他父亲给他提供了一份工作，还在地下室里搭凑成的健身器械上陪他练重量托举，一练就是几个小时；他的母亲经常跟他长谈，拉着他的手向他保证说，她愿意做力所能及的任何事情来帮他减轻痛苦。大卫承认自己染上了毒瘾，也同意去看医生。医生诊断他是慢性抑郁症，给他开了安定药和抗抑郁药。大卫也拜访了教区的神父，神父建议他每天去教堂祷告。他还服用超大量的维生素和矿物质补充剂，花时间阅读各种自助书籍。然而，他还是会吸毒。这让那些过于简单化的建议显得那么的可笑。

大卫的家人恳求他去参加一个帮助戒毒的项目，但他坚持说自己能够戒掉这个恶习。有一次他尝试着不用药，因为他停用海洛因会发抖出汗，他妈妈就在家护理了他整整3天。那次的尝试让他坚持了两个月，但后来又吸上了。

1974年10月的一个下午，大卫在附近的酒吧里喝啤酒，而且也刚吸过海洛因。几个熟人过来坐在他旁边，忽悠他负责给当晚抢劫结束后的逃离保驾护航。“这钱来得很容易的，”他们说，“不用武器，也没人会受伤，你需要做的就只是开车而已。”看起来确实很简单，所以大卫就同意了。事情也确实都按计划进行了，只是发生了一件悲惨的事情——遭抢劫之后，商店老板突发心脏病死了。

参与抢劫的一个人当晚就被警察抓住了，关进监狱里不得保释。据说他会被终身监禁。大卫很害怕坐牢，逃出国去，跟其他几个从美国潜逃出去的人一起流落到阿姆斯特丹一个脏乱的小旅馆里。

有一天大卫接到他哥哥打来的电话，求他回家去。他哥哥告诉他，他的父母已经聘请了一位刑事律师。律师承诺，因为大卫并没有参与谋划和实施抢劫，他坐牢不会超过五到七年。

“我今天会把回来机票的钱打给你。”他哥哥说。

“如果我要坐牢的话，我会杀了我自己的。”大卫说。

“大卫，求你了，你想想啊，”他哥哥恳求他，“你不能下半辈子都待在欧洲啊。你总要回家的。大卫，妈和爸都很想你，没有你，他们也没法活了。他们让我告诉你，你回来之后不管发生什么，他们都会支持你的。我们都会支持你的。”

“让我想一想啊。”大卫说着，轻声地哭了。一阵长长的沉默过后，他说：“我爱你。告诉妈和爸，我也爱他们。”

“我们会把事情解决的，”他哥哥跟他保证，“我明天再给你打电话来把计划定下来。”

接完电话之后，大卫就去了阿姆斯特丹的中国城，买了一袋高纯的海洛因。回到旅馆后，他跟朋友们聊了一会儿，道了别，然后回到自己的房间，锁好门，给自己注射了致死剂量的海洛因。几个小时后，他的尸体被发现，针头还留在他的胳膊上。

大卫就是我弟弟，他是我唯一的同胞兄弟。他死的时候，我27岁，当时已经拿到了咨询心理学的硕士学位，正在马萨诸塞大学完成博士学位的最后课程。

现在回头看那一天和随后的日子时，我仍然很痛苦。那些记忆刻在了我的脑海里。我记得我跟大卫打电话求他回家后的第二天，父亲和我出去吃晚饭时，先到我奶奶家，我在那儿计划给在阿姆斯特丹的大卫打电话以安排他回家的行程。当我打电话说找他的时候，前台女服务员告诉我等一会儿，然后旅馆经理接了电话。她告诉我大卫死了，死于海洛因过量注射。我看向父亲，他坐在奶奶家的沙发里，用混杂着希望和恐惧的眼神盯着我。我们的目光相遇了。在那一瞬间，他就明白了。那天他并没有哭，就像是放弃了，败下阵来。我们开车回到家，发现母亲在起居室里呆坐在黑暗中。我只说了一声“妈”。她站起身来，从壁炉架上一把抓住大卫高中时的照片抱在胸前，哭着问：“他走了，是吗？”

我也记得我让葬礼司仪在运送大卫遗体的飞机到达后给我打电话。我不想让父母看到大卫的遗体——我不想让他们知道大卫是自杀的，因为我深知他们承受不了这个消息。一天深夜，葬礼司仪给我打来电话，告诉我他凌晨2点要去波士顿洛根机场领遗体。凌晨4点30分，我悄悄地溜出父母的家，走过8个街区到了葬礼司仪的家，猛敲门，叫醒了这个可怜的人和他老婆。他还半睡半醒着，带我看了楼上房间里的棺木，又下楼到了地下室后面角落里一个没有窗户的小房间。那里的防腐剂味道让我直反胃。

我看到了遗体，只穿着内衣，脸部严重肿胀，我都没认出来这是我弟弟。“那不是大卫。”我说。

这位了解也深爱着我们家的葬礼司仪轻拍了一下我的胳膊。“亚瑟，你必须要确定，”他说，“你可不能弄错了。你准备好之后再看一下。”然后，我看到了大卫手臂上的刺青图案。我看到他剪到耳朵上方的头发。“爸觉得你回家之前应该理个发，他觉得这样在法庭上会看起来好一些。”这是我在电话里跟大卫说的最后一番话，就在他自杀前的几个小时。

我一直没告诉父母大卫是自杀的。我也没告诉他们我看了阿姆斯特丹警方的报告，报告里详细总结了所有证据；我还看了官方验尸官的总结，里面也清楚地给出了大卫是自杀的结论。我说服了葬礼司仪把死因从海洛因过量改为心脏衰竭。我们当地的报纸编辑对此很怀疑，但最终还是同意按我的说法印刷。

在大卫的葬礼上，我看着父亲茫然地来回走动，向前来致哀的人们空洞地微笑着，在葬礼的花台前久久地站立着，脸上神情专注。我记得我还在想，他是在找什么呢？在下葬的过程中，我一直拉着母亲的手，但突然间她挣脱出来，自己扑倒在棺木上，控制不住地抽泣。我努力去安抚她，但是没用。我不得不把她的手从棺木上掰开，把她搀扶回父亲的身边，而父亲也是双手无力地垂在身边，悲痛扭曲了他的脸。

整个葬礼中我都没有哭。我一直在想这意味着什么。我为什么哭不出来呢？**我尝试不进食，以为当我感觉到饿的时候就会感觉到情绪，但还是哭不出来。**我还猜测我所感受到的是不是一种解脱，然后就在想那得是什么样的人才能在自己弟弟死的时候感觉到解脱。又或者因为知道是他毁了我父母的生活，也明白他们的余生都会在哀伤中度过，我们谁都无法再找回我们失去的东西了，所以我是在生大卫的气？

每个人都需要知道自己是被爱着的

我至今都不知道我为什么没有哭。我经常在想我是不是太害怕了，以至于都不会哭了——太害怕去直面死亡，太害怕看到我那强壮的父亲崩溃，太害怕知道我母亲甚至想跟着大卫去死。

我回到学校去完成我毕业论文需要的实验工作，但是我做什么事情都无法集中精力。我无法思考，无法做出反应，也感觉不到什么。我记得我的朋友们叫我一起出去喝啤酒。我就看着他们，不知所措。出去？喝啤酒？我为什么想要做这些啊？这对我来说没有任何意义。

我彻底迷失了。我的日日夜夜都被一个问题所纠缠：**我当初能做些什么来挽救他呢？**我一遍又一遍地回顾着我跟他的最后对话，我记得其中的每一个字，也仿佛能听到他的声音，就像在我的脑海里播放录音带一样。“我爱你。”大卫跟我说。大卫很少跟我说他爱我的——这是一个我应该抓住的线索吗？相反，当我弟弟最需要我的时候，当他需要听到这句“我也爱你”的时候，我却僵住了。当时大卫是在向我祈求一线生机，而我却把他晾在一边，没有说出那句很有可能挽救他的话。**他想知道他是被爱着的**，而我正处于气愤和不信任之中，因为以前听过他太多次不算数的保证，因为大卫的毒瘾已经把他的生活和我的生活都搅得一团糟，因为我为这种长久的痛心而深感厌倦，所以没能跟他说出他最需要的那句话。我没能让我自己跟他说：“我也爱你。”

当大卫说这句“我要是坐牢的话，我会杀了我自己的”，我记得我当时还在想，他一直都这么自私幼稚。我已经对他失去了耐心，我觉得他应该为他的行为负责任。他感受到我声音中的怒火了吗？他感觉到连自己唯一的兄弟、最好的朋友都转身站到自己的对立面了吗？他说他会杀了自己的，我却直接把它忽略了，只是告诉他要考虑到父母，告诉他全家都会支持他，向他保证事情都会解决掉的。**在他流血将死的时候，我却只给了他一个创可贴。我无视他的情绪，让他自己承受痛苦，只因为我无法处理我自己的情绪冲突。**为什么我没能像任何一个优秀的临床医生都会做的那样去处理自杀威胁呢？因为当时我在生他的气。我不想再被他操控了，因为这种恐惧，我没能正确解读他说要自杀的话。如果我当时真正倾听了，真正深入地倾听了他的话，听到了字面以外的意思，能突破自己的气愤和恐惧，直抵他绝望的深处，那又会怎么样呢？那又会发生些什么呢？我能把他救回来吗？

我从我看的每一本书、我写的每一篇文章、我的每一次谈话中去寻找，该如何理解我弟弟身上到底发生了什么。我渴望知道是什么摧毁了他的灵魂和活下去的意愿。我退回到书本和文章的世界里，我的小公寓里堆满了各种文档和手写的笔记。我跟我看的书对话，问它们一些我无法向人们提出的问题。大卫为什么会吸上毒？为什么停不下来？为什么他会切断生活中所有有意义的连接？哪些话语可能会安抚到他？哪种建议可能会真正对他有用？我可以说些什么或做些什么才有可能让他感觉到自己被理解、被接纳、被爱着？

共情是通往爱和宽恕的道路

所有关于丧失和悲伤的心理学理论，以及我在研究生期间学到的工具和技术，都无法驱散我的痛苦。我对这些表层的解释深感沮丧，于是强迫自己问出了那些真正难以回答的问题：**人们为什么会自我破坏呢？大卫本来拥有很多东西的，怎么就全都失去了呢？那样回应他的我是个什么人啊？我为什么一定要成为一个心理学家呢？是真的有可能帮助他人改变他们生活的方向吗？**如何才能打破人与人之间的壁垒，实现心与心的沟通呢？

我的这些问题立刻就有了一个答案——我知道我不想去做传统的精神分析、沟通分析、格式塔治疗或者其他任何一种标准的心理治疗方法。我不想去遵照一个固定的行动方案把我对人类本性的理解简化为一个理论模型。因为在大卫死后的几个月里，我意识到我其实一无所知。在课堂上，在和其他教授和同学的互动中，我总是很惊奇地发现，很少会有人谈论关心、理解、聆听的艺术，甚至是最简单的人之善。大多数的教授和研究生一直都在讨论着心理结构、认知类型和抵抗防御之类的概念，然后就是——当今甚至更为严重——给病人的症状分门别类，下个诊断，再贴个标签。而标签（“妄想型”“边缘型”“躁郁型”“强迫型”）又自动决定了要用哪种治疗方法或药物来缓解症状，直至恢复正常。

正常。这个词困扰着我。什么才是正常的呢？ 大卫年轻时不管怎么说都是正常的。他帅气，有魅力，举止得当，他是个有天赋的运动健将，有爱心的儿子、忠诚的兄弟、关心人的朋友，总体来看大卫是一个典型的身心健康的年轻人。在离开学校并开始过量饮酒之后，他变得越来越消沉沮丧。吸上海洛因之后，他就变得抑郁、焦虑和恐惧。跟其他有毒瘾的年轻人混在一起时，他做了一些错误的决定。在违反了法律逃到另一个国家之后，他失去了希望。哪种标签、哪种诊断分类能够囊括我弟弟的全部情况呢？

我听到过各种说法。根据当时最主流的心理学理论，大卫遭受的是“抑郁症”“人格障碍”“成瘾性人格”“自恋危机”或者是“未解决的俄狄浦斯情结”。“他是一个迷路的灵魂。”一位年长的亲戚觉得。“一个20世纪70年代的产物。”另一位亲戚这么说。“一个药物滥用的受害者。”一个朋友这般总结。“一个从大学辍学的人，没地方可去，没事情可做。”一个邻居说。“一个冒险者和追逐快乐的人。”一个研究生宣称。“我觉得是军队毁了他。”大卫的一个朋友告诉我。

它们中的每一种可能都包含了事实的一部分。但是，即使把它们都合并在一起，也无法解释是什么摧毁了大卫的灵魂，熄灭了他活下去的意愿。这些想对他做出解释和描述的努力就像昆虫学家把一只死蝴蝶钉在幕布上一样，其实都没有足够重视他这个人的情况。这些理论把他一块儿一块儿地撕扯开来，直到让他只变成一系列互不相连的部分，等着被分析、被研究，然后被装箱、分类，再储存起来。

我当时就发誓，**我不会再给他人的行为贴标签，借此把个人都变成一些抽象概念。**这些理论和标签可能会让心理学家和哲学家们更容易把人们的行为同质化，但是它们无法阐明是什么让一个人走向一个特定的方向，而另一个人却选择一条不同的路。**对于那些正在受苦，并在寻找方法来结束痛苦的独特个体，这些理论根本无法穿透表象，去展露他们的内心和灵魂。当人们与他们在这个世界上至爱的人之间断了连接时，这些理论也不能跟他们所感受到的绝望进行对话。**

是什么让大卫彻底放弃了希望呢？我本可以做些什么来挽救他呢？这些是在生活和工作中一直困扰我的问题。我想去理解遭受痛苦的感觉，也希望能学会如何减轻痛苦。我去读《圣经》，想从中找到慰藉和智慧；我去读关于印度教、佛教、苏菲派和道教的书籍；我去学习著名学者的教科书、临床医生写的晦涩难懂的文章和畅销书作家出版的自助书籍。我想起了母亲和父亲，想起他们曾经教过我：**共情是通往爱和宽恕的道路**。“永远不要放弃。”我父亲会说。“永远也不要放弃希望。”我母亲会补充一句。

大卫为什么就放弃了呢？我肯定大卫丧失希望是因为他感觉到跟他所爱的人失去了连接。大卫被毒品孤立在一边，与家人断了连接。他以为他的这些关系都被彻底切断而不可恢复，这对他就像一个人没有了氧气，呼吸不畅。大卫在自杀之前很久就开始慢慢凋亡了。他做的所有尝试都走向死胡同，他所有的求助哭喊都没有被听到、没有被回应。他被毒瘾逼到了一个死角，又深感羞愧、恐惧、内疚和悲痛，他觉得真的没有了出路。

我是如何走向共情之路的

很讽刺的是，大卫的死却加深了我对人与人之间需要连接的信念。回顾他的一生，我能看到所有被错过的机会和关键的节点，那时只要有一句温柔的话语或者一个伸手相助就能起到作用。出现在我弟弟生命中最后几年里的那些错误举动却指引着我去理解如何才能帮助他人做出正确决定，如何带着悲悯之心去聆听和回应，如何抵达他人的内心和灵魂深处，如何说出舒缓和安抚的话语，以及如何永远都不要放弃希望。我学会了更关注问题而不是答案，而且我也全心全意地相信了成长、改变和自我蜕变的无尽可能。

这就是共情之路。共情永不放弃。共情深知人们精神之强韧。用在善意助人上时，共情绝不会使用“败局已定”或“没有希望”之类的词语。

当然，我关注到共情，是因为我想挽救我的弟弟。我相信，如果我能在今天跟他通话，或许我能够让他重返生活。当大卫的绝望不断加深，他的毒瘾又切断了他生活中所有重要连接的时候，我们都焦虑不安，不知道该做些什么。在那长长的几个月里，我本应该有所行动的。我应该每天给他打电话，应该穿越几千英里来告诉他，一遍又一遍地告诉他：我相信他，我爱他，什么也不能阻止我尽我所能去帮助他。

我关注到共情，还因为我想去指导他人不要再犯我犯过的错误，让其他家庭免受我的家人所承受的痛苦。

最后，我关注到共情，是为了拯救我自己。共情治愈了我，教会了我宽恕，帮助我建立并维系了那些把希望又带进我生活的连接。每一天，共情都提醒我，生活是有意义、有目的、有方向的。

有时候病人会问我：“您真的觉得我会改变吗？我真的还有希望吗？”这种时候，我会确认我所了解到的他们的情况。我会指出他们能够继续成长的特定方向，指出在他们各自的成长史中能够理解和克服的那些方面。我告诉他们我会一直在这里倾听他们，我会尽力怀着对他们自己的想法和感受的尊重来回应他们，我永远都不会丧失对他们的希望，而且在他们觉得好像无法迈出下一步时，我会借给他们我的希望和信念，直到他们找回自己的力量。

说完这些话之后，我能看到他们眼神中的转变，看到希望的光亮和重燃的灵魂。我看着他们的眼睛，仿佛看到我弟弟在凝望着我。

第三章

共情的产生：为什么看你那么疼，我也觉得疼

共情是祖先馈赠的一部分，是大自然所赐予的天赋，用以庇佑万物生息。

经历了弟弟的死亡之后，我知道了共情的力量，哪怕是最深的伤口，它也能治愈。共情给了我所需的领悟，让我开始了自我宽恕的过程。在我父母艰难地应对无尽的悲伤时，共情也为我与他们之间的互动指引着方向。共情让我更深切地明白，**不管多么痛苦、多么绝望，每个人身上都具有成长和改变的各种可能。**

我坚信，如果当初由共情来引导帮他的话，大卫应该现在还活着。我经常会回想我对大卫的绝望所做出的反应。即使是在25年后的今天，我仍希望能回去改变我当初的言行。我希望当时就能知道现在所知道的东西。我真心希望能再有一次机会来挽救他。

我的病人经常会问我，我是如何学会原谅自己那些后悔不已的行为的。我几乎都会这样回答："你可以通过当下不要再做出那样的行为来原谅自己。"我告诉他们："通过与他人的关系，你可以向自己证明，你能扩展和提升对他人的宽容度。在每一次与人互动中，你都要让自己变得更包容、更宽恕、更有爱。"

这就是共情之路，这也是我所知道的唯一一种能够把我们从绝望带到希望、从怨恨带到宽恕、从害怕自己的软弱带到相信自己的潜能的途径。人类

是一直在进化的生物，**共情就是那种让我们能基于自己的经历来做出适应和改变的内驱力**。我总把共情想象为一条大河，它用水流一路承载着我们，温柔地把我们带进新的地界，把这个世界本来的奥秘展现在我们面前。如果没有共情的强大水流，我们就会一直在自己顽固认知的漩涡旁打转，被我们的恐惧所俘虏，被我们的过去所牵制。缺乏共情的生活会是一潭死水，循环打转，以可预测的模式不断自我重复，而鲜有能力打破这种单调的循环。

如果没有共情，我们根本无法建立任何有意义的连接，也不会有彼此关心的渴望或意愿。我们会过着孤单的生活，想法与情绪相隔离，每个人都是一座孤岛，相互之间没有通过理解而彼此连接的桥梁。

单细胞生物竟然也会社交

共情是祖先馈赠的一部分，是大自然所赐予的天赋，用以确保世上万物的生息。如果不能相互连接，我们将无法存活——这就是共情的深层生物学法则，这也是为什么共情不仅蕴含于我们 DNA 分子的长链和螺旋之中，也存在于大象、大猩猩、毛毛虫、蚂蚁，甚至是那些最不可思议的单细胞生物的遗传物质当中。科学家们在讨论共情的进化历史时，他们并不会追溯到猴子、鸟类，甚至是像跳蚤或蜉蝣之类的小型昆虫，而是从单细胞黏菌的神奇生命周期开始谈起。

当我第一次听说黏菌（一茶匙花土里就会有几百万黏菌）的时候，并没有觉得特别诧异。我更愿意去探讨人际关系，以及共情、亲密关系和自我觉察之间的关联。但是，后来我很快就对它产生了兴趣，因为黏菌虽然起源很低等，但它有很多让人惊诧的地方，能体现出共情赋予生命的力量，以及诸如利他主义、自我牺牲这种高尚的“人类”品质。

黏菌最开始时是一种单细胞生物，以细菌为食，只要有食物就可以原地不动。当食物供给减少时，黏菌会意识到自己形势不妙。在这个时候，一种原始的共情形式就发生了。通过响应一种叫作外激素的化学信号——人体中也有一种类似的化学信号，叫环腺苷单磷酸——单个的细胞就聚集在一起，然后“手拉着手”一起出发去寻找晚餐。聚集在一起的黏菌细胞能够一起在土壤中移动，就像一个由活的、可移动的部件组装成的微型坦克。当细胞团找到了安全的栖息地和充足的食物时，处于细胞团前沿的个体就会死去，放弃了自己继续繁衍的机会，这样后排的个体就能食物丰足，繁荣兴盛。

研究黏菌的研究人员——很多人都在研究这个，因为这些单个细胞之间相互沟通和聚集的能力也模拟了人类胎儿在子宫中发育的方式——都相信细胞之间的融合是由一些“沟通”基因或“社交”基因来掌控的。这些基因会鼓励细胞彼此之间建立联系，形成一个能提高整个物种存活机会的社群。每个细胞都能明白其他细胞的需求，并做出相应反应。这种反应不只会让个体自身获益，更是会让整个社群获益。

如果单细胞生物都能以如此高效的方式沟通，那更高等的生物得有何等的相互理解和洞察力啊？沿着进化的阶梯再往上走，我们看到在蚂蚁和一些毛毛虫之间发展出了一种非同寻常的共情式关系。这些毛毛虫有一个专门用来吸引蚂蚁并与之沟通的“蚂蚁器官”。其中一个器官就长在毛毛虫身体的尾部，一旦被蚂蚁触碰到，它们就会分泌一种富含氨基酸的透明液体，蚂蚁们会去舔食这种液体。这样，蚂蚁就能花最少的力气吃到一顿健康又营养的加餐。

因为这种免费的美食随时都有，所以蚂蚁们就会待在附近，这恰恰就是毛毛虫想要的。因为在遇到麻烦的时候，你找不到比蚂蚁更加忠实坚毅的朋友。当毛毛虫受到它的昆虫天敌，如大黄蜂的威胁时，它就会通过启用第二个“蚂蚁器官”来招集蚂蚁的协助。毛毛虫头部后面的一对触角会释放出化学信号，通知蚂蚁们进入防御状态，准备攻击入侵者。如果大黄蜂要来叮毛毛虫，蚂蚁们就会跟敌人决一死战。

毛毛虫让我们看到了一种很有意思的“负面”共情的原始模式。毛毛虫让蚂蚁误以为它们的存活有赖于毛毛虫的命运，而事实上，相对于蚂蚁需要毛毛虫来说，毛毛虫更需要蚂蚁。其实，大黄蜂本来并不在意这些小蚂蚁们——它只想靠这个肥美多肉的毛毛虫来饱餐一顿。但是，对蚂蚁来说，因为有全天供应的免费美食，毛毛虫又能用它们能理解的语言进行沟通，蚂蚁们已经完全被毛毛虫征服了。有了这些诱惑，蚂蚁们心甘情愿地誓死来保护毛毛虫。

高等动物都擅长读心术

随着动物们进化发展出思考和推理的能力，它们的共情能力（既包括有益的，也包括有害的共情）也突飞猛进。与他人沟通的能力也因为能够“读懂”他人的情绪和想法有所提高。虽然大多数人都觉得“读心术”这一天赋绝对是人类特有的一种本事，但是更原始的（更准确地说，是进化上不一样的）物种似乎也能参读他者的感受和动机。

在《鸟喙》（*The Beak of the Finch*）一书中，科普作家乔纳生・威诺（Jonathan Weiner）采访了一位每天都给鸟儿喂食的女士，她讲述了一段自己与一只鸟之间发生的神奇故事。

> 那一天，我待在家里，坐在床上看书……一只雀鸟飞到我身边的枕头上。我能看到它的鸟喙有些问题，是长了禽痘。禽痘通常长在脚上，但有时也在鸟喙的里面疯长。
>
> 我从来没有见过哪只鸟能做到这样——直接飞起来，注视着我

的脸。虽然你给它们喂食的时候，它们也会抬起头看着你，但这次很不一样。这次感觉就像——用一种拟人化的说法——一个求救的哭泣。当然你无法知道答案。也很有可能是它没法吃东西了，很饿，而我就是那个食物来源——提供米粒的人。谁知道呢？对我来说，那就像是在说：“救救我。”

我就帮它把禽痘擦掉，在长痘的地方涂了紫药水。我想尽力帮它处理好。

尽管我们无法知道那只鸟当时是怎么想的，但如果我们猜测那只鸟当时知道自己快要饿死了，作为最后的尝试，它向一个善良的人类求助，这好像也不会太过分。不管这是一次有计划的行动，还是一个侥幸的事件，那只鸟的非常规举动救了自己的命。

给动物赋以人类的感觉并不是什么伟大的科学。科学家都要求有证据，可又无法准确测定动物的感觉，因为它们并没有可以表达自己想法的语言能力。但很多聪明睿智的人们仍然相信其他物种也能体会到喜悦、悲伤，甚至是像内疚、羞耻、哀伤和嫉妒这类的高级情绪。用共情语言来说就是，动物们能领会到他者（包括人类）的这些情绪并能给予回应。

杰佛瑞·麦森（Jeffrey Masson）最初是学精神分析的。在他的《哭泣的大象》（*When Elephants Weep*）一书中，他讲述了一个在一对天生的敌人——大象和犀牛——之间产生共情的故事。

一个犀牛妈妈带着它的幼崽来到一片盐沼地，小犀牛陷进了泥潭里。犀牛妈妈用鼻子拱了拱小犀牛，确认它没有受伤，然后就到树林里觅食去了。随后，一群大象也来到这片盐沼地，犀牛妈妈就赶回来攻击那只领头象。象群被赶走了之后，犀牛妈妈又去树林中觅食了。麦森描述了接下来发生的事情。

一只象牙很大的成年大象走到小犀牛身边，从小犀牛身上跨过去。然后这只大象跪了下来，把象牙伸到小犀牛的身体下面，开始往上抬。这时，犀牛妈妈从树林里冲了回来，那只大象就离开了，回到了另一片盐沼地中。在好几个小时的时间里，每当犀牛妈妈返回树林里的时候，大象都过来想把小犀牛从泥潭里抬出来，但每一次犀牛妈妈都冲回来保护小犀牛，大象也只好撤退。最终，象群继续上路了，小犀牛仍然陷在泥潭里。第二天早上，当人们准备把小犀牛救出的时候，它自己竟然从变得有些干硬的泥潭中脱离出来，去跟等着它的妈妈会合了。

为什么大象会冒着受到犀牛妈妈攻击的风险帮小犀牛呢？虽然大多数科学家都很谨慎，不会给动物的行为赋以人类的情绪，但我还是觉得，如果不这么考虑就很难给出一个符合逻辑的解释。很明显，那只大象意识到了小犀牛深处困境，一次又一次地想去帮忙——从任何角度来看，这都是一种善良的无私行为。如果认为共情是能准确地理解另一个个体的体验并能敏感地做出回应，那么说那只大象感受到并且表达出了共情会有什么不对吗？

不久前，一位动物园管理员刚好目睹一只受伤的小麻雀掉进了大猩猩的笼子里。一只大猩猩马上抓起了这只小鸟。但大猩猩并没有像动物园管埋员以为的那样，会揪扯这只小鸟，或者把它当下午茶吃了。相反，大猩猩温柔地用手掌托起这只小鸟，盯着它看，好像着了迷一样。其他大猩猩也凑了过来，它们小心翼翼地依次把这只幼鸟传递下去。到了最后一只大猩猩手里时，它走到笼子的栅栏边上，把小鸟递给了在旁边惊呆了的动物园管理员。

是不是大猩猩意识到了小鸟的困境，才有了共情的反应，而这个反应又激发出想帮忙的愿望呢？没有什么能比看到他人有难更能拨动我们的心弦。一天下来，可能会有几百个人从我们身边经过，我们都不会去考虑他们的心情，但只要看到有人——不管是朋友还是陌生人——明显遇到了难处，我们就会强烈地想给出回应。

其实在其他物种中也同样会有这种基本的共情本能。如果那只小麻雀是健康活泼的，那大猩猩可能想都不想就把它给吃了，还可能会为自己能凭空抓到一只鸟而开心，然后用一嘴的鸟毛和鸟肉来炫耀自己的能力。但是，一只受伤的小鸟让大猩猩困惑了一下。然后共情就开始起效了，这使大猩猩的自发反应变成了用心的关照。大猩猩可能在想：这只鸟为什么会待在笼子里的地面上，而不是像其他鸟那样在天上飞？对这个奇怪的小东西，我应该怎么办呢？

琢磨这些问题会让事情慢下来一些，这给了大猩猩一点时间来观察这只幼鸟。或许大猩猩从小鸟的眼神中看出了它的恐惧，或许它感受到了小鸟的心跳过快，或注意到了它慌乱地想要逃跑。尽管我们永远都无法确定大猩猩当时是怎么想的、感受到了什么，但我们有一点非常明确——在那个由痛苦、恐惧和非寻常状况而营造出来的与正常生活不同的空间里，发生了一个共情的故事。

下面是另一个跨物种的共情故事，这次是发生在大猩猩和人之间。75年前，一个在非洲工作的年轻人因为感染疟疾病倒了。他的名字叫杰瑞·柯通（Cherry Kearton），他家里养了一只叫托托（Toto）的大猩猩。托托从早到晚都陪在这位生病的朋友身边，日复一日。柯通想吃药时，托托就把奎宁的药瓶递给他；他要看书时，托托会一本一本地指着不同的书，直到柯通点头。然后托托就把对应的书拿出来，递给它卧病在床的朋友。在漫长的恢复期间，柯通有时会穿戴整齐地睡着了。醒来时他发现，托托已经帮他把靴子脱掉了。

柯通相信，托托的行为是源于他们之间的感情，而且大猩猩具有能明白他的想法和感受的超强能力。柯通在1925年记录这些事情时也指出，有人听到这些故事时会表示怀疑。“很可能有人看这本书的时候会说，猿和人之间的友谊很荒诞，托托只是一个动物，并不能真正感受到我赋予它的那些感受，”柯通写道，“如果他们能像我当时那样，感受过它的体贴照顾，看到过它的关心，他们就不会这么说了。”

因为大猩猩和其他的非人动物不能用语言来表达自己，我们也就无法真正确定它们的想法或感受。但是，我们可以根据它们的行为、面部表情和肢体动作来对它们的情绪和想法加以推测。当然，这也正是我们对他人所做的事。尽管只是无意识的行为，但我们一直都是这样来理解他人的情绪和想法的：关注他们面部表情中的细微变化，注意他们撅起嘴唇、扬起眉毛或是咬紧牙关的方式，观察他们表达紧张、恐惧或厌恶时肌肉变化的方式，记住他们手插在口袋里的轻松站姿，或是紧张时两脚交替轮换的样子。通过仔细观察他人的非语言行为，我们可以准确推测出他们的想法和感受。

这种解读他人没有表达出来的想法和感受的能力是共情中遗传属性的一部分，是我们从敢于自我牺牲的黏菌、喜欢蚂蚁的毛毛虫、救小犀牛的大象和深爱人类的大猩猩身上传承下来的。**所有的生物都需要共情**。如果没有共情，我们就无法相互理解，也无法相互寻求支持、鼓励、温存和爱。如果没有理解对方想法和感受的能力，我们就读不懂他们的意愿。这样，所有的陌生人都会被当作敌人或者被无视，即使对待朋友和家人也会漠不关心。看到他人的痛苦和困境时，我们也会转身走开，不愿提供帮助。而且，我们理解不了其实他们的感受也影响着我们的情绪和想法，也无法知道他们的命运其实跟我们自己的命运息息相关。

共情的神经生理基础

共情对我们的生长、发育、生存都很重要。共情的能力是直接连在大脑的神经回路中的，尤其是连在大脑中两个不同但又相互关联的区域中——杏仁核和新皮层。杏仁核属于原始脑或边缘系统的一部分。杏仁核是情绪脑，是快速产生欲望、暴怒、疯狂、极乐的部位，也是生成眼泪和储存我们最有意义的个人记忆的地方。

对于我们面对的每一个人和我们所处的每一个情境，杏仁核所问的最有力的问题就是：我正面临被伤害的危险吗？如果答案是肯定的，那杏仁核就会立刻发出警报，刺激激素分泌，调动肌肉开始工作，让血液流向心脏，进入“战斗或逃跑”的准备状态。这种针对不管是真正的或是预设的危险情况所产生的自动反应叫作“战斗或逃跑”反应，任何有过焦虑或惊恐发作体验的人都能证明杏仁核具有产生强烈情绪反应的能力。

在遥远的过去，杏仁核统治着大脑中的所有神经回路，它作为一个主操控台，对不同的物理威胁产生自动反应。然后，在大约一亿年前，哺乳动物开始进化出一层新的脑细胞，用来完成更需要理智的目标。新皮层或者叫思维脑，就像一层薄毯子一样包在原始的边缘系统外面，可以让哺乳动物的祖先们来反思自己的感受，并依据这些经过思考之后的反馈来调节自己的行为。比如，由杏仁核主导的蛇和青蛙会在饥饿的时候把他们刚出生的小宝宝吃掉（更重要的是，它们一点都不会为此感到内疚或悲伤），而由新皮层主控的哺乳动物则宁可牺牲自己的生命也要保护后代。

又经过几百万年的进化，思维脑与情绪脑之间发展出相互作用的关系，可以向火热的情绪发放冷静的理由，允许有经过思考后再给出反馈的时间，放慢了情绪自动反应的过程。恐惧、愤怒、伤心和喜悦这些基本情绪逐渐扩展为更微妙、更复杂的体验。比如愤怒分化成像烦恼、怨恨和愤慨这样复杂的情绪；满足感进化成高兴、愉悦、陶醉和极乐的感觉；奉献演变为关爱。像自怜、绝望、困窘和屈辱这类情绪也成为人类全部情绪库中的一部分。当我们发展出把他人需要置于我们自己需要之上的能力时，我们的词汇中就出现了利他主义和自我牺牲。

在一个用野生猴子所做的残酷却有意思的实验中，研究人员切断了猴子大脑中杏仁核和新皮层之间的联系，然后把猴子放归原来的栖息地。没有了能支持共情的神经回路之后，这些猴子再也不能对其他动物的友善或敌意做出合理的推论。一只正常的猴子可能会想着“这只大个的类人猿貌似残暴，不过我并不担心，因为它的眼神很温和，也没有向我龇牙”，或者“这只母猴并不想伤害我，它一直在我身边转悠，是因为它被我吸引了”，而经过了脑部手术的猴子却退出了之前与朋友和家庭成员的全部联系。他们基本上都独自生活，只被杏仁核产生的愤怒和恐惧情绪所主宰，再也不能受善良、忠诚、奉献和爱这些由新皮层产生的情绪的影响。**共情被剥夺之后，动物也没有了任何能建立亲密关系的希望。**

如果能回到生命最初的几个月里，我们就能更好地理解那些共情受损的猴子的想法和感受。对于人类婴儿来说，出生时就已经基本长好了的杏仁核是绝对的主导，而发育很慢的新皮层要经过几年甚至几十年才能夺回主导权。事实上，大脑的发育过程就像是一部进化史。就像我们远古时代的哺乳动物祖先一样，我们是以一个由杏仁核主导的生物开始我们的生命历程的。

从第一次呼吸开始，我们就能表达我们的情绪——痛了就哭出来，恐惧时会后退，惊奇时会睁大眼睛。新生儿在听到其他婴儿大哭时，自己也会跟着哭泣，他们能共享彼此的感受，尽管他们还绝对不会明白这些感受意味着什么。发展心理学家把这种情绪的传播叫作**同情式的痛苦**。2个月大的婴儿看到别人流泪自己也会哭。这也是一种自发的、由杏仁核主导的反应，是把别人的悲惨也当成了自己的不幸。10周大的婴儿能通过改变自己的面部表情来对妈妈的高兴、伤心或生气的神态做出反应。4个月大的婴儿就能朝着一张笑脸开心地微笑。

8个月至1岁大的幼儿开始知道，自己跟他人是分开的，跟他人也是不一样的。但是，因为还是情绪脑占主导，所以他们还不太知道如何应对他人的困境。看到他人遇到难处而想去安慰对方时，孩子最初的尝试是“模仿”他人的行为。所以，当一个孩子看到另一个孩子哭泣时，他自己也会去抹眼睛，即使他并没有眼泪需要擦。

在接下来的几年里，随着大脑新皮层不断发育，其与杏仁核的连接越来越复杂，孩子会进一步认识到他们都是分离的个体，也意识到他们有自己的想法和感觉。渐渐地，他们安抚他人的行为也越来越丰富。在1岁时，孩子就可以根据从大人面部表情中看到的信息调整自己的行为。如果看到一个微笑或者一个点头，1岁大的孩子就会拿起一个不太熟悉的玩具或者去跟一个陌生人开心地玩耍；而父母的一个皱眉或一个有麻烦的表情则让他们意识到自己要小心一些。

小孩子最容易识别的表情是开心，然后是伤心、生气和恐惧。到四五岁时，孩子就能够准确地说出这些基本情绪，尽管有很多研究人员认为孩子们在发展出足以描述这些情绪的语言技能之前很久就已经能理解这些情绪了。一些更复杂的情绪，比如羞耻、轻蔑和厌恶，就更难理解了，就像研究人员所说的，这些需要再多几年的大脑发育和对关系的体验。

到6岁时，孩子就能理解人们真实的情绪和他们表现出的情绪之间是可以不同的。7岁左右的孩子就能理解那些涉及嫉妒、担心、骄傲、谦虚和内疚情绪的情境。当孩子不仅能考虑像面部表情和身体动作这样的非语言线索，也能考虑像说话语调这类的语言线索时，他们就越来越会辨别行为的动机和意图。到9~11岁时，孩子就能够从非语言交流中识别出别人是不是想蒙骗、操控自己。

不管多大的孩子，如果他们哭的时候能得到安抚，笑的时候能听到他人的笑声，他们就会相信外界会用安抚的方式来回应自己的情绪。但是，如果他们的眼泪总是没人关心，他们的恐惧也总被忽略，那他们就以为这个世界是没有回应的，是不在乎自己的。如果总是这样被忽略，他们的情绪反应就会逐渐收窄，恐惧就会成为所有情绪中的主导。

换句话说，**与有爱心和专注的人之间的早期互动经验，能温柔地呵护和加强产生共情的神经回路，这样能防止我们情绪的剧烈波动。相反，跟愤怒、暴力或忽视型养育者之间的重复互动会让一个人发出或接收共情的神经通路发生短路。**如果我们通过某个特定的情绪通路一次又一次地发现，这个世界总是不能正确地对待我们或毫不关心我们的感受，那我们最后就会意识到继续尝试也没有意义，然后就开始关闭我们的情绪。

人类独有的镜映能力

我们就像镜子一样呈现出在生活中看到的东西，我们的共情能力也会因为生命早期的经验而相应地扩展或收缩。如果我们没有从别人那里得到共情——比如小时候，我们说的话被忽略了；我们大笑的时候没人跟我们一起笑；我们因为痛苦或害怕而哭泣时，他人告诉我们流泪是不对的，或是一种脆弱的表现——那我们就开始避免表露出这些情绪。如果我们的养育者总是不专心、抑郁或者满是愤怒和怨恨，他们给我们呈现出的那面镜子只能照出被扭曲的现实。通过这面镜子，我们只能看到一幅扭曲的、不切实际的自我图像。还是孩子的我们绝对没有办法知道自己看到的画面其实是扭曲变形的，所以开始相信这些反射的画面是真的，我们的自我意象也开始跟从这面镜子中看到的裂痕相协调。

相反，如果我们的父母或监护人能在我们受伤时给予真心关注，细心地照料我们的伤口，用充满爱意的语气跟我们说话，通过他们的言语和行动让我们知道他们能理解我们感受到的东西（这样就呈现出了一面准确的镜子），我们就会感受到被接纳、被理解，并逐渐获得信心来表达越来越多样的情绪。如果我们所注视的镜子是清晰的、未被扭曲的，那我们就能看到真实的自己。

如果我们照的是一面有裂痕的镜子，我们会看到一幅混乱的画面，很难弄清楚我们自己的感受。而如果镜子反射回来的画面是清晰真实的，我们就能看到我们真正的样子，认为我们的情绪都是合理有效的。

镜映是一个很难解释的概念，但是我发现生活中的这个真实例子总能帮助人们理解这个过程。

我女儿艾瑞卡小时候病得很严重，需要做好几次手术，还要住好多次院，她的医生觉得是她肠道有问题。艾瑞卡身体瘦弱，经常疼得厉害，所以没法跟她的朋友们一起奔跑玩耍，别人做游戏时也不能带她。她5岁的时候，几个专家发现艾瑞卡有第三个肾脏，做了8个小时手术拿掉了多余的那个。

艾瑞卡出院回到家的几个礼拜之后，有一次我在她房间门口停下来想看看她怎么样了。从门缝里，我看到她坐在床上，拍着自己的后背："嘘，没事的，宝贝儿，"她用一种安慰和确认的声音对自己说，"所有的事情都会好起来的，妈妈会照顾你的。"

听到我5岁大的女儿用妈妈般的温柔语调和满心关爱来安抚自己，这让我知道了**镜映的力量**。艾瑞卡知道她是被爱着的，也相信她值得拥有这份爱，所以她能重复她妈妈在各种情况下跟她说过很多次的话，以此来照顾自己。她妈妈充满关爱的声音已经成了她自己内在的声音。

每当我们被共情地对待，即人们能准确地理解我们的想法和感受并能敏感地给出回应时，我们就知道我们值得被如此温柔相待。我们对自己的共情能力也会快速提升，因为**我们自己能镜映出外部世界告诉我们的自我价值。**随着我们不断成熟，思维脑逐渐掌控情绪脑，我们会逐渐想去给予我们曾被给予的东西，把我们自己感受到的信任、信心和爱再镜映给这个世界。

如果我们没有感受到被爱，我们的感受一直被无视，那我们就不知道如何来安抚自己。因为我们没有学会如何照顾自己。所以，当他人受到伤害或遇到困境时，我们会发现自己很难去给予安抚。因为这时，我们只会呈现出我们曾受到过的忽视和不被关心，我们的关注点还停留在我们自己的那些尚未被满足的需要和渴望上。

但是，人们的韧性很不可思议，从出生到死亡的每一天，我们从不会停止学习。如果被给予共情和正确的指导，那些童年阶段情绪很匮乏的人也能学会如何表达他们的情绪，扩展他们的共情能力。当然，这就是我们跟黏菌、毛毛虫、鸟类、大象和类人猿的不同之处。**所有的生物都有产生共情的脑回路，但是，只有人类拥有通过语言来表达自己感受的能力、告诉他人自己想法的能力，以及感到伤心或迷失时向他人求助的能力。**

通过共情，我们能够克服恐惧，学会相互之间如何重新建立连接。这就是心理治疗的过程。那些确信已经没有任何希望，也没有任何理由继续努力的人们来到我的办公室。他们告诉我，自己不知道如何表达想法和感受，有时他们甚至觉得自己已经失去了感受的能力。他们觉得这个世界是冷漠的。虽然他们对我也不敢抱有任何希望，但还是敞开了心扉，呈现出了自己的绝望。

我跟随着他们独有的经历，同时也坚信一段充满共情的关系能够疗愈最绝望的受伤灵魂。所以，我会去强化他们思维脑和情绪脑之间的连接。我会在脑神经回路的迷宫中小心翼翼地寻找断掉的地方。我陪他们一起把磨损的神经回路重新包裹好、连接上，让共情得以自由流淌，而且往往是第一次的流淌。

许多年前，我曾为一个16岁的男孩汤米做过咨询，他迷失了方向，正努力在这个世界里找到他的位置。汤米是我当时工作的那家医院里一名清洁女工的儿子。虽然我并不认识她，但在走廊上相遇的时候总是会打招呼，互致问候。她丈夫突发心脏病去世了，所以她只能自己照顾5个孩子，汤米就是她最大的孩子。身为高中生的汤米开始大量喝酒，好几门功课不及格，而且看起来是深度抑郁。好几次他都威胁要自杀。有一天我和汤米的妈妈又在走廊上遇到了，她问我愿不愿意跟她儿子谈谈。

汤米在第一次的会谈中很退缩，不愿交流。几个礼拜之后，他开始打开心扉，谈起自己的父亲。我倾听着，并随着他的表述将注意力集中到他想让我知道的事情上。有一天，他突然告诉我："我再也不想继续住在这种地方了……"停顿片刻，他继续说，"我希望父亲可以以我为荣。"

这天是汤米生命的转折点。他不再酗酒，并加入了棒球队，开始全身心投入父亲曾经最爱的运动。汤米很有运动天分，很快就成为球队不可替代的一员。可是每一次的球赛对他而言都是折磨，因为他最伟大的球迷——他的父亲，再也没办法为他现场鼓掌加油了。虽然汤米在每一场球赛中都表现甚好，力求完美，但每到散场时，他都会为自己的表现感到失望。

因为汤米在心中创建了一种信念，即只要自己成为伟大的棒球员，父亲就可以以自己为荣。这样，他就可以消除自己无法成为父亲想要的好儿子的罪恶感。有一次，他告诉我："我真的很自我，我竟然从来没有因为父亲看我打球、陪我写作业或在我难过时全身心陪伴我而对他心怀感恩。"

我告诉他："每个年轻人都会经历这么一段自私自我的阶段。你处于青少年时期，这时的你正在发展自我感，这种自我感会主宰你、影响你，直到你对自己是谁有了更明确的认识为止。”此时，我满脑子都是关于青春期个体发展的正常表现的相关知识。

“但我不认为自己是父亲的好儿子。”汤米说。

“汤米，你真的是很让人喜爱的人。处在这个年龄阶段的你，已经非常温柔体贴、善解人意了。”

“您通过什么看出来的？”他满心期待着问我。

“从你谈你爸爸的方式；从你自豪地、满怀热情地告诉我他那么伟大的方式；从你说思念他、渴望他陪伴的方式。”我告诉他。

在这段治疗时间里，共情的力量主导着我们的谈话，最终汤米了解到：无论他有没有达成目标，父亲依然爱自己。当汤米认识自己、认识他人的能力得到提升后，他就能理性客观地评估自己的优缺点，也能接受自己能做什么、不能做什么。通过真诚地与他人互动，努力实现自我改变和成长的过程，汤米发现当自己能深层次接纳自己的优缺点时，自己反而变成了原本该有的样子。共情的力量让他认识到：他的生命值得被重视、拯救。的确，他也获得了重生。

从我治疗数百位病人的经验中，我发现共情是可以被培养的。我们可以从与人的相处中发展、培养共情力。在心理治疗中、在婚姻中、在友情中，我们会逐渐认识到：共情可以加深个体对自己的感知，加强自己与他人的连接。学习如何表达共情，学习如何诚实、坦白、宽恕地对待自己和他人，是我们最重要的学习功课。只有对共情的感知是远远不够的。如果希望改变、成长，做最真实的自己，我们就必须学会在人际关系中实践共情。事实上，能够表达共情是感受共情的关键。因为，如同爱、宽恕、诚实，在我们想要收获前，应该先懂得怎样给予。

第四章

表达共情：道理我都懂，只需要你片刻的理解和包容

真正做到共情要比有共情重要得多。

1999年4月20日，科罗拉多州利特敦（Littleton）高中校园枪击案过后的现场，哭泣的家长安抚着受了惊吓的学生，这时一些新闻记者评论着他们亲眼见到的各种形式的共情。一名记者看着慌乱的人群，强忍住眼泪，用低沉但充满敬意的声音说：“在科罗拉多州的利特敦，到处都能看到共情。”

他说错了。事实上，那一天都是同情和怜悯，却鲜少有真正的共情。**同情是为了安慰他人，而共情则是理解他人。**共情需要在情绪上保持一定的距离——你要从悲伤、恐惧和愤怒中走出来一点，跟它们产生一定的距离，在这个距离空间里，你的想法才能对你的感受产生镇静的效果。共情需要把有倾向性的偏见放在一边，并控制住那些自动进行评判和谴责的冲动；还要把复仇的渴望平息下来，取而代之的是渴望理解他人，而这最终可能意味着要原谅他人。

科罗拉多惨剧过去之后终于出现了共情的声音。人们开始反思凶手怎么会这样、为什么会这样，并提出一些很难回答甚至可能是无法回答的问题。为什么我们没能在这些学生采取暴力行动之前就关注到他们？我们怎样才能注意到他们那孤立疏远的感受？我们本可以做些什么来帮助他们，同时也能挽救那13个无辜的生命？

在这些问题的舆论热议中，共情的声音才开始出现。枪击案发生的几天

之后，我看了电视里的一个脱口秀节目专门讨论谁应该为这次的惨案承担责任。大家好像都要去寻找一个可以怪罪的人，关注点逐渐聚焦在凶手的父母身上。有人提到了正在流传的关于其中一个凶手母亲的传闻，说她在枪击案发生两天之后去了一趟美发店。人们都在想，这得是一个什么样的母亲，才能在自己儿子疯狂杀人又饮弹自尽之后马上就去做头发啊？

节目里开始充满言辞激烈的评判时，当地的一个新闻主持人采访了利特敦一个神教教堂的乔尔·米勒（Joel Miller）牧师。他愿意就凶手的父母很冷血、毫无情感的传言做些回复吗？牧师的回答非常简短，但切中要害。“我们对这两个家庭的了解还不足以让我们做出评判。”他说。

共情不仅仅只是“我理解你的感受或想法”

“我们对这两个家庭的了解还不足以让我们做出评判。”这句话道出了共情的核心。**共情的核心是理解，只有在理解之后才能给出解释**。在努力理解的过程中，共情会提出问题，并且拒绝那些过快的回答。**共情最有力量的说法之一就是“我不知道”。**鉴于现有答案太过草率或片面，共情会促使人们开始去寻找方法来扩展整个画面，以建立更全面的理解。

共情始于理解。但是，跟很多人以为的正相反，共情并不止于理解。共情并不是简单地说一句“我理解你的感受或想法”。那只是这个漫长艰辛过程中的第一步。一旦你有了足够的信息和理解，共情就要求你把想法付诸行动。真正做到共情要比有共情重要得多，因为我们带着共情所做出的行为才是最重要的。如果我们能把心中的那份理解都展露出来，就能学会如何出于助人而非害人的初衷，以积极的方式表达出共情。

表达共情并不是一个简单的“先说这个”或“再做那个”的流程。事实上，研究共情的心理学家都会强调，既要能准确地理解他人的情绪，然后还要能带着对每个人和每个情境独特性的尊重来给出回应。心理学家莎拉·霍奇（Sara Hodges）和丹尼尔·韦格纳（Daniel Wegner）在最近的一篇学术文章中把共情的过程比作登山。

> 登山和做到共情都是很艰难、很需要努力的任务……我们想要成功登顶，既需要有足够多的扶手和路标来指引，还有赖于我们为坚持攀爬而付出的努力。

能指引我们在共情之路上前进的“扶手和路标”有很多，而且各不相同，但是都与如何沟通彼此的想法和感受有关。我们每个人都天生就有共情的能力——就像我在第三章中所强调的那样，理解他人的想法和感受的能力是根植在大脑的特定区域里的。而难点在于，把我们的理解转化为思考后的行动。

大多数人都认为共情是对他人的感受和想法所产生的自动情绪反应。这里“自动”一词很重要，因为我们把共情看作是对他人的痛苦、喜悦、悲伤或恐惧所产成的一种瞬间自发反应。这样看来，共情就是一种顺从性的情绪。

能够读懂他人的心思是一种很有用的能力，这一点毫无疑问。但是如果共情就仅此而已的话，那它其实并没有让任何事情发生改变，不是吗？我们是可以通过共情更好地理解彼此，共情却不一定促使我们有所行动。1969年，希拉里·克林顿（Hillary Clinton）在韦尔斯利学院（Wellesley College）做开学演讲时，也是这样抱怨共情的。那是在她成为美国第一夫人的24年前。“关于共情的一个问题就是它不能为我们做任何事情。我们已经有很多的共情了。”她说，然后顺势谈论美国所面临的、通过共情也无法解决的那些严重问题。

最终，大多数人都同意希拉里的说法：共情好像没有任何行动力——共情好像哪里也去不了，什么事也做不了，什么人也改变不了。共情这种情绪体验从我们这里拿走的东西好像比放回来的还要多。毫无疑问，我们能感觉到共情，但是我们又能用共情来做些什么呢？

不过，关于共情的一个不可更改的事实就是：如果没有基于对他人的想法和感受的理解而采取任何行为，那就没有做到共情。如果我们就坐在那里，仅满足于共享一些情绪，但是不愿意或者不会把感受转化为行动，那我们就没有真正理解共情。其实任何情况下，共情都是以行动为导向的，无一例外。共情，意味着你可以带着真心想要理解的渴望问：**我能了解到什么？**共情，意味着你会用深切的感受和开放的心态来说：**教教我。**共情，意味着你会在关系中的每一个转折点都想知道：**我怎样才能帮上忙？我能做些什么？接下来我能怎么办？**

共情需要耐心、决心和灵活性

把共情付诸行动是一门需要实践的艺术，而且，能给出共情的回应需要耐心、决心和灵活性。最近，我跟一个病人有过一次情绪激烈的沟通。我叫他戈登，他的愤怒和沮丧迫使我动用了我所有表达共情的方法。

戈登，33岁，毕业于耶鲁大学，在波士顿一家大银行里做投资顾问。他已婚，有两个10多岁的孩子；他很聪明，口齿伶俐，而且情绪易激惹。他老板比较担心他总是跟同事争吵（还经常恐吓别人），所以极力鼓励他进行心理治疗。

当时是周三晚上7点，戈登每周的会谈时间。他大步走进我家里的办公室，穿着经典的蓝西装搭配白衬衫，皮鞋也擦得锃亮。他坐在椅子上，对我怒目而视。“所以，乔医生，您告诉我，”他说，嘲讽地强调了一下“医生”这个词，“您真的觉得这有用吗？”

“我不太清楚您是什么意思。”我平静地说。

“您不知道我是什么意思？”他身体前倾，双手抓着椅子的两侧，“我来您这里已经快一年了，您还不知道我是什么意思？”

“是的，我不明白您现在是什么意思，”我说，“您能跟我解释下吗？”

“您写过书，医生，您得把它弄清楚。”说完这句话，戈登又坐了回去，两臂交叉抱在胸前，眼睛盯着窗外，刻意避开我的目光。

“我能看出您很不开心，”我说，“我也看到您不愿意告诉我是什么让您这么不开心。”

戈登脸上的神情明显在说：“您以为您很聪明，不是吗？”

“以前您受到伤害或被冒犯的时候，”我继续说道，“也是用这种间接的方式过来问我。我觉得如果您能直接告诉我是什么让您不开心，我们还能节省一些时间。”

“我不知道是什么让我不开心，”他说，身体又往后坐了一点，“您是医生，您来弄清楚。”

“您好像对我很生气。”我说。

“是吗？然后呢？又怎么样呢？”

“您能不闪烁其词，直接告诉我您为什么对我生气吗？”我说。

“这没起作用。”他说。

“什么没起作用，戈登？”

“我们。您和我。这段治疗关系没起作用。我们一起谈话的时候，我把自己的所有私密事告诉您，但您从来不说有关您的任何有意义的事。您的表现总是如此完美，”这里他几乎是在嘲讽，“好像您无所不知。我不觉得我能相信一个表现如此完美的人。”

“我需要理解清楚这一点，戈登，”我说，我希望通过我的语气表达出我是真的对他要给出的回答感兴趣，“这个关于完美的认知是从何而来呢？”

“我不知道它从何而来，”戈登说，“可能是从您那里来的。我只知道我想打败您，因为您看起来总是井井有条，仿佛您无所不能。”

“我觉得您的感受好像比这个还要强烈。”

“说对了，”戈登说着，身体前倾，面部肌肉抽到一起，眼睛也半闭着，“我想打败您。我想把您打扁后站在您身上。我想结束这一切。”

这个时候我有很多种选择。我可以告诉戈登他对我的愤怒没有道理，而且指错了方向；我可以把他的注意力引到别的话题上，借此冲淡他的愤怒；我也可以威胁他说他的愤怒让我很生气。但是，共情把我带向另一个不同的路径。我想要理解戈登的感受和想法，我也想让他知道，即使要去直面生气和暴怒，即使他质疑我们的治疗关系和这段关系的价值，即使他威胁要对我动武，我还是愿意跟他一起走下去。我需要让他知道，我愿意跟随他的引领，我不会被他的愤怒吓跑。

从戈登的言语和表达出的情绪来看，我知道我们正要走到一个非常重要的时刻。我感觉到了这个时刻的重要性，因为戈登正表现出一些以前从没有显露过的部分。他的愤怒遮住了一些很深的伤痛，我也知道我们需要去探索一下这些伤痛了。我希望能表达出我强烈的兴趣，同时也传递出一个事实，即我并没有被他激烈的情绪吓到，所以我决定跟他正面交锋。

“我能听出来您对我非常愤怒。”我说。

“我是对您很愤怒。我很生气，因为您并不是在帮我。”戈登沉默了一会儿，然后做了一个深呼吸。“您知道，我前些日子出差去了。我错过了两次治疗。”

“我知道。”我说。

“这次出差什么事情都碰上了。我弄错了东西，发了脾气，我对自己很失望。然后我就在想这到底有没有用啊。”

“然后您就对我很生气。”我说。

“然后我就想打败您，想证明我像您一样优秀，甚至比您更强。”他说。

“把我打败和您对自己的失望之间是什么关系呢？”我问。

“我想报复您，因为您并没有帮我。我从生活中一直都得不到我想要的东西，这让我太累了。”戈登的愤怒好像离他而去了，因为他深深地叹了一口气，重重地坐进他的椅子里，“如此努力奋斗让我太累了。我一直都在努力工作，却从来没有达到我觉得应该达到的，或者别人觉得我应该达到的标准。”

“谁告诉您的？您没有达到他的标准？”我问道。

“您知道的，我父亲，和他所有的功成名就。我以为我可以像他一样成功。我跟他上了同一所常青藤学校，在同一家公司上班，每个人都觉得我应该像他一样成功。但是我还是跟他不一样。当然我努力去跟他比，我也跟他一样争强好胜，但是我无法像他那样总是想胜过别人，我不想跟每个人都去竞争，但是有些时候我停不下来……”戈登的声音越来越轻了。

“我知道您被这种生活方式伤得很深，也知道您是多么努力地想去改变这种局面。”我说。

“您说您能理解，但您看起来并不在乎，我不在的时候您甚至都没想过我。”戈登显示出了他那遮掩在愤怒下面的脆弱。“我觉得好像一直都是我一个人在爬这座山。”

“事实上，我在想着您。”我说，也希望通过我的音调和面部表情来传达出我能理解他有多么痛苦。“我经常想到上次我们见面时您是多么深陷困境，您那么痛苦也让我很苦恼。我相信，如果有人帮助您的话，您其实有能力把自己带出这个状态，但是我也必须实话实说——帮助您可并不容易。”

戈登看起来在仔细地听我说话，所以我决定抓住这个机会继续跟他解释一下我所了解到的那些我觉得影响他治疗进展的东西。“有时候，我觉得您就是一门心思想打败我，以至于您都不能从我们的治疗关系中学到东西。”我说。“您好像是感觉自己在我之下，或者我比您更高级，所以您就来跟我战斗。我们已经一起找到了这个问题的部分原因，但是我觉得对于您来说，尤其是在您压力很大的时候，您还是很难相信我们是队友，我们需要相互帮忙来一起攀登这座高山。”

“我可以揍您。”他轻轻地说。

“我相信您可以。”我说，也承认这样一个事实，即如果人们选择要相互伤害的话，他们肯定能够做到这一点。我想让戈登知道，我并不是不会被他的愤怒伤到。“但是告诉我，您揍了我之后，比如现在您就站在被打倒的我的身上，请问胜利体现在哪里？您能告诉我，您打败我之后的感受会是什么样的吗？”

戈登盯着我看了一会儿，然后我发现他眼睛里闪着泪花。他平静了一会儿，说：“我想您能来帮我翻越这座高山。”

“这对我来说很有意义。”我说。

从这次谈话中，我们可以看到在现实生活中共情需要走过的迂回曲折的路线，以及需要特别小心地进行沟通讨论的转折点。跟之前的治疗谈话相比，在这次相当激烈的互动中，我更坦诚地说出了我对戈登的感觉。在之前的谈话中，共情引导我要收敛一点，先允许戈登体验自己愤怒的深度，也观察下这能把我们带到哪里。但是这一次，我感觉到我需要向前一步，帮他分辨出过去和现在。他仿佛陷入了过去的泥潭里，越陷越深。我理解了他痛苦的强度，而共情则指引我在他消失之前递给他一根救命绳索。

由共情来引导一段关系的发展，并提供“扶手和路标”让我们不至于迷路，我们就能更清楚地看到应该往哪里走，即使前方道路狭窄陡峭，我们也会相信自己能够站稳双脚。共情能帮助我们维持在一个高度觉察又耐心专注的位置——心理学家威廉·詹姆斯（William James）称这种态度为“急需努力的心情”。

詹姆斯相信，如果能做到既深切地关心生活全局，又关心自己当下的体验，那即使身处最险恶的境遇，我们也能知道如何找到脱身之路。他通过自己的登山经历来强调一定要相信自己和他人。詹姆斯写道：

> （信念）能为它自己作证……
>
> 举例来说，假设我在攀登阿尔卑斯山，但运气很差，我身处一个只能纵身一跃才有可能逃脱的境地。我并没有过类似的经历，不知自己能否成功地跳过去；但是，内心的希望和对自己的信心让我深信我是不会失败的，也让我的双脚开始执行这个如果没有这些主观情绪我都不太可能完成的任务。
>
> 但是假如情况正相反——我觉得基于一个没有被先前经验证明过的假设就开始行动是一种罪过。然后，我就会犹豫良久，以致最后筋疲力尽，颤颤发抖，开始感到绝望，然后一脚踏空，滚落深渊。
>
> 很显然，在这个例子里（类似的情况还有很多），睿智的那部分就是要相信你的渴望，因为信念是实现目标所需的必不可少的前提条件之一。
>
> 只要相信，你就会是对的，因为你会拯救自己；但如果怀疑，你也会是对的，因为你必将颓萎。两者唯一的区别就是，去相信，这对你大有好处。

共情跟詹姆斯所说的“信念”是同义词，是指内心感觉到的那种平静的确定感，能对自己和他人树立起坚定的信念。如果没有共情，我们就独自站在那里，在深渊前瑟瑟发抖；有了共情，我们可以跟自己和他人说：你能做到。我就在你身边，我不会让你摔倒的。如果你跌倒了，我会帮你重新站稳，跟你一起攀越高山。

虽然登山的比喻在这个上下文里比较适合，我还是要强调一点：**共情并不是一个容易掌握的工具或技术，而是一种需要精心培养和持续关注的天生的能力。**共情能给我们提供“扶手”和“路标”，但这些只是登山路上的向导。这些并不能保证我们一直能够掌握平衡，也不能担保我们最后会成功。

因为每个人、每个情境都是独特的，这就意味着共情要保持谨慎，要专心、好奇和警觉。如果共情变得心不在焉，那它就不再是共情了，因为共情最持久的特征就是集中注意力，关注焦点。如果焦点有了偏差，目光有了转移，有了“我不在乎”的态度，那共情很快就失去了根基。共情必须随时准备好随着焦点进行移动，哪怕这个移动意味着平移，甚至后退。

表达共情的7个关键步骤

学习表达共情——就是把你的想法和感受转化为能够直击他人内心和灵魂的言语——需要自我觉察、细心反思和大量实践。为了帮助人们学会用助人而不是害人的方式来表达自己的洞察，我整理出了以下工作指南。

1. 使用开放式问题。

2. 放缓节奏。

3. 不要匆忙做出评判。

4. 关注你的身体感受。

5. 向过去学习。

6. 让故事充分展开。

7. 设定边界。

第 1 步：使用开放式问题

在戈登跟我说“您的表现总是如此完美”时，我也可以进行防御性回复，把问题抛回给他（“别把我扯进来，戈登”），或者用一个封闭式的（已经有答案的）问题把他的话再重复给他听——“那么戈登，您觉得我表现得就好像我是个完美的人？”

如果我问了那个防御性的问题，我其实是在说：“你真的觉得这是我的问题吗？”这显然是在暗示：这根本不是我的问题，而是戈登的问题。这个问题隐含着责备（“这真的是你的问题”），同时也在引导戈登接受我对他的想法和感受的解读。

封闭式问题则会带来一场权力的游戏，回答问题的人就得去琢磨要不要反驳这个问题里面自带的答案。他的选择是要么给出顺从性的答复，比如“好吧，您说对了，我知道我哪里做错了”；要么就是给出战斗性的答复，比如“您错了，我真受不了您那趾高气扬的样子”；再或者就是满心不爽，拒绝继续沟通。不管是哪种回答，结果都是一个人赢，而另一个人输。当然，用共情标准来看，两个人都输了，因为沟通就此搁浅，相互间的理解也不会再有进展。

假设一次治疗时戈登迟到了。“上个礼拜我们好像有点小冲突，”我说，“您是不是对我不满，而这次迟到就是想让我知道您的感受？”这就是一个封闭式问题，因为我已经给出了结论（戈登对我生气了）。我用这个问题在引导我的病人同意我的解读。

下面是我可以使用的开放式问题的示例。“我注意到这两次您都迟到了，戈登，是否有我们还没探讨过的什么东西呢？”这个问题就没有任何成形的答案，什么答案都有可能。这样我才是真正地在搜集信息，让病人多告诉我一些事情。

“您知道吗，最近我总是这样，”戈登可能会说，“时间都安排得太紧了，约好的见面也迟到了，我老婆和孩子对我很失望，我老板也对我很不爽。”或者“我出门前跟老婆大吵了一架，她说我在心理治疗上花的钱太多了，还因为我把夫妻关系中所有的细节都告诉您而很生气”。这些回答给出了关于戈登状态的很重要的信息，很可能会引出富有成果的谈话。再或者，他的答案可能简单到“我的运气真是差到难以置信，连续两周在麻州公路上遇到严重车祸”这样的话，我们便可以把手头事儿放在一边，转而去讨论对病人真正重要的事情。

这里还有一个封闭式问题的例子，是一个妈妈和她十几岁的女儿在女儿约会完回家时的谈话。“那么，宝贝儿，你真的觉得他很可爱吗？”妈妈问。她的这个问题其实是在引导女儿同意自己的理解（也就是说，他并不可爱）。这个问法给了女儿一个难题。她可以顺着妈妈的观点，让妈妈来决定自己的想法和感受；她也可以不同意妈妈的意见，这样会产生矛盾，甚至争吵。

假设你刚剪完头发。发型师递给你一面镜子，在你还没来得及照的时候就说：“这个发型是不是让您显得更漂亮？您不觉得这个发型跟您的脸型是绝配吗？”这些问题都是不需要回答的。默认的反应就是同意。“当然，是的，看起来不错。”你可能会这么回答，就算你当时心里是在想，我怎么花了25美金把自己弄得像是有割草机在头上开过一样？

问开放式问题是在表达共情，因为这样能传达出对每个人独有的反应和回复的尊重。在你问出一个开放式问题的时候，你是想从他人那里了解到事实并进行沟通，而且你是真心对他的看法感兴趣。这相当于你先交出控制权，允许他人把你引领到他想要或者希望你去的地方，而不是你努力把谈话带到一个指定的方向上。封闭式问题就像是把他人关在门外。

当我们能够把偏见和预判都放在一边，敞开大门迎接新的体验时，开放式问题就能帮我们看到无限的可能。

第 2 步：放缓节奏

共情总是努力把节奏放缓，让情绪得以在深思后有所缓和。**炽烈的情绪是无法让人表达出共情的。**在我跟戈登那次谈话一样的激烈交锋中，放缓节奏至关重要，可以避免思维被情绪裹挟。从这个意义上说，共情就像是可以通过缰绳来把马拉住的马嚼子一样。等情绪褪去之时，共情就可以把马儿由一路狂奔降为稳步慢跑。

为了放缓节奏，有时候你得往回退一点，就像我跟麦克的这次谈话一样。麦克，36岁，正在戒酒，那天他告诉我他突然决定要结婚了。

“我一进唐恩都乐咖啡店（Dunkin’ Donuts)，便看见南希站在那里，得咧！——就这么定了。”麦克说，并咧着嘴开心地笑着。麦克平时都很安静平和，那天看起来却异常亢奋。“那一瞬间我就知道我要娶她，毫无疑问。”

麦克的治疗已经有6个月了，这还是他第一次提到南希。“这可是一个重大的决定，”我说，“这是怎么回事啊？”

“嗯，我参加了匿名戒酒协会的见面会，然后我去了唐恩都乐，我看见了她，她对着我微笑，然后我就决定娶她。事情就是这样。”

当我让麦克往回说一点，告诉我那次见面会的情况时，他眉头紧锁。“我以为您要了解一下我想娶的这个女人呢。”

“麦克，不是我不想去了解她，而是如果不知道事情是怎样发生的，我恐怕无法完全理解您的状况。我们先回过去，把您去唐恩都乐喝咖啡之前的事情重过一遍吧。那次见面会上发生了什么事吗？”

“就是一次正常的见面会。”麦克在椅子里扭了扭，突然间没有了能量，眉头也皱了起来。“您知道的，各种常见的故事，流了很多泪，有很多情绪。”

“那么就是一次正常的见面会咯。”我说。

“是啊。嗯，也不完全是吧，我猜。”麦克说，眉头皱得更紧了。“见面会之后我跟一个老会员吵了起来，我的资助者对我很不高兴。”

“您知道他为什么对您不高兴吗？”

“因为他就是个混蛋，”麦克很鄙视地说，“所以我都快气疯了。我发誓，我当时气得都想杀了他。”

“您知道吗，麦克，我不太明白后面这部分。”

“后面哪部分？”

“是什么把您气疯了？”

“我受够了每次愚蠢的见面会上大家对待我的方式。我觉得我没有归属感。”

“所以您觉得您跟他们合不来，参加见面会对您来说挺不容易的。”

“是啊，我都迫不及待想离开了。”

“您离开的时候是什么感觉？”

“我很生气。我觉得我就没有融入进去过。”

“见面会之后不久，您就去了唐恩都乐，然后看见了南希？”

“是的，基本就是这样。”

我们又继续谈了10~15分钟，期间麦克不断反思自己。“我知道那天我的情绪非常强烈，”他说，“所以，您觉得我可能是在想方设法摆脱我的愤怒。”

“如果我理解错了，您要帮我纠正哦。对我来说，就像是您深受见面会上情绪的影响，可能正在寻找一个人，一个能帮您平复下来或赶走您的冲突的人。”

麦克身体前倾，双手合在一起，叹了口气：“我也不知道。现在这样慢慢回顾整个过程，我都有些糊涂了。”

“可能这就是不断长进的方式，”我说，“先接受您有些糊涂这个体验，接纳自己不确定该如何应对这次的状况这个事实。您现在正在学习如何应对，以后当您再考虑这个决定或者生活中其他重大决定时，您会继续学习和成长。”

那次会谈结束时麦克说：“想要娶一个基本不认识的人真是够愚蠢的。我竟然如此冲动。有时候我都不知道自己出了什么问题。”

“我认为您在受到伤害或被侵犯的时候，总是很快地付诸行动。”我说，“当您学会容许有情绪的时候，就不会那么冲动了。今天在这儿这么短的时间里，您已经显现出了这种能力。”

“我有吗？”他说。

“是的，您已经显现出来了。”我回答。

当情绪爆发的时候，花点时间来思考、回想一下是很有帮助的。把节奏放缓能让我们的想法跟得上这些情绪，往产生情绪的情境中加入一些镇静和归因。有意识地努力把节奏慢下来，其实就是在让共情表达出来——正如心理学研究者所发现的那样，共情在过热（或过冷）的环境里是无法生存的。就像植物需要光照和阴凉的均衡一样，共情在极端条件下也会枯萎。

诸如恐惧和愤怒这样的负面情绪对身体新陈代谢的需求很高，会造成一种强烈的生理唤醒的状态。“一般认为，在生理唤醒水平很高的情况下，会伴随有感知焦点的收窄。”心理学家罗伯特·W. 利文森（Robert W.

Levenson）和安妮 • M. 罗夫（Anne M. Ruef）这样写道。当各种激素都在分泌、肌肉收紧的时候，我们感知的焦点就会收窄。具体来说，我们只能看见自己的愤怒和恐惧，其他细微的情绪就会被无视。我们其实就是因为情绪而“失明”了，变得只关注于战斗还是逃跑以应对这个局面。

当情绪由剧烈沸腾降为文火慢炖时，共情就开始扩展开来。我们又能看到画面的全局，而不只是一个局限的焦点。**帮他人把节奏放慢下来，对情绪进行远观，是你对他们表达共情的一个非常有用的方法。**因为当共情起到降温和安抚的效果时，我们就能够重获平衡，可以对我们的想法和感受产生更准确的理解。我对麦克的共情就可以让他放慢节奏，也更清楚地理解了他自己的行为。随着我们治疗关系的继续，他对自己的共情逐步发展起来，也学会了在没有外界帮助的时候如何放缓节奏。

第 3 步：不要匆忙做出评判

快速下决定和匆忙做评判可不是共情表达素材库中的内容。比如，关于戈登，我对他的想法、情绪和过去的经历都有足够的了解，所以，我本可以直接给他的情绪做个两三句话的概括，然后用剩下的会谈时间来讨论我的那些关于他的想法和感受的理论依据。

从过去的经验中，我知道戈登是个急脾气，总是通过愤怒来跟他人保持一定的安全距离。这是一种可以用来描述他行为的通用理论，我们一起“工作”的这一年的多次互动都支持了这个理论。所以，我本可以说：“戈登，我相信您对我很愤怒，是因为您觉得受到了我的威胁。”或者是：“您想打败我是因为我让您想起了您父亲，他总是小看您，贬低您。”

这些说法本质上也就是“您要长大，要克服困难”的论调，是“您缺乏安全感”“您被吓到了”或者“您嫉妒了”这类贬义评价的稍加改良版本。

这类评价给我们的行为贴上了标签，但这跟共情式的表述截然不同。因为，共情是想要为行为提供一个更深层的理解方式。

“您要长大，要克服困难”的论调还倾向于认为行为都是一成不变的，而共情却能把想法和感受关联到特定的事件上。有一次我跟戈登说：“我注意到您说起工作会议的时候好像挺激动的，那个时候您感受到了什么？”这个问题帮他把注意力集中在引发他情绪的特定事件上，通过回溯他反应的根源而不是尽说些厌恶自己的话（“我很蠢”“我没有竞争力”“我永远都不会像我父亲那样成功”），来给他一个扩展自我觉察的机会。当人们感到挫败的时候，容易看不到事件的特殊性，而认定事件具有普遍规律，进而导致自己做出不宽容或很苛刻的评判。

共情的力量还表现在只关注当下时刻的体验。共情能避免人们行为的倾向性，即根据过去的经验来给行为做总结或分类。不管我对戈登的过去了解多少，我都无法确定他在当下这个时刻的想法和感受。同我们所有人一样，他也是一个不断改变、不断进化的人，而**共情的表达总是会特别尊重每个人都会发生转变的天性。**

当希腊哲学家赫拉克利特在说“你不可能两次踏进同一条河”的时候，他也是在表达共情，意指“今天的你”已经跟“昨天的你”有所不同。**我们能对他人造成的最大伤害之一就是认为他们的个性是固定不变的。**这样的话，我们就把生命的河流看成是一个与其他水源都割断开来的浅水池，它逐渐会变成一潭死水。当我们跟另一个人说“你总是这种反应”“这就是我，永远也改变不了了”或“我能像看一本书一样看透你”的时候，我们其实是在往河水里扔满障碍物，阻挡了共情的自由流淌。如果这样做，我们不仅否认了发生改变的可能性，还阻碍了个人的转变。

每当我听到一个人对另一个人说“我就知道你会这么做，我已经见过上千次了”或者“我都不需要问你在想什么，我比你自己还了解你”时，我的内心都在颤抖。在这些话语里，我仿佛能看到一棵棵大树倾倒在共情之河中，阻挡了它的循环流动。虽然根据过去可以很好地预测未来，但共情会提醒我们：真正的生活是流动的，人们一直都在适应环境，当环境发生改变时，人们都是能让步和弯腰的。

如果认定我们的存在方式是一成不变的，我们的个性像石头一样固定，那我们相互之间的互动方式就是可以预测出来的，即完全是原有模式和固定回复的不断重复，鲜有可能去拓宽我们的视角、扩展我们的视野。如此受限定的世界——由理论来驾驭，由标签所表征，由预判来掌控——就像是一片干涸的河床，坚硬、干枯，远离其他水源和支流，这可与它原本强有力的样子大相径庭。

第 4 步：关注你的身体感受

当戈登提高了嗓门告诉我他想揍我的时候，他眯起眼睛，面部因为暴怒而充血，看起来就像要朝我扑过来，我都能感觉到自己心跳加速。我确实能在我的身体里感觉到戈登的愤怒，因为我的自主神经系统开始呈现出他的神经系统的反应。

研究人员把这种现象叫作生理同步，这也在有力地提醒我们，**我们的头脑（情绪）和身体（躯体反应）之间是紧密关联、相互依存的。**共情也含有明确的躯体成分。事实上，有心理学研究者把共情定义为“一种易于激发别人产生类似反应的自主神经系统状态”。换句话说，我们的神经系统之间是能相互对话的。当一个妈妈跟她的孩子一起玩耍时，她们的心会同步跳动；当你轻轻拍打你的狗时，你的心跳会慢下来——狗也一样；当你跟愤怒敌对的人互动时，你的躯体反应也会跟他们的反应一致——肌肉中血流增加，血压上升，应激激素（肾上腺素、去甲肾上腺素和皮质甾醇）开始在你的身体中输送，你也开始感觉到体内有愤怒和应激的反应。

自主神经系统是从中枢神经系统中分支出来的，负责把感知到的信息传达给身体的分泌腺和脏腑肌（血管、心脏和肠道）。其中，有两个相互分开但又相互关联的系统来控制身体的反应：交感神经系统能提升能量，启动身体进入应激状态，提升血糖水平，提高心率和血压；而在我们比较放松、积蓄身体能量的时候则是由副交感神经系统来主导。这两个系统基本上是自主运行的，不需要我们意识层面的控制。例如，绝大多数人都无法控制心脏的跳动或肠道肌肉的扩张和收缩。

我发现很有意义的一点是：人们用“有同情心”（sympathetic，在英语中与“交感神经系统”是同一个词）来描述自主神经系统的功能。同情也确实是对他人情绪状态自动产生的一种无意识反应，但共情就需要对他人的想法和感受进行更加复杂的整合。如此说来，中枢神经系统和自主神经系统之间的相互作用就可以叫作共情神经系统。因为这两个神经系统之间的持续沟通负责产生不同表达方式的共情，在我们之间传递彼此的想法和感受。其实，共情就是一种整合的头脑——躯体反应，想法和感受之间就是通过共情神经系统的反应进行相互作用的。

我知道我对戈登产生的躯体反应——心跳瞬间自动加速，突然间注意力高度集中，所有的感官都高度警觉——是生理上共情的信号。我的身体在镜映着戈登身体里的变化。我明白生理同步的本质，所以我能通过自己的感官来获得戈登情绪的重要信息。我的躯体反应让我知道了他的情绪状态，同时也勾起了我自己对愤怒体验的记忆，以及我从多年经验中获得的知识，即怨恨和敌意的感觉经常跟疲惫、情绪压力或是缺乏安全感而引起的内心痛苦有关。

我们的身体可以收听到他人身体的信息。我们都有一个内嵌的系统，它能自动采集他人的躯体反应信息，以给我们提供关于他人想法和感受的重要线索。表情模仿就是生理同步的经典例子。假设你正在跟一个伤心哭泣的朋友谈话，在你自己的意识都觉察不到的情况下，你的面部肌肉就开始自动地模仿你朋友的表情。然后更加神奇的事情就会发生——你能感觉到你朋友正在感觉到的情绪。仅仅通过把你的面部肌肉放在特定的位置上，你就能知道他人躯体和情绪上的感受。

演员和作家深知表情模仿的作用，他们常用这个技巧来帮助自己进入特定的情绪状态。著名作家埃德加·艾伦·坡（Edgar Allan Poe）善用表情模仿来读懂他人的心思。

> 当我想要弄清楚一个人是多么智慧或多么愚蠢、多么好或多么糟，以及他当下的想法是什么的时候，我就让我的面部表情尽量精准地模仿他的表情。然后，等着我的头脑或内心为了呼应这个表情会出现什么样的想法或情感。

你的心情能被你身体的生理反应所改变。所以，微笑能让你的神经系统安静下来，心情好转；而眉头紧锁能让你的感觉更消极或者更严苛。在一个心理学实验中，研究人员在被试者的额头贴了两个高尔夫球球座，然后让他们尽量把这两个球座靠近一些，他们就会自动皱起眉头。当给这些皱着眉的被试者出示一些让人不愉快的照片时，他们对照片产生负面反应的可能性要大很多。在另一个实验中，被试者的牙齿间咬着一支笔——这个动作让面部肌肉处于微笑的位置上，这样，他们看搞笑的动画片时发笑的可能性也显著提高。

生理同步在包括治疗关系在内的任何关系中都是一个关键因素。在心理治疗中，我知道我能用自己的面部表情和身体动作来调动病人的情绪状态。比如，如果我很生气或沮丧，病人一般也会跟随我的情绪强度，感受到我的负面情绪；如果我很平静，他们的躯体也会对我的沉着做出反应。一般来讲，如果我微笑，他们也感觉更开心；如果我皱眉，他们也会被我的负面情绪所连累。

我知道，一个严厉的神情或一个不耐烦的手势对于一个感觉很不确定或很脆弱的人会产生灾难性的影响。因此，我在使用生理同步时会极度谨慎。我会特别注意我的面部表情、语调的变化、手势甚至姿势，因为我知道这些躯体反应能够激发出别人强烈的情绪反应。同时，我也会仔细地监控我自己的躯体反应，以获取关于他人情绪状态的一些线索。

不管在治疗中还是在生活中，了解我们的情绪如何影响到身体，和特定的躯体反应反过来如何改变我们的感受，都是非常重要的。例如，微笑是我们表达共情的最有力方式之一，因为当我们微笑时，他人也会不可抗拒地想要微笑。当我们的面部肌肉移动到微笑的位置时，我们的躯体也会发生相应变化。即使你正感觉到伤心或焦虑，脸上呈现微笑也会让你感觉好一些。这已被大量研究证实。

面部肌肉的改变代表了你自主神经系统的变化，这会启动情绪的转变。观察妈妈和孩子之间相互微笑，看着快乐的感觉在他们之间弥漫开来时，你就会理解身体影响头脑的力量，以及头脑同时也能够改变身体感觉的力量。

第 5 步：向过去学习

共情能在当下的连接和亲密关系中创造奇迹，但也总是同时关注着过去。我们需要去知道并理解过去发生了什么，我们要明白旧有模式、评判、理论和理想化是如何影响着当下所发生的事情的。

理解戈登的过往对于帮助他找出现在愤怒和屈辱感觉的来源至关重要。用戈登自己的话说，他在一个十全十美的父亲身边长大。按戈登的描述，他的父亲看起来就像是头发花白的梅尔·吉布森（Mel Gibson）。父亲以优异的成绩毕业于耶鲁大学，在一家很大的化妆品公司里担任副总裁，收入相当丰厚，每一个认识他的人都敬重（而且经常是害怕）他。虽然戈登长得很帅，也是个体育健将，很聪明，婚姻幸福，而且财务状况很好，但他从小到大一直都坚信，不管如何努力，他都赶不上父亲的成就。

当戈登开始意识到他的过往经历在影响着他现在的行为时，他就能更好地掌控自己的情绪了。我一直都记得戈登讲过的一个事情。他在对公司股东发表演讲时非常紧张，不停地清嗓子。在演讲过程中，公司总裁站起来离开了房间。戈登吓坏了，想当然地认为是老板对自己的表现不满。他开始觉得生气，心跳加速，很快就满头大汗。过了一小会儿，他老板走到讲台上，递给戈登一杯水。“这里真是够热的，”他说着并友善地拍了拍戈登的后背，“这个可能有用。”

当我们学会把过去和现在分开来看时，我们才能客观地看待事情。他人强烈的情绪不一定跟现在发生着的事情相关，却总是源于过去未处理的冲突或是艰难的生活环境。比如，假设牙医诊所里的接待员很粗鲁、不友善。你先花点时间来检测一下你的情绪反应，你可能意识到这个接待员让你想起了自己冰冷苛刻的母亲。她不仅长得像你母亲，连声音、手势和表情都很像。共情让你收集到这些事实，并产生了更深入的理解，然后稍微后退一点，获得你所需要的客观性，进而做出一个合适的、经过思考的回应。采用共情的扩展视角，你就能意识到接待员的行为跟你本人没有任何关系，然后，你就能放下自己对她的愤怒了。这样，你对她的敌意经历了一个彻底的转变。

我曾经有一个病人凯莉，她简直是世界上最挑剔的人。几乎没有事情能让她高兴，或者让她对自己感觉好一点。有一天，医院里的一名社工艾迪在电梯里遇到凯莉。当时电梯里没有别人，艾迪就微笑着表示问候，然后为了尽力表现得友善一些，评论了一下凯莉穿的那件漂亮衣服。凯莉踩着高跟鞋转向艾迪，对她说了下面这些话。

“真难以置信你竟然如此浅薄，”她指着艾迪的姓名牌说道，“你是一个社工，你受过培训，但你竟然站在这儿评论我的外貌、侮辱我。我一直都觉得女人都是被以貌取人的，可就在我寻求帮助的这家医院里，你竟然又一次证实了我们文化的肤浅。”说完这些后电梯门开了，凯莉冲了出去。

艾迪马上坐电梯来到我的办公室。她告诉了我刚才发生的事情，然后哭着问她是不是不够敏感。她害怕自己破坏了凯莉的治疗效果。我跟艾迪重复了我父亲在我碰到类似的担心时一直跟我说的话：想想真正的原因。“当一个充满自我怨恨的人猛烈抨击你的时候，”他会说，“想想真正的原因。愤怒经常源自长期的屈辱或恐惧，而那段历史跟你毫不相干。你只是恰好在一个不对的时间出现在一个不对的地方。不管她怎么指责你，都不要为别人的不安全感买单。”

我告诉艾迪，就算她只是微笑一下、皱一下眉、咳嗽一声或者扬了一下眉毛，都有可能激起凯莉的这种愤怒。事实上，她说了什么或做了什么都不重要，因为那一天在某个地方，一定会有某个人成为凯莉那满腔情绪的接收者。**想想真正的原因。**我们都有复杂纠结的历史，也都会把它带进我们现在的交往中。如果没弄清楚事件真正的原因，我们很容易被弄晕，还以为自己需要为某人的情绪反应负责任。

想清楚真正的原因意味着：除了尊重他人的过去，也要注意我们自己的过去。过去尚未解决的任何冲突都会被带到当下的互动中。**了解自己并发展对过去冲突的觉察是培养对他人共情能力的必经之路。**

第 6 步：让故事充分展开

每个人都有他特有的故事可讲，每个故事也都以它自己的速度发展。借助共情，我们能异常精准地判断出他人需要走多快或走多慢。时机决定一切。共情会把我们带上一段旅程，有时路途会很艰难，让人疲惫不堪。在有些地方，我们甚至需要停下来，休息下，找准我们的方位，确认下路标。

戈登的强烈敌意告诉我，他正处在情绪断崖的边缘。我知道我必须把握好时机。我可以给出一个挑衅性的答复，发起一个让他出来战斗的挑战，以此来把他推过边界。“您的行为就好像您需要被特殊照顾一样，戈登，为什么您不能停止责怪别人而去开始工作呢？”或者：“您反应过度了，戈登，您的愤怒说明了您的不安全感。”我也可以突然结束我们的谈话，跟他说：“您显然失控了，戈登。我们先讨论别的话题吧，等您安静下来了，我们再回到这个话题上。”但是，不管用哪种回复，我都会失去这个宝贵的机会以帮戈登清楚地看到两个人可以互动，而且不需要摧毁对方，也不是必须得有一方胜出，另一方战败。

像戈登一样，我生来也是情绪易激惹的。事实上，在跟戈登的很多次会谈中，我都在他身上看到了一个年轻版本的我。但是，跟戈登的父亲鼓励他用愤怒来征服他人所不同的是，我被教导说愤怒通常是其他情绪的外衣——失望、受伤、沮丧、怨恨、缺陷感或无助，暴露出这些情绪会让人觉得很危险。

愤怒是感知到脆弱感和无力感的表现。“你可能会在某个特定的情境里感觉到很无力，”我父亲经常告诉我，“但是我肯定地告诉你，总是有一些可以利用的资源的。在这个世界上，我们真正无可反抗的时候是极少的。”如果我们相信了自己没有能力，或者觉得被低估了或没有被赏识，我们的反应会是沮丧，甚至觉得屈辱。这些情绪会产生愤怒、攻击、暴力。从我的经验来看，愤怒和敌意行为的驱动力几乎都是因为个体感觉到没有被理解。

对许多人来说，愤怒是唯一一种他们知道如何掌控的情绪。研究男性愤怒的心理学家们发现，父母跟儿子会经常使用“愤怒”这个词，但是跟女儿就很少用到。父母会鼓励女儿用外交技巧和圆滑老练来修补关系中的问题，在儿子卷入争端时却经常提倡他们进行报复。“很多男人都很难表达或体验到愤怒之外的情绪，”心理学家威廉·波拉克（William Pollack）在《真正的男孩》（*Real Boys*）一书中写道，“因为还是小孩子的时候，他们就被鼓励用愤怒来表达所有的情绪体验。”

但是，当男孩们被共情地对待、被教导该如何带着共情回应别人时，他们强烈的愤怒经常就会消失。波拉克解释了共情是如何化解愤怒的。

> 一个得到了关爱的男孩也更可能会去关爱他人。如果他能感觉到自己跟父母的连接，他便更能感觉到与其他人的连接。如果他感觉到他的父母能理解他、共情他，他也会具有同样对待他人的能力……当一个男孩能共情他人而不是只在意个人的羞怯时，他就不太可能去羞辱对方，也就不会对之暴力相加。

在成长过程中，我也像很多年轻人一样，为了理解和控制我冲动的天性而颇费力气。我父母教我如何把节奏慢下来，用自己的想法来控制情绪。过去的30年里，我作为心理学家所接受的训练和积累的经验又进一步深化了我所学到的知识，即如何用共情来平衡天性的冲动。在我觉得气愤、沮丧或身边人有愤怒或攻击的反应时，我明白这些情绪其实都源于被误解、被怀疑或被拒绝等这类更深层的感受。这个认知就像是一个“弱光开关”，可以降低情绪反应的强度。由共情来指引方向，我能够透过行为表面看到行为下的挫败和恐惧，并给出合适的回应，让他人知道我愿意倾听并回应他们的困境。

在心理治疗和生活的其他方面，愤怒总被误认为是男性最常见的天生的攻击性驱动力。相应的理论也表示男性天生是有暴力和施虐倾向的，需要被教导该如何去控制这些自发的冲动。因为这种理论导向，许多治疗师会建议愤怒、敌意或有暴力倾向的病人进行药物治疗。当病人愤怒或威胁动武时，治疗师感觉自己会有危险（其实经常是因为治疗师自己不会处理攻击），于是便给病人开出镇静剂、安定药和抗抑郁药。毫无疑问，有些病人会从药物治疗中获益，但更多情况下，这种方案就是在对病人说：“你病得太严重，我没法应对，你吃了药之后我们再来处理吧。”

当然，还有另外一种选择——使用共情。共情会让我们一起站在悬崖——深层的情绪所在的地方——边上，相信我们的关系能把我们带到安全之地。共情会教我们如何看到事情的全貌，告诉我们何时前进、何时后退，何时要逃去躲藏，何时又可以相信自己强大到足以应对局面。当我们陪另一个人站在悬崖边上时，共情会提醒我们这是那个人的旅程，我们出现在那里是为了陪伴和帮助他。我们的作用不是引领而是跟随，不是主导而是参与，不是为了总结性发言而是为了让沟通能持续流淌。我们表达共情的方式就是让自己完全参与到故事当中，尽自己所能去帮忙，并感恩自己也能成为这段经历的一部分。

第 7 步：设定边界

当戈登跟我说“我告诉您我自己所有的私密事情，您却从来不说关于您的任何有意义的东西”时，他是希望我敞开我自己。他暗示的意思是：我不想告诉他我自己的事情是因为我想表现得很完美。我可以很容易地接受他的想法，告诉他想知道的关于我的任何东西；我也可以说：“您想知道我的什么呢？”

不管在心理治疗还是在生活中，这都是一个陷阱。为了去除他人的不安全感而进行自我暴露很少会起作用，因为这会分散掉本该贯注在需要帮助的人身上的注意力。治疗师有时会犯这种错误，去跟病人分享自己的苦恼，还以为自我暴露可以产生人与人之间的信任和连接。尽管这样的互动可能会让病人瞬间感觉好一些（病人可能会说，“知道您也经历过类似的情况，我感觉好多了”），但经常会造成长期的怨恨。下面就是一个实例。

一位正在遭受慢性抑郁的39岁女性前来治疗，跟她的治疗师说自己想自杀。“我太痛苦了，”她说，“我很想伤害我自己。”

治疗师的反应是把椅子挪得靠近她一些，脸上带着极度关注的神情。“我要告诉您，我会非常严肃认真地讨论自杀的问题，”他说，“三年前我侄女就自杀了。”

这种披露可能是想在病人和治疗师之间建立连接，或者治疗师可能想要传达出他对病人的关切。但是无论本意如何，最终的结果都是让病人觉得很困惑。病人会想：他为什么要告诉我这个？我应该谈一下他侄女吗？他是想把这次谈话带到那个话题上吗？紧接着，病人的情绪可能还会有愤怒的火苗：我是想讨论我的问题，并不想介入治疗师的私人生活。然后，她可能还会产生内疚：我太自私了，我一直都有这毛病，我就只想着自己的需要。

如果我们总是针对他人的问题分享自己的经历和苦难，这很少会真正长远地安抚到他们。**一个人深深的不安全感是不会因为知道了他人有同样严重的问题而被治愈的。**共情能让我们不带偏见地去倾听事情表层下面的意义；而要做到不带偏见地倾听，我们必须设定边界。设定边界不是说我们要对他人不在乎，或者让自己不受他人痛苦的影响；相反，设定边界是为了能给对方客观的回应，为此，我们有必要保持自己的抽离状态。

设定边界是一种能让共情发挥作用、让注意力一直关注当下这个话题的方法。一位正遇到婚姻问题困扰的中年病人跟我说，他相信所有的男人都想过要出轨。“您曾经想过或者真的有过出轨行为吗？”他问我。同情可能会让我对他心生怜悯，想告诉他我自己对这个问题的看法，共情却指导我要设定边界，把注意力贯注于病人的需要和担心上。“我不觉得猜测别的男人对出轨的看法能对您的婚姻问题有所帮助。”我解释道，而且他也马上就同意了我的说法。

在心理治疗和日常生活中，设定合适的边界是至关重要的。真正的信任来自当下这个时刻共情的互动，而不是应邀说出你自己关于某个特定话题的想法和感受。我们无法通过变得像他人一样紧张来缓解他人的不安。事实上，在绝大多数情况下，这么做只会增加他们的焦虑。

在戈登的案例里，我尽力传达出自己感兴趣于他对我的愤怒，而没有让谈话转而聚焦在我身上。如果我的边界没有设定好，我们很有可能偏离正题，最终只会增加他的挫败和愤怒。其实我的作用就是吸收这些猛烈的攻击，但又保证自己不被伤害到，也不让这些攻击把我带离正轨。在共情的指引下，我并不害怕戈登的愤怒，因为我知道这只是他长期积累的怨恨和深深的屈辱感外面所包着的一层薄薄的遮羞布。通过设定边界，我能够一直贯注于他的情绪。这就像只下一个小时的强雷阵雨和持续下几天的小雨之间的区别。

生活中也是一样的道理。虽然有时彼此之间的相互融合很重要，但同样至关重要的是我们要知道每个人都是相互分离、各不相同的。共情会允许差异的存在，更重要的是，共情还会帮助我们包容人与人之间的差异。我们既依赖他人，也各自独立，我们中最健康的人都是相互依赖的。我们走到一起又各自分开，总是维持着一个介入和抽离之间的平衡。**在共情的指引下，我们知道什么时候介入是必需的，什么时候离开才是对关系最好的。**

在亲密关系中，我们所面临的最重要的挑战之一就是，**要知道我在哪里结束，而你可以从哪里开始。**如果我的边界和你的边界纠缠在一起了，那我就搞不清楚什么是属于我的，什么才是你的。在这种相互纠结的局面中，共情肯定要受累了，因为共情很需要客观性来维持它的平衡。在亲密关系中，我们需要保持住共情所产生的那个平衡，要明白对于我们所爱的人来说，我们自己的边界是从哪里开始，到哪里结束。那种平衡的状态会给予我们所需的洞察和理解，这样既能清晰坦诚地表达我们自己，又能尊重他人特有的需求、渴望、希望和梦想。

在表达共情时最重要的元素并不是我们说出来的言语，而是我们正在沟通的深层信息。通过共情，我们希望能表达出自己对别人故事的兴趣，这不一定是因为我们是这个故事中重要的一部分——事实上，陌生人之间也能彼此表达共情——而主要是因为让自己参与到他人的经历当中时，我们就有机会扩展自己、拓宽我们的视角、延展我们与生活本身的连接。

用印度圣雄甘地（Mahatma Gandhi）的一个故事可以解释处于共情核心位置上的人的相互依赖性。有一次，当甘地在印度的一个小村庄里为穷人们服务时，一个西方记者采访了他。

记者说："您为穷人所做的这些事情是多么美好啊！"

甘地回答道："我不是在为他们做事，我是在为我自己做事。"

记者问："这是什么意思呢？"

甘地回答："如果没有对我自己的共情，我又怎么能共情他人呢？"

第五章

共情式倾听：为了理解他人如何感知世界而倾听

共情式倾听总是以对方为中心，目的是要让他感觉到他这个人被理解了。

几个月以前，我参与主持的波士顿电台脱口秀专门做了一期节目，讨论“遗失的聆听艺术”这个话题。节目播出之后，一个朋友问我她能不能给我讲个故事。

“当然，我喜欢听故事。”我说。

“这是个真事。”她说。

“那就更好了。”我说。

她的故事是围绕着聆听的失败展开的。“我最近在考虑要不要跟一个已婚男人再续前缘，”她开始讲，“一年多以前我就跟他断了，但是他一直都在给我施压，对我极尽赞美之词。不管我跟他说什么，比如我感觉很低落、我感觉没有能量、我感觉没有热情、我现在很不喜欢自己，他的回应总是那些——我有多么好，我多么需要相信我自己。没有人像他那样欣赏到我的天赋。虽然我也一直在怀疑他这么赞美我是为了达到他的目的，可我还是被这些赞美之词所吸引，真的在考虑要跟他旧情复燃。”

“听了您在电台节目中讲的共情和倾听的艺术后，我突然明白了其实他根本就没有在听我说话。他只是在跟我说那些他觉得我想听的话。然后，我还意识到了一些更深层的东西——我也没有在听他说话。我也只是沉浸在他的那些奉承和表扬里面，让他来操控自己。”

有句话说得好，我们都长了两只耳朵和一张嘴，所以我们听的时间应该是说的时间的两倍。然而，我们当中又有谁是听的比说的多呢？在听别人说话的时候，我们是真的在听，还是只在演练着等轮到自己的时候打算要说的那些话？我们是不是只听进了那么几个词，而忽略了其他的内容？就像一个不停地进行“剪切、粘贴”的过程，其实我们只注意到了其中那些好的部分。我们能经常“听”出他人话语中带着的情绪，然后有意识地去回应那些还没有说出来的想法吗？我们应该怎样去倾听？更重要的是，我们应该怎样去共情地倾听呢？

倾听看起来是如此简单——就是不要说话，集中于他人说的话。然而，**在共情所需要的所有技巧之中，倾听是最需要集中注意力的，**因为我们的注意力太容易被转移分散了。很多人只是用“半只”耳朵在听，就等着什么时候能轮到自己说话，一直在准备着自己要说的话。我们还很容易带着倾向性去听，在听完整个故事之前就已经做好决定了。我们也会带着同情心去听，把他人说的每件事情都跟我们自己的经验关联起来，然后说些对他们自己的想法和感受不够尊重的话，比如“我非常明白你的感受”或者“我知道你现在的心情”。最后，我们自己内心里的声音也会分散我们的注意力，开始对我们自己进行评判和推测。

做到共情式倾听需要我们先停止以自我为中心来看这个世界，这样才能全然地投入到另一个人的体验当中。共情式倾听需要我们集中全部的注意力，不仅要关注说出来的话，还要关注手势动作、大体的姿势、身体位置和面部表情。在共情式倾听时，你要有意识地去放下你的倾向性；要学着如何与他人的情绪产生连接，但又不会被它们带走，能先走进去，再退出来；然后，你还要去探索如何与不确定性共存，而且允许自己没有能力给所有的问题都找到答案或解决方案。

如果倾听能够如此清晰、深入，能让他人真正觉得“被听到了”，这样的倾听就是一种神圣的倾听，就像公益作家道格拉斯·斯蒂尔（Douglas Steere）所解释的那样。

> 神圣的倾听能听到他人心灵深处的声音，能让他人敞开心扉并对自己产生新的认识，这可能是一个人能为他人提供的最了不起的帮助。

共情式（神圣的）倾听能深入他人的内心和灵魂，发现被恐惧、愤怒、悲痛或绝望所遮挡的东西。这种倾听是可传授的，可以从一个人传给另一个人。待在那些很会共情、知道如何倾听出我们灵魂深处声音的人身边，我们就能学会如何共情地倾听。如果亲身体验过这种倾听的力量，我们就能明白倾听的能力如何让我们走得更近，如何加强我们跟自己、跟他人之间的关系。

抛开自己，全神贯注地倾听

我是从父亲那里学到如何倾听的。他既知道话语的力量，也知道我们全神贯注地倾听时产生的那种静默空间里所蕴含的强大威力。他倾听他人的时候，我仔细观察了他有意识地集中注意力的方式。我看到他特别注意所提问题的遣词造句，注意到他并不想随随便便给出一个简单快速的回答时的停顿，也特别注意了他想让对方知道自己此时是在全神贯注地倾听的细微动作。

父亲有一种特别的“倾听姿势”，表示他正完全投入在谈话当中。就像祈祷者一样，他有办法让自己有意识地平静下来，集中所有的心思，确保什么都不能让他从眼下的任务中分神。他会身体前倾，双眼凝神，双手相握，提出一个问题，然后开始倾听，绝不会打断对方。

讲话的人说完之后，父亲会很安静。他可能会点上一根香烟，或者抿一口咖啡，借此机会来琢磨一下刚才听到的那些话。然后，他会提出一个问题；然后是一个又一个的问题；然后，他会确认一下那个人已经把心里想说的话全都说出来了。这时，而且也只有到这个时候，他才会给出自己经过深思熟虑的想法。

我很喜欢听父亲跟人谈话，因为从他人的回应中，我感受到他很有沟通天赋。跟父亲谈过话的人都会发生改变，父亲很有那种能找到他人潜能的本事，还会强调为了实现这种潜能，他们可能还需要继续努力。在这种推心置腹的沟通结束时，我父亲总会说些这样的话："当然了，这些都会实现的，亚瑟，只要你相信自己，并为此付出努力。"父亲并不会刻意隐瞒他的批评，但是他表达批评的方式也会传达出对别人的尊重。他的坦诚很直截了当、真实准确，又总是对人怀有深深的敬意。

我一直都记得那一次特殊的谈话。那是1965年，我还在读高中的最后一年，橄榄球就是我生活的全部内容。生活中没有任何事情能像胳膊下面夹着橄榄球飞奔让我感觉到快乐。我记得在跟头号对手的一次比赛中，当我成功触地得分奠定胜局的时候，我转向观众席看到父亲也开心地把帽子抛向半空中。比赛过后，在更衣室里一个朋友邀请我去参加一个聚会，然后就没完没了地说那些也要去参加聚会的姑娘们。我记得自己当时在想：这家伙是个傻子吗？我橄榄球生涯中最让人兴奋的一场比赛才刚刚过去几分钟，谁愿意谈论那些姑娘啊？怎么能有比刚才那两个小时更让人兴奋、更紧张刺激的事呢？哪有什么体验能赶得上刚才比赛中的那种荣耀和美好啊？

如果说在遥遥领先的橄榄球之后姑娘们可以排第二名的话，那课业学习甚至都没有上榜。从我的成绩就可以看出来，我对学业基本上毫无兴趣。我是个“中游”的学生，成绩单都是B和C。我从来没能把一本书从头看到尾，尽管我快速浏览过很多本书，我也知道怎么样用最少的努力写出一篇像样的文章，得到及格的分数。然而，虽说我的学习成绩平淡无奇，但我已经拿到了几个相当不错的学校的橄榄球奖学金。当我还在犹豫是应该去大学里的校队还是应该加入半职业的球队时，我接到了学校辅导员的电话，让我去他的办公室。

马丁先生很和善，但也一本正经。“我看到报纸上你的照片了，也知道你拿到了橄榄球奖学金，”他说，“你想去上大学吗，亚瑟？”

“我还没想好呢。”我说。

他很严肃地盯着我。“我必须要对你实话实说，”他说，“我不觉得你是块上大学的料。”马丁先生接着告诉我，如果我不打橄榄球的话可能都上不了大学。他提醒我我的成绩只是平均水平。他觉得我很有可能会因为考试不及格而被大学退学——那样会对我们高中学校造成不太好的影响。谈话最后，他还建议我考虑其他的选择，包括参军。“在军队里，”他说，“你会有机会继续成长，更加了解自己，找到你以后想做的事情。”

那天晚上，等父亲下班回家后，我跟他说了我跟学校辅导员的这次谈话。“那么，亚瑟，”父亲点上了一支烟，说道，“你能告诉我他究竟是怎么说的吗？”

“他不觉得我应该上大学。他不觉得我能从大学毕业。”

“他就直截了当地这么说的吗？”

“他说我的成绩才平均水平。他说我橄榄球打得好，但这可能是我能有机会进大学的唯一原因。他觉得我应该考虑参军。”

父亲看了我一会儿，安静地揣摩着我的心情。“那么，”他说，抽了一口烟，又把烟轻轻地吐了出来，“为什么不告诉我，你是怎么想的？”

“可能就像马丁先生所说的，我不是块上大学的料。”我说。我并没有告诉父亲，马丁先生对于我自身能力的评价还是让我相当困惑和失落。

我父亲看着我，等着我继续说。

“我也不知道，”我说，“他是辅导员，我想他说得应该是对的吧。”

我父亲一边掐灭香烟，一边冲着我微笑。我从他的微笑中看到了这个世界上全部的爱。“我知道你并不是个学霸，亚瑟，”他说，“但是我在想，他甚至都分不清你和街上那个卖肉的谁是谁，他怎么就能判断出你不应该上大学呢？我倒想听听他的理由。让我们去一趟，听听他怎么说。”

第二天，父亲和我坐在了马丁先生的办公室里。父亲看了看他书桌后面墙上挂着的加了框的学位证书，然后非常有礼貌地让马丁先生重复一遍前一天跟我说过的话。马丁先生侃侃而谈，他谈到了我不上不下的成绩，说我缺乏积极性，还说他的工作职责就是判断哪些学生以后能从大学毕业，哪些学生应该考虑其他选择。他注意到我父亲专心致志的神情和他点头的样子，就像是在赞同他说的话，这又鼓励他接着往下说。他对各种运动和课外活动给出了一些负面评价，又一次提到了有很多体育生，尤其是橄榄球球员给我们学校带来的糟糕名声。

“告诉我，先生，”父亲身体前倾，双手交叉像是在祈祷一样，问道，“您在高中的时候参加过运动吗？您当过哪种运动的教练吗？”

马丁先生从鼻子里哼出一口气，似乎感觉很好笑又很诧异。“我对运动不感兴趣，”他说，“我所关注的是学业。”接下来的10分钟，他就在谈他关于生活和教育的哲学。

他说完之后，父亲问了一个每次重要谈话中他都会问的问题——“您想说的都说完了吗？”

马丁先生说是的，他觉得他已经谈到了所有的方面。

“好的，先生，”父亲非常平静地说，“我能看出您是一个受过良好教育的人。从墙上挂着的学位证书中，我看到您从大学毕业了，甚至还拿到了硕士学位。”

马丁先生笑了，对自己的成就深感自豪。

“所以，我是这么看的，”父亲继续说，“如果一个像您这样连亚瑟这种有天赋孩子的潜能都看不出来的人也能上大学，甚至还拿到了硕士学位，那我相信没有什么能阻止我儿子上大学。谢谢您花时间见我们。”他站起身来，向马丁先生伸出了手，用力地握了一下他的手，然后就离开了。

35年前的这次谈话给我上了关于共情式倾听艺术的最重要一课——一定要给他人机会充分地解释自己，让他们说出自己的想法和感受。然后，在知道了你能知道的关于这个人的目标、动机、意愿、恐惧、梦想和渴望的所有信息之后，就可以用这些信息做出评估了。只有通过这种倾听和评估的过程，你才能知道谁的建议应该被采纳，谁的建议应该不予理睬。只有通过仔细考量他人的品行特征，你才能判断他人的建议是否合理，是否尊重了你的需求和渴望；你才能判断他人的话是否带着倾向性，是否只是希望影响你的想法和感受以达到他们自己的目的。

在父亲倾听马丁先生的谈话并提出措辞谨慎的问题时，我意识到他是在揣摩这个人。父亲想知道，这家伙是谁？他是什么来路？他是不是已经有了什么意图？他是对亚瑟本人感兴趣，还是觉得所有的橄榄球球员——或者是所有的乐队成员、棋手、啦啦队员、有钱人家的孩子、穷人家的孩子、黑人孩子、白人孩子——都一样？父亲坐在马丁先生的办公室里时，他头脑里就在想着上面这些问题，想要知道这位辅导员是真的为我考虑，还是只是自以为是，不会去考虑他人的想法和观点。

“我听着他的解释，想看看有没有道理，想搞清楚他是怎么给你下了定论？”父亲在那次谈话之后跟我说。现在，我已经读了大学，还读了研究生，关于衡量一个人的广度和深度的过程，我有了一个更好听的词。我叫它“评估”。从培养和表达共情的角度来说，**评估他人是我们能够培养的最重要的一种技能。对人的评估就处在共情式倾听中最核心的位置上。**

什么是评估呢？简单来说，评估就是以共情为向导，找出关于某个特定的人或情境的真实情况的能力。评估在一段关系的早期阶段会特别重要，那时候你对人所知不多，需要较快地判断出他是什么人、具有什么动机。比如，如果想要评估你孩子的一个老师，你要到教室里坐上几个小时，注意观察老师说话的方式、他倾听孩子们所关注事情的方式、他回答问题或处理纪律问题的方式等。如果你要招新的雇员，你会面试不同的候选人，问一些关于他们的背景、教育经历、好恶、工作准则、价值观等方面的问题。你可以去注意倾听他们说了些什么、没有说什么、强调了哪些内容、淡化了哪些内容等。

评估在我们的人际关系中也至关重要，尽管我们很容易就忽略了它的重要性。莉是一个38岁的家庭主妇，正身处一场很不愉快的离婚大战中。莉给我讲了第一次法庭听证会之后她跟律师之间的对话。“我的律师听我丈夫说了15分钟之后就告诉我，他处理离婚案件25年了，都没碰上过这么自私、这么没有同情心的人。我都错过了些什么啊？我怎么没能看到律师跟他在一起待15分钟就能发现的东西呢？我为什么会浪费自己生命中的5年时光来喜欢这个男人啊？”

如果有人教过莉如何共情式倾听，并通过这个聚精会神的过程去评估她丈夫的人品，她就能让自己少受很多苦。共情式倾听能帮我们避免一些不重要的谈话，让我们跟那些只对自己的需求和渴望感兴趣的人保持距离。如果我们不知道如何去评估他人，那最后只会做出糟糕的决定。我们可能会找到错误的人去信任、去爱、去共事或来给我们照顾孩子。我们之所以会做出糟糕的决定，其实是因为我们自己的脆弱和不安全感。我们只是在让他人来控制我们，来替我们做决定，而事实上，我们应该**利用共情来创造我们自己的生命之路**。

共情式倾听中的评估过程包括两个不同但又相互关联的阶段。首先，倾听需要评估正在说话的那个人，以了解你所能了解到的所有关于他或她的见解、过往史、品行特征和动机等信息；其次，通过仔细专注地倾听，你要学会评估你自己，觉察到你当时当刻的情绪状态，包括你的需求、脆弱、倾向性和自身利益等。

对他人的评估

为了准确地判断他人的人品和动机，你一定要能够调整自己的视角，能把对方的视角也包含进来。这种随着与他人的互动而扩展自己视角的能力就是我们学习和成长的方式。**当我们能走出自己，走进他人的体验之中，跟那个人一起来看这个世界**——就像我们成为那个人一样，**那我们就是在践行共情。**共情会要求我们先放下自己的理论和评判，完全从头开始。我们要通过全神贯注地倾听，走进他人的想法和感受，然后再带着已经被刚才这种体验所改变了的视角退回到我们自己当中。不管从何种意义上说，共情都是一个持续发生又不断变化的自我蜕变过程。

有时候，我会跟病人或同事解释共情是怎么起作用的。我会让两手之间相隔几英寸，掌心相对。“这是个很窄的共情范围，”我说，“就像给马儿戴上眼罩一样。生活中的我们，就只有这么有限的共情，只能看见眼前的那点东西。共情会慢慢地帮我们把眼罩摘掉，让视野扩大”——我慢慢把双手分开——“让我们能看得到他人的世界。视野扩大之后，我们就能更清楚地看到自己是如何与更大范围的全局相契合的。”

带着开放的心态去倾听是一种谦卑。你先要愿意去承认，你不仅没有全部的答案，而且对于某个特定的问题，甚至可能根本就没有能让人满意的答案。我最近在跟一个41岁的家庭主妇狄波拉讨论她想要孩子的渴望。她已经努力了6年，在第二次流产之后前来咨询。

那天，狄波拉开始祈求我对她的痛苦和困惑给出答案。她的朋友建议她试试新上市的生育药物，她的医生最近还建议她动手术。我听着听着就觉得，她其实并不是想让我告诉她怎么做——她是想让我来帮她应对她可能永远都不会有孩子的现实。她希望我能理解到她的绝望。她想让我陪着她，在她努力去面对这个痛苦的现实时陪在她身边、支持她。

“求求您，告诉我该怎么办。”她说，眼泪顺着脸颊流淌。“这太痛苦了，我都不知道该怎么忍受这种悲伤。我不知道我还能不能有孩子——我怎么受得了我的生命中有这样的缺憾呢？”这时她已经开始抽泣了，几乎无法继续说话。“求求您，医生，帮帮我，告诉我怎样才能坚持下去，怎样才能感觉好一点。”

我知道这种时候人们常说的那些套话——我知道这对您意味着什么，也知道这让您有多痛苦；会好起来的；先别担心了；所有的事情都是最好的安排；您还有机会怀上孩子；不要放弃希望；谁也说不准，这个领域里经常有新的进展——这些对她来说，伤害会多于帮助。同情她只会剥夺并忽略她自己的感受。事实上，我当然无法知道她此刻的感受，因为我不知道没有孩子是什么感受，也不知道作为一个特别想要但又怀不上孩子的女人是什么感受。我可以想象狄波拉会是什么感受，但我没法确认。

我知道她现在很痛苦，我的灵魂深处都能感觉到她的悲痛。但是，我不知道说什么才能解决她的问题或减轻她的痛苦。在她祈求我帮她的时候，我记得我当时就在想，我也不知道我能做什么。我不知道该说什么，也不知道怎样去帮她。我就看着她，眼睛里满是泪水。就这么过了一会儿，狄波拉做了个深呼吸。

“谢谢您。”她说。

“谢什么呢，狄波拉？”

“谢谢您的倾听。我猜这就是我最需要的东西——有人能听我说，跟我一起感受这个事情，能让我说出我的痛苦。”

后来再回想这个谈话的时候，我突然意识到有时候共情是多么不容易和高要求啊。狄波拉最开始想要得到回答，但是共情只给出了无声的情感共鸣，她也随之意识到，**情感上的被理解绝对更能给人安慰，比任何语言都有用。**其实，在那次互动当中，我无法确定我是否给了她最需要的东西；我只知道同情她或说些套话并不会减轻她的痛苦。在共情的指导下，我就用对她痛苦的默默尊重来回应她。狄波拉能理解到我的感受是出于真心，所以也对共情心怀感激。

共情的过程有时候会让我想起我的橄榄球生涯中一些完全出乎意料的关键时刻——发起一次传球，所有的接球手都被缠住了，或者突然间发现自己跑在边线上，直奔达阵。这种时候，你不得不放下所有的理论和标准打法，只能相信你的直觉。橄榄球战术中称它为“持球突破性奔跑”，而这也是一个对共情的绝佳隐喻。想要共情他人时，你不能只依赖于规则，因为活生生的、有血有肉的人总是会打破规矩的。真正的生活也经常不按照制定好的计划走，我们不得不临场发挥，随时准备着要走意料之外的路。

在电影《星球大战》（*Star Wars*）第一部的结尾有一个壮观的场面：卢克·天行者（Luke Skywalker）飞过一个狭窄的隧道，孤注一掷要去摧毁死亡星球。当他在飞机的计算机屏幕上做最后的调试时，他听见欧比旺（Obi-

Wan）的声音平静地建议他："使用原力，卢克。放松。相信我。原力就在你身边，一直都在。"

其实，"原力"就是共情，是一种天生的能力，能"看得到"肉眼看不到的、"感觉到"触觉摸不出的东西。想要把共情的"原力"付诸实践，我们必须依赖本能、经验和平复情绪的能力。我们既要听从发自我们内心的共情声音，学着去相信我们内在的力量，同时也要为扩展这种内在的力量而付出努力。这种自我转化的过程直接将我们带到评估过程的第二个阶段：自我评估。

自我评估和倾向性聆听

学习如何倾听自己与学习如何倾听他人一样重要。自身的利益或倾向会影响倾听的质量，也影响心态的开放，从而削弱共情力。在父亲跟我的高中辅导员马丁谈话的时候，他就很清楚自己的倾向，也知道这可能会影响他的决定。他知道如果想要对马丁先生的想法和感受做出准确的评估，他就不得不先"清空"自己，坦率地承认自己的想法，并在倾听和了解情况时努力将这些想法放置一边。

其实，父亲对于我的未来有很明确的想法。他希望我能上大学。事实上，这是他最大的梦想之一。作为他那庞大的家族中第一个从高中毕业的人，他坚信教育的价值，也希望我能拥有这个他不曾有过的机会——获得大学文凭。

然而，父亲也知道，如果要强我所难，或者不顾及我的梦想也是不明智的。他很了解我。我跟他说过很多次，我的热情都在橄榄球上，我希望有一天能打半职业比赛。他也知道我对学业不是特别感兴趣。所以，他本以为这个辅导员没准儿能有什么好点子——"也许他能教给我点东西，也许在他的帮助下，我能给我儿子一个更好的建议。”

只有通过共情式倾听——倾听时不要带有倾向性，也不要控制或引导谈话——父亲才能得到他做决定所需要的信息。他必须全身心地进入到马丁先生的视角中。只有这样，他才能判断出马丁先生的观点是不是立足于全面的理解和洞察。

父亲不会对马丁先生做出预判，也就不会陷入倾向性聆听。所谓倾向性聆听，是指在听他人说话时你已经有自己的想法，听几句话后你就开始用自己的经验来填空，进而不再继续听那个还在不断深入的故事。面对他人的讲话，你可能会想，“他又在说他那位总是很严苛的父亲了，我都知道他下面要说啥，”或者“她又要告诉我她的孩子们有多可爱了，我以前都听过了”。这时你的聆听就是漫不经心了——你让对方继续讲，你也在给出回应，仿佛你还在听一样，你在该有反应的地方点点头，说“是”或者“不是”，但事实上，你觉得你已经知道了所有需要知道的东西。

倾向性聆听会让我们得出错误的结论，就像下面这个故事一样。几年前，我表哥帕斯奎尔（我们叫他帕特）经历了一次严重的车祸，两截脊椎受伤，需要住院治疗。帕特病房里的大玻璃窗破了，冷风直接吹进房间里，所以他让护士把遮光板放下来。

那天晚上，一位精神科住院医生走进他的病房，表情很严肃。他问帕特想不想谈一谈。

“当然，好的，我想谈。”帕特说，他一直都是很友好、善交际的那种人。“您想谈什么呢？”

住院医生担心地看着他。“我很担心您的心理状态。”他说。

“真的吗？”帕特说。

“我觉得您可能是抑郁了。”

“您觉得我可能是抑郁了，”帕特重复道，“当然。好吧。但是我很好奇您是怎么得出这个结论的？”

“今天外面天气很好，但是您房间里一整天都挡着遮光板。”住院医生说。

帕特大笑了起来，然后跟那位医生解释了为什么在这么好的天气里他却要待在阴暗中。那天晚上我去看他的时候，他就跟我打趣。“所以啊，亚瑟，你们这群拿到那些炫酷学位的人是怎么了？你们都以为自己能知道别人脑袋里想的东西吗？”

这个精神科住院医生对帕特想说些什么并不感兴趣，因为他已经有想法了。如果有人认为他知道所有的答案，那你就可以肯定，他的共情能力已经大大削弱了。倾向性聆听不是共情式的，是心态封闭地听。心理学家有时候称之为“有距离地听”，这让我觉得就像是我在说话的时候，一个站在繁华马路对面的人很礼貌地点着头，但是，他一句话都没有听到。

这里还有一个倾向性聆听的例子。在最近的一次团体治疗中，伊丽莎白讲了她跟丈夫分手的事情以及他们讨论如何分割财产时遇到的问题。团体中的另两名成员，汤姆和特蕾莎，都经历过龌龊的离婚过程，他们立刻就认定伊丽莎白的丈夫肯定会利用她的慷慨来做手脚。当伊丽莎白坚持说她丈夫是一个正派善良的人，绝不会在财务上占她的便宜时，汤姆和特蕾莎就对她严词责备。

“伊丽莎白，你太天真了，”特蕾莎翻着白眼说，“我可以用我的切身经验告诉你，不要相信任何人，更不能相信你的前任。”

“特蕾莎说得对，”汤姆插话说，“我当初就像你一样完全信任别人，然后我妻子就拿走了所有的东西——房子、车子、孩子。她把我的生活全抽空了。”

后来，我们在团体中讨论了汤姆和特蕾莎的经历如何让他们产生偏见，以至于他们都无法准确理解伊丽莎白的情况，不能给出合适的回应。他们的偏见让他们无法对伊丽莎白共情，也无法认识到她的境遇的独特性。的确，离婚过程多半都很龌龊，离婚双方都要为自己据理力争也是很常见的现象，但这肯定不是普遍情况，具体的议题也总是各有不同。

与共情式倾听相反，倾向性聆听的人很容易根据过去经验下结论。比如，你跟一个处理人身伤害的律师打交道时，可能脑子里会想，做这行的律师都是巧舌如簧的行骗高手，只对从他人的痛苦遭遇中赚钱感兴趣。但是如果从共情的视角来看，你就要尽量把这些先入为主的想法搁在脑后，除非这些想法能在当下的沟通中被证实。这是一个需要有意识地去做的过程，因为共情会渴望对新的经历保持公平开放的心态。“我知道我有些倾向性，但是有可能这个人真会为客户的利益着想呢，而且真的在乎事实和公正呢。”你可以这样跟你自己说。

偏见和认知定势会削弱共情力

我们都有一些基于生活经验发展出来的常用偏见，但是共情会敦促我们对这些偏见三思而后行。可变和流动对共情来说非常重要，而僵硬和缺乏灵活性则总会削弱共情的能力。基于头衔、族裔、人种或宗教而产生的偏见总是会带来误解和敌意，让我们难以相互连接。

25年前，我到马萨诸塞州纳提克的莱昂纳多·莫尔斯（Leonard Morse）医院上班的第一天，我跟医院员工开了一个见面会。我做了一个简短的自我介绍性发言，捎带介绍下我工作的大致方法。休息时，一个年轻女人朝我走过来，自我介绍说她是一名社工，然后说：“你知道吗，我很难相信您就是乔拉米卡利医生。”

“为什么呢？”我问她。

“嗯，说实话吧，我以为您会是个跟现在的您完全不一样的人，”她说，“我总以为意大利人都穿白色T恤衫，袖子里卷着一盒香烟。我还从没见过穿三件套西装的意大利人呢！”

这个评论让我很惊讶，而且有那么一瞬间都冒犯到我了，但是她那温暖的笑容又不像是有意冒犯。我能断定她并不是想要侮辱我，所以我决定帮她扩展下她对意大利人的理解。“我是意大利人，”我说，“但是我不吸烟，我只有在运动时才穿T恤衫，而且也不全是白色的。我第一天去上班时总是穿三件式西装，无一例外。”我们一起大笑起来，那个共情的时刻也标志着我们之间坚固持久的友谊的开始。我学着去欣赏她这种有话直说的风格，很快就意识到她如实说出自己的偏见其实是想去突破它。那天她真正想说的是：“嗨，这是我听说过的意大利人的样子，但现在我不太确定了——事实是怎样的呢？”

但这些明显的偏见并不是共情式倾听中仅有的障碍。我们都有一套看世界的方法——把人分门别类，给特定的行为贴上标签。其实，我们在生活中都遵循着某些基于普遍化和抽象化的行为理论。比如，认为女人比男人更有直觉、更有感知力，这是一个主流的文化刻板印象。但根据心理学研究人员的观点，实际情况要比这复杂得多。虽然一般来讲，女人在从面部表情解读情绪上会更准确，但至少有10项研究都表明，在理解他人的想法和感受方面，男人也同样在行。

其实这种天生的共情能力对男人和女人来说都是一样的——男女之间的区别似乎是在动机上。心理学家蒂凡尼·格雷厄姆（Tiffany Graham）和伊克斯就指出：

> 通过“消除”或忽略他人的感受和需求，男人能有效地掩饰或压抑社交敏感性，而社交敏感性会让他们被认为是不够强大或不够男子汉。所以，正如汉考克（Hancock）和伊克斯发现所言，“男人在社交中时常表现得不够敏感，这与其说是跟他们拥有的能力相关，倒不如说是跟他们想要展现的形象更为相关。”

我们对生活尤其是人际关系的信念受到一些认知定势的显著影响，比如我们会坚信健康的婚姻和友谊要以无条件的爱为基础，或强烈的身体吸引是性关系中的必需元素。然后这些定势的认知理念多半又跟我们自己的痛苦生活经历混合在一起，生成一套复杂的刻板信念和心理偏见，这些都会降低我们理解他人特有体验的能力。

共情和同情一字之差，感觉却天壤之别

在最近的一次团体治疗中，55岁的丧偶女士罗伯塔在介绍自己的约会对象乔时提到，乔有时候会感觉自己高人一等，并要求她按他觉得最合适的方式来回应，而不是让她自己来做决定。

“有时候，”她说，“他对我就像对待小孩子一样。我知道他是出于好意，但我不太习惯被这样对待。弗雷德（罗伯塔已经过世的丈夫）就很温柔、很随和，他从不干涉我，总是让我自己做决定。”

罗伯塔说话的时候，我注意到那位42岁、离过两次婚的玛丽莲变得很不安，她不停地叹气，在椅子里扭来扭去，甚至一度把头埋在双手里。罗伯塔讲完后，我问玛丽莲是不是有什么事情让她深受困扰。

“我觉得罗伯塔的男友是在虐待她，”玛丽莲说得很有力，“很多女人都常年待在被虐待的亲密关系当中，直到她们的自尊被彻底摧毁。我痛恨看

到罗伯塔被这个男人虐待。”

接着玛丽莲开始和团体中另一个女性成员讨论男人和女人之间权利分配的不平等问题。过了一会儿，我只好打断她们，请她们把注意力重新放到罗伯塔身上。我问罗伯塔是否愿意告诉所有团体成员，当玛丽莲把她的情感关系贴上虐待的标签时，她的感受是什么。

罗伯塔看着玛丽莲，温和地笑着说：“用这个词来描述我的这段关系并不贴切。乔没有虐待我。当然，他控制欲比较强，但是他也很善良，很愿意付出。”

“您只是不想去看到事情的全貌，”玛丽莲说，她的音调充满防御性，声音颤抖，“您是害怕承认事实。”

我把注意力转向玛丽莲。“我想知道罗伯塔的情况对您来说是不是意味着什么。”我说。

“我不知道。”她说。

“您能告诉我，在听罗伯塔说话的时候，您在想些什么吗？”我问道。

“我想起了我父亲，”眼泪开始顺着玛丽莲的脸颊流下来，几分钟之后她继续说，“他就像罗伯塔的男友一样，有时很善良，有时控制欲又比较强。在我十几岁的时候，晚上回家时他总是在等我。其他家人都睡着后，他会把门锁上，所以我无法溜进去。他会等我回家，然后让我坐在他的大腿上，开始摸我。”

那是玛丽莲第一次告诉团体里的人，也包括我，她曾被性侵过。

在这次互动中，我们可以看到共情式倾听与同情式倾听之间的区别。共情是一种天生的能力，会激发我们做出有怜悯心的利他行为；同情是一种情绪，是共享他人的恐惧、悲痛、愤怒或喜悦的一种被动体验。**同情意味着跟别人一起感受痛苦或体验情绪；共情则是到他人的内心里去感受痛苦或体验**

情绪。虽然从字面上看，二者差异不大，但是它们的差异实质上像把油和水进行混合与把水和牛奶进行混合之间的区别一样明显。同情像是油和水的混合，它们有接触和相互作用，但一直都维持着各自的性状——相当于两个人在一起，各有各的体验。而共情像是水和牛奶的混合，能使得每个人都变成了对方，一起成为一个整体——两个人都处于共享着的同一种体验中。

共情式倾听总是以对方为中心，其目的是要让对方感觉到他这个人被理解了。这意味着要从普遍现象中看到独特性，要从麻木变得敏锐，从常见中看到罕见，从陈旧中看到新奇，从平常中看到非凡，从熟悉中看到陌生。同情总是回到过去，是表达出基于常规经验而理解到的一种大概的感受；共情则是关注于当下，关注于现在这个具体的时刻所发生的事情。

同情式倾听会破坏关系。当人们正遭受痛苦或困扰时，他们最深切的渴望是被当作特例而不是常规现象来被理解。如果一个父母跟他十几岁的孩子说："我也曾经年轻过，宝贝儿，我完全知道你的感受"。这句话对这个痛苦中的孩子来说并没有什么用，因为他是希望能作为一个独特的个体被看到、被听到，而不是跟这世上出现过的所有同龄孩子一样，都被归到一起来考虑。

同情让我们可以不用走进他人的生活就可以跟他们一起感受痛苦。"我真为科索沃的人民感到难过"，就是基于对国际事件的一般理解而给出的一种同情式表达。当朋友们跟我们说他们在异性伴侣那里遭受的挫败、他们对进入50岁的恐惧、他们面对年迈的父母时情绪的起起落落时，我们会跟他们说"我很理解你现在的处境"或"我完全明白你的感受"。如果你心怀共情，你就会知道"你不是他，你也不可能马上就知道他的感受"。共情，意味着你的内心装着的全是理解。共情，意味着你要去全神贯注地倾听、理解、融合，然后才能分享他人的内心和灵魂，哪怕只有短暂的一瞬间。

露丝，46岁，得了乳腺癌，癌症已经扩散到骨头，甚至弥漫到了脊柱。她不得不拄拐杖，腿上还套了支架。神经科医生告诉她最终她得坐轮椅。

今年春天时，一辆有特殊装备的公共汽车接上露丝，带她去康复中心的治疗泳池里游泳。公共汽车的女司机很爽朗，也很八卦。“嗨，你的腿怎么啦？”她问。听说露丝得了骨癌后，司机倒抽了一口气：“哦，天啊。我告诉你哦，我很感恩我的生活中只有些小毛病。你看，总有人比我惨多了。”露丝只能用淡淡的笑容掩饰她的痛苦。

在康复中心，一位中年妇女从更衣室走出来，把手伸向露丝，露丝以为是要友善地握个手。这位妇女却用双手抓住露丝的手，闭上眼睛，低下头，开始祈祷，祈求主把他的诅咒从露丝身上赶走。然后，她就一脸虔诚地走了。

露丝简直无言以对。她不知道要说什么，但是她知道自己的感受。她真想自己能脱掉腿上的支架，冲向那个女人，把她打翻在地。“我不需要你那装模作样的祈祷，也不需要你的可怜。”露丝想对她大喊，“对你来说，我都算不上是一个人。我只是个新奇的东西，一个故事，然后你就可以在下次的教堂晚餐上跟你的那些女性朋友们讲述，你是如何在泳池旁边为那个凄惨可怜的残疾妇女做祈祷的。”

但是露丝并没有冲向那个女人，而是坐公共汽车回了家。她坐下来，给亲戚朋友们写了一封信。露丝经过仔细考虑，调整了自己的情绪，提出了如何跟病情严重的人说话并倾听他们感受的一些建议。她的话语中充满了共情，并希望她所爱的人也能回赠以共情式倾听。

> 你可以在教堂里为我点上一支蜡烛；如果能让你感觉更好一些的话，还可以说些祷告词，想着一些美好的想法，做些九日祷告或念珠祈祷；但是，请不要抓着我的手来替我祈祷。你可以问

问我做些什么能给我安慰。如果我说不需要什么，那我们就一起待一会儿，你其实可以在我家门外或者在你回家的路上再去祈祷。

请准备好跟我一起笑、一起哭。你要知道，我们的相互探望会充满情感，即使我没得癌症，我们的见面也会充满情感。你也要知道，我不仅仅是个癌症病人。别跟我说我是个可怜的家伙。你的本意可能是要共情我的遭遇，给我安慰，但是，对我来说这句“哦，可怜的家伙”就是我比你惨多了，而且你很得意你不用去面对这种局面。如果你想为你的健康和运气感到庆幸的话，请在我家门外或在你回家的路上庆幸吧。

给我打电话、发邮件或来看望我的时候要愿意冒一点风险。如果我说现在不合适的话，你会觉得打扰到了我，或者感觉不舒服，这些你都要自己去处理好。如果不会处理，就去咨询别人。你要想清楚有一个病情严重的朋友意味着什么，然后再来看我。我现在真的没办法照顾到别人。这并不是说我对你的生活状况完全不感兴趣。我问“你好吗”的时候就是在关心你。

如果你想给我讲一些关于癌症的悲惨故事，也可以，但是你得是真心敬佩那位因为这个可怕疾病而去世的人，或是那位你见证了他与病魔作斗争的人。而且，如果不是因为敬佩我这个人，也不要把我的患癌故事讲给别人听。我不想成为一个只给你们提供有关死亡话题的朋友，我更希望成为一个能教你们如何活着的朋友。

对他人的感觉，感同身受

倾听是一门艺术，共情式倾听是这门艺术中的最高表达形式。我们通过努力能不断地提高倾听的能力，但是总会有一些事情提醒我们：我们是人，我们是不完美的，这意味着我们会犯错误。最近，我在跟我的朋友安德烈一起工作，她也是我督导的一个同行。

有一次，我脑子里在想着自己的事情，而且一直在用手指敲打着膝盖。安德烈跟我说话时，我的眼睛看着她，但是既不眨眼，也没有任何反应。显然我是走神了。安德烈停下来不说话，等了一会儿。

“怎么啦？”我问。

“你今天没有在听我说话。”她回答道。从她说话的语气和表情中，我可以断定，她受到了伤害，感觉被抛弃了。在让我的朋友兼同行失望的时候，我再一次认识到共情式倾听的艺术是多么地高难度和高要求啊。我们永远都不能说自己拥有了共情，因为我们一直都在寻找共情。每一次互动都是不同的，每一段关系也都是独特的。

我们都会犯错误，我基本上每天都会出错，维持共情不容易。所以，即使朋友说“嗨，你今天没在听我说话，你怎么了？”时，我们也不会觉得受到羞辱。这时我们会有一丝尴尬，但是很快就会恢复过来，因为我们知道共情跟生活中的所有事情一样，不可能是完美的。没有人能够完美地共情。我们都会犯错误。

但是，当我们再次通过共情进行沟通的时候，也是我们最受启发的时候。“很抱歉，”我跟安德烈说，“我在担心我女儿。她得了支气管炎，她的右膝盖也一直有问题。”听了这个解释，安德烈明白了我为什么今天会心不在焉，我们就会把彼此拉回到正轨上。其实，所有的社交互动都是边给予、边获取。有些时候一个人可能主要在听，另一些时候这个人又主要在说。我们既有付出，也有回报；我们既要去倾听，也要能诉说；我们会犯错，也要会道歉——但我们总试图敏锐地去理解和回应。这就是我们融合在一起的方式——并不是尽力完美呈现出谈话的艺术，而是敢于承认只靠自己是不行的，我们彼此需要。共情就是一个相互作用的过程，是灵魂之间的交融，就像多条溪流相互汇合聚成一条大河，奔涌向前、强劲有力、目标明确、步伐坚定。

几年前，我曾经邀请保罗·奥恩斯坦（Paul Ornstein）博士来给我所工作的医院员工做学术报告。他是纳粹大屠杀的幸存者，也是一位著名的自体心理学家。自体心理学主要关注我们如何通过与他人的互动发展出自体感。从共情的角度来看，自体心理学就是研究如何用共情培养出自体感，如果缺乏共情，我们又为何会自体感匮乏而徒有对人际连接和亲密关系的深深渴望。

做完一个简洁的报告之后，奥恩斯坦博士问听众中有没有人愿意分享个案，让大家可以从自体心理学的角度共同探讨。可能想到要跟一个著名的心理学家讨论工作，大家都感到害怕，因此好长时间无人举手。最后，伊拉里娅——我们医院的首席社工，举手了。她说她愿意分享一个很难的个案。伊拉里娅是一个俄罗斯东正教神父的女儿，“二战”期间跟她的父亲逃出了俄罗斯，而她妈妈、妹妹和弟弟都留在了那里。战争过后，她们一家人又团聚了，但是那几年间的痛苦还一直缠绕着伊拉里娅。她是我能有幸认识的最有爱心、最有同情心的人之一。

伊拉里娅以优秀的临床医生一贯的方式介绍了她的病人和病人表现出来的问题，分析了病人的原生家庭，详细描述了治疗中的各种互动。然后，她转向奥恩斯坦博士，直接请求他的帮助。“我想跟您讨论这个个案，是因为我觉得我没有做到最好，”她说，“我没有在听我的病人说话。我也不知道为什么，但就是无法集中注意力。”

“针对这个困惑，您做了什么呢？”奥恩斯坦博士问。

"我承认了，"她说，"我对我的病人说，'您有没有感觉到我没听进去？'他说，'是的，您根本没听进去。'然后他就很清楚地指出我没听进去的关键内容。"伊拉里娅很紧张地笑了："我不得不说，介绍这个个案让我很尴尬，因为我知道我就是在胡乱尝试。但是我真不知道还能做些什么。"

"我觉得这是个非常漂亮的干预，"奥恩斯坦博士带着诚挚的微笑说，"您问病人他是否感觉您没有听进去他说的话，他是否觉得您听明白了他说的话。您这是给他机会来说出他自己的想法，而且您向他寻求帮助的方式也让他知道，您是真心想听到实话。所以他就放心地告诉您，说您有些事情没听进去，这样他就把您拉回了正轨。"

这个互动给出了一种非常有用的倾听策略，不管在心理治疗中还是在日常生活中都能用上。你可以时不时地问一下你的朋友、配偶、孩子或病人："你觉得我在听你说话吗？你觉得我听到了你想说的东西吗？"在跟病人的治疗谈话中，我经常加一句"如果我理解错了，你要纠正我哦，但我觉得你是想说……"或"你给我的感觉是……不过我要强调一下，这只是我的感觉……"或"帮我填一下空缺的部分吧，到现在为止似乎你想说……"通过这样的话语，我发出了一个邀请，让对方在这个注定会很复杂的共情式倾听过程中帮帮我。为了能精准地理解病人的想法和感受，我会让他们告诉我，我是不是漏听了什么内容，让他们来确认我还在正确的轨道上。如果我已经迷失了方向，请他们再把我带回来。

心理学家卡尔·罗杰斯（Carl Rogers）在他的经典著作《个人形成论》（*On Becoming a Person*）中也曾建议，可以用一个类似的策略来检测你的倾听技术。

下次你再跟老婆、朋友或几个人发生争执的时候，先把争执暂停一下，用下面的规则来做个实验：每个人在表述自己的见解之前，都要先准确地重述一遍前一个人的想法和感受，而且要让那个人满意。你很快就会发现这意味着什么。这意味着，在表达自己的观点之前，你需要去真正理解别人的思路框架——要能很好地理解他的想法和感受，才有资格评论。听起来很简单，不是吗？但是，尝试后就会发现，这会是你所尝试过的最有难度的事情之一。不管怎样，一旦你能看到别人的观点，你自己的观点就能被极大地修正。你还会发现讨论中的情绪没有了，观点上的差异也减少了，而剩下的就是那些合理的、可以理解的部分了。

共情式倾听能把我们带入一个可以相互理解的亲近空间，在那里可以合情合理地进行想法和感受的互动，我们可以更深入地理解我们自己以及我们与他人的关系。共情能发现我们所镜映的这个世界中隐蔽的细微之处，也能反馈出我们所共享的体验中的共性和差异。

为了理解他人及他人的世界，我们必须放弃以自我为中心的视角。通过共情带来的以他人为中心的视角，我们的问题变得不再那么难以解决，我们的世界也得以扩展，变得更加丰富、有趣。让自己参与到他人的生命中去，借此我们也将实现自我的蜕变。

这就是共情的力量。

第六章

共情与爱：亲密关系的柔化剂

我们在性爱中爱抚身体，但只有在共情下才能触及心灵。

罗洛·梅（Rollo May）在他的经典著作《爱与意志》（*Love and Will*）中把性爱描述为“可以想象出来的、最有力的体现连接的方式”。虽然我相信这可能是对的，但是已经有上百人告诉过我，即便是很棒的性爱，也无法填补他们内心的空缺。性爱的动作可以很好，但是如果没有通过共情所产生的连接，最终的结果还是不能让人满意。罗洛·梅也意识到了这个问题，因此他在书的结尾写道，他的父母抱怨生活中缺乏感受和激情时会说，“性爱太多，意义太少”。

我们要如何把意义——感受、激情、内心和灵魂——也融入性爱中呢？共情就是不二法门，因为只有通过共情，我们才能获得真正的亲密感，即一种既能理解他人的想法和感受，同时知道他人也能理解我们内心体验的状态。触及灵魂是我们在包括性爱在内的所有亲密关系中都要找寻的东西，但是如果没有共情的指引，你就无法接近他人的灵魂。

性爱并不只是一种饥渴，或必须要被抓挠的瘙痒。如果是这样的话，自慰就能满足所有的性需求。我们在性爱过程中所找寻的不仅仅是简单的张力释放，还有两个灵魂的瞬间融合，以及得以扩展的亲密关系。这才是终极亲密感，这时，两个内心和两个灵魂合而为一。

共情是如何产生亲密感、如何超越身体的吸引而走到心灵深处的呢？想要知道共情的力量，就要去理解共情如何把我们从表层连接带到对一个人的完全接纳，包括一个人的不完美及其所有的方面。这种接纳既是向内的，也是向外的。因为共情在拥抱他人的时候，也会指引我们接纳自己，接纳我们所有的局限和不足。通过共情，我们可以学会如何深深地、真正地彼此相爱。然后我们会发现，我们对幸福的找寻中最重要的是找到那个真实的人，而不是那个正确的人。

因为共情，爱才有意义

我的病人都是我最伟大的老师，在跟病人的每一次会谈中，我都能更深刻地理解共情创造亲密关系的力量。卡罗琳就是一个心酸的例子。

卡罗琳是位单身母亲，有两个10多岁的女儿，她被一个酗酒的父亲和一个患有慢性抑郁症的母亲养大。她最清晰的童年记忆都围绕着她如何努力去取悦自己的父亲。在治疗中，她经常回忆起自己会在寒冷昏暗的地下室里花几个小时给父亲熨衬衫，希望能借此得到他的认可。当她把刚熨好的衬衫递给父亲时，他是高兴的，至少会高兴一小会儿。然后，他必然会开始批评她，或者用轻蔑的言辞和不耐烦地挥手把她给打发走。

卡罗琳和她父母的关系中缺乏共情，这让她对自己和他人都存在认知扭曲。卡罗琳并不能如实地认识到她那酗酒的父亲其实是个自私的、缺乏安全感的男人；相反，卡罗琳从小到大总是把他理想化，把他的愤怒当成了强大，总以为自己不够好、不够聪明、不够有创造性，所以才导致父亲醉酒后对自己长篇指责。当她为自己不能成为一个本应该能够建立并维持一段理想关系的完美小孩（后来就是完美成人）而责备自己时，她的内部语言，就像他父亲在真实生活中的话语一样，是非常严厉的苛责。

现在卡罗琳将近40岁，跟酒鬼丈夫离了婚，在一个小型文理学院里担任副教授。性爱在她的生活中扮演着很重要的角色。她的一段性关系紧接着另一段性关系，但每次都是同样的模式。她通常在酒吧里认识一个男人，她把他理想化，然后他们就上床，然后，她会重复自己童年的模式，竭尽所能来取悦他。最后，她对自己会被他看透而充满恐惧，但又无可避免地为他们之间情感连接的浅薄而失望。几个礼拜或几个月后，这段关系就会结束，然后她又会开始一段新的关系。

“我能理解莫妮卡，”在克林顿总统被弹劾期间，卡罗琳有一天告诉我，“她不是对这个完整的人感兴趣——她只想要他的30%。而且，这也是他想要的。”她在椅子里扭了扭。她是一个漂亮的女人，有着又长又黑的头发，深色的眼睛，穿着性感的高端超短裙套装，妆容精致，指甲涂成大红色。她整了整裙子，对我露出一个胜利的微笑。“那也是我所感兴趣的。我不在乎对方是不是白马王子（Mr. Right），我只想现在拥有（Mr. Right Now）。”

卡罗琳5年前就放弃了对白马王子的寻找，那时她飞到艾奥瓦州去陪她临终的母亲。她丈夫自己待了几个礼拜，就跟他的秘书出轨了。卡罗琳发现他们的关系之后去面质丈夫，可丈夫却无法理解卡罗琳的愤怒。“你离开了几乎一个月！”他大声地反抗，“我自己能怎么办啊？”

卡罗琳给我讲这段故事的时候气得直翻白眼。“您能相信吗？这个男人是个工程师，他又不笨，他知道这事可以怎么做。他为什么不能用自己的两只手来释放那积蓄的能量，而非要去找别人来帮他解决呢？”

卡罗琳试图用她特征性的简短幽默来掩饰丈夫的背叛给自己带来的痛苦。她曾经告诉过我，她的前一个治疗师给她进行了一次夫妻治疗之后，她就决定要离开她丈夫。那次治疗中，卡罗琳痛哭流涕，而她丈夫还在继续说她是多么自私，对自己多么不关心。“我都躺在地上流血，”期间她哭喊着，“你还一直在我身上乱踩！”治疗师试图去安抚她，她丈夫却来阻止。他说：

“试都不用去试，她都到了这个份上，就没有回头路了。”

还没等离婚证办下来，卡罗琳就开始了她的丰富情史。她的性关系总是开始于极度的兴奋。“他长得就像汤姆·塞莱克（Tom Selleck）。”她说起她的一个“俘虏”。一个月之后，她又在说另一个男人了：“这个家伙太有能量了，太吸引人了，而且他长得比上一个还帅！”几个月之后，她又会说到另一个男人，说他“甜蜜单纯，对我从来没有什么要求”。

这种模式一直继续着——卡罗琳先是对她生命中出现的一个新男人进行理想化，几周或几个月之后，她会发现，他其实很自私、不会关心人、撒谎，是个恶棍、酒鬼或骗子。接着，她会重重地批评自己很“愚蠢”或“天真”，然后又会重新开始。她总是会挑那种长得帅气、油嘴滑舌、很有魅力的（“那种真的能征服一群人的”）男人，或者那种轻浮、不强求也不愿意投入情感的男人。

“我喜欢偷情，”她跟我说，“因为你永远都不用卸妆。”这句话好像能用来概括一下卡罗琳。她自己分析说，如果你不用卸妆，那就是还有一个盾牌可以躲在后面；你可以一丝不挂，但同时又不用袒露心扉。她活在极度恐惧中：怕他人会看穿自己的面具，发现自己完美外表跟不完美内心之间的巨大反差。

有一天，卡罗琳跟我吐露了一个秘密。“我在跟一个比我年轻的男人偷情，”她说，却低头看着整齐地放在膝盖上的双手，“他的年龄只有我年龄的一半。他结婚了，”一个停顿，“而且他太太就要生他们的第一个孩子了。”

我等着，知道她还有别的话要说。“我其实没想告诉您的，”她继续说，“因为我觉得您可能会对我有所评判，”过了一会儿，“不，不，不对，是我在评判我自己。我猜我是害怕您会让我看到事实。”

“什么事实？”我说。

“您知道的，就是事情的全貌。”她努着嘴，撅出她的下嘴唇，“我害怕如果我想太多的话，就会破坏了其中的乐趣。”

“您觉得事实怎么会破坏其中的乐趣呢？”我问。

“我都不想去琢磨这件事情，”她说，“否则我就不得不去面对我的行为——我竟然能跟一个有老婆、马上就有孩子的男人睡觉。这怎么看都太悲哀、太糟糕、太无可救药了。”

“这听起来确实不像很有乐趣的样子。”我说。

“不像，”她也承认，“甚至连性都不再有乐趣了。”

在这样的谈话中，卡罗琳开始放下她的防卫，展露出她害怕给他人看的那部分。我很想去理解她的想法和感受，也一直努力去对她每个时刻的具体感受做出敏感又坦诚的回应。我的共情给了她能不带恐惧地敞开表达自己的自由。她知道我跟她只会就事论事，所以她也很想跟我开诚布公。她想要“卸下妆容”，展露出她的全部，而不只是她给世上其他人看的那30%。

当卡罗琳确信我不会通过对她加以评判，或试图用某种方式掌控她的行为来把她推开时，她就感觉到可以更安全地跟我谈论她的恐惧和不安全感。她能够“借用”我的共情，把它当作一面镜子来看到她自己的内在。我充满理解和共情的声音——不带评判，又总是坚持事实——逐渐开始替代她在生活中一直听到的那些苛责的声音。这就是心理学家们所说的内化，即接收进他人的声音，并最终把它变成自己的。我们随时都可以在孩子身上看到这个过程，因为他们会接收父母的声音。如果那是一个责备的声音，就像卡罗琳的父亲那样，那孩子的内在声音也会是自我谴责。卡罗琳内化了我富有共情的声音之后，就能够以更富于理解和安抚的方式来跟自己对话了。

有一次，卡罗琳来做治疗，她看起来很有感触的样子。她那凌厉尖锐的幽默变成了我以前从没见过的一种明显的柔软和脆弱。“我看到我父亲了，”

她说，“他在我前面沿着马路往前走，虽然我很多年都没见过他了，但我知道那就是他。他看起来那么害怕、那么孤独，就是一个小老头。看着他的时候，我意识到，他再也没有能力来掌控我了。他再也伤害不了我了。”

她身体前倾，为一个突然间的领悟感到很兴奋。“这可真是个神奇的时刻，乔医生，就像《绿野仙踪》（*The Wizard of Oz*）里小矮人从窗帘后面现身的那个场景一样。整个电影里，你都颤抖着期待见到这个家伙，以为他会是全能的，却发现他其实就是一个小老头，他也不得不每天早晨醒来后，在镜子里看着自己，承认自己不是万能的。刚才站在街上，就像一个晴天霹雳一样，我突然感觉我不再害怕我父亲了，我不再生他的气、不再恨他了，”她深深地叹了口气，又说道，“我只是为他感到难过。”

几个月之后，马上就到圣诞节了，一天卡罗琳笑着走进我的办公室，脸都冻红了。“您都不会相信的，”她说，“昨晚我出去买了一棵5米高的圣诞树，这是我这辈子见过的最大的圣诞树。为了它，我不得不把客厅里的家具都搬到了车库里。我的孩子们都感觉我已经走出了低谷，我也承认了。我们为此开怀大笑。”

圣诞树后面的故事解释了为什么卡罗琳会心情这么好。原来她跟她学校的副校长已经搞在一起几个月了。“我发誓，他长相和举止都很像比尔·克林顿（Bill Clinton），”她说，“他是真正的魅力先生。他抚摸着我的胳膊、摸索着我的后背、看着我的眼睛时就好像他是真心在乎我。”她自嘲地耸了一下肩，然后温厚地笑了。“我被他的小把戏给糊弄了，您知道的，就是只看到了30% 的部分，而忽略了其他的。但是，我就开始想——嗨，这个男人是谁呢？他到底对什么感兴趣？我强迫自己再多看10%。突然间，我在他身上看到了推销员的样子——那种眨眼、说辞和虚伪的微笑。然后，我又多看到10%——他骗我说他爱我的那部分，他对自己、老婆和孩子撒谎的那部分……突然间，我看到了这个男人情感上真实的样子，我意识到我无法忍受这个样子的他！”

“然后呢，前天晚上，我半夜里醒来，我对自己说，‘卡罗琳，你不能下半辈子都在重复这种模式。你值得过上比这更好的生活’。由于某种疯狂的原因，我想到了我前夫。他从来不让我买圣诞树，他说他对圣诞树过敏。您听说过有人对圣诞树过敏吗？所以第二天，我就出去给自己买了一棵5米高的圣诞树来庆祝一下。我告诉您哦，医生，这可是我见过的最漂亮的圣诞树。”

卡罗琳一辈子都在担心自己成不了她生命中的男人给她设定好的那种形象：从开始对她父亲要求的遵照，到对她丈夫和情人要求的言听计从。这棵高高的圣诞树象征着她对旧有模式的打破，她准备好了接受自己是一个复杂的、不完美的却完整的人，这个人也将突破她以前给自己设定的那个受限的形象。

通过共情的力量，卡罗琳知道了性爱本身不能产生亲密感。她发现人们能在性爱中爱抚身体，但只有在共情下才能触及心灵。共情能带领我们进到有关他人的事实深处，给予我们洞察和理解，使我们知道他人的现实从哪里结束，我们的现实又从哪里开始。共情会告诉我们可以相信谁，应该要远离谁，如何保护自己，如何防御，何时要前进，何时又要后退。

在每一段人际关系中，我们都会经历亲密感的不同阶段，在逐渐认识彼此的这条很颠簸却随处都有风景的路上，我们经常会在不同的阶段之间弹来跳去。第一个阶段是理想化阶段，那时的我们痴迷颠倒地坠入爱河，被爱蒙蔽了双眼，用各种变形的方式来看待生活；第二个阶段是两极化，这时我们从任何事情都是“十全十美，正合我意”的想法走到相反的方向上，变得专注于他人的小瑕疵和小缺点。当我们看到了所有的不完美之后，就想逃离、躲避。事实上那些弱点恰恰反射出了我们自己的脆弱之处，我们却不自知。

从两极化阶段，我们经常会掉头转向，直接又回到理想化阶段，再开始重新来过；或者我们会留在这条狂风大作的路上，在坑洼起伏的路面上奋力

了耐心、投入、客观和最重要的共

。当我们的视野能扩展到涵盖整个

括“好”的部分，也包括“坏”的

西，而放下那些其实无关紧要的部

簸”只是用来提醒我们要慢下来多

了，需要从头再来。

理解共情如何强化我们的关系，如

入的欣赏。

·塞姆拉德（Elvin Semrad）在20

化中唯一一种可以接受的精神病。”

出无法保持注意力和客观性。换句

不清楚。所有的事情好像都“坐”

过山车里，绕着我们爱上的对象

，我们被带上了这趟看起来像终

次应该能成。这一次，她会选到一个

己的需要；这一次，他会做力所能及

识到如果没有她，他就没法活。但是

会以幻想破灭和灰心丧气来收尾。

在关系的理想化阶段，对共情的挑战是显而易见的，因为共情有赖于客

观性来维持平衡和方向。事实上，共情在许多方面都是客观性的同义词，这可以定义为能够如实地、不加扭曲地看到这个世界本来样子的能力。精神分析学家埃里希·弗洛姆（Erich Fromm）在他的经典著作《爱的艺术》（*The Art of Loving*）中也强调了客观性在爱一个人的行为中所处的中心地位。

> 我必须客观地去认识对方和自己，以便使自己能够看到对方的现实状态或者能够克服幻想、克服我想象中的被歪曲了的他的图像。我只有客观地认识一个人，才能在恋爱关系中了解他的真正本质。

客观性为什么会如此重要呢？用卡罗琳的话说，我们为什么一定要用客观事实来“破坏其中的乐趣”呢？那些图像就像墙上挂着的画一样，很漂亮、很引人入胜，我们却不可能走进去或改变它。它是固定、静止的。一幅海浪拍打在缅因州礁石滩上的照片可能是一幅很漂亮的画面，但是你听不到海水拍打石头的声音，也感受不到溅在脸上的、咸咸的浪花。

图像是物体，但人是有血有肉的，是会头疼、牙疼，会有臭脾气和坏心情的。**当我们把人看成物体的时候，就破坏了他们的灵性。**我的一个病人告诉我，她能清楚地记得让她开始质疑她跟丈夫之间关系的那个时刻。他伸出双臂搂着她，告诉她他是多么爱她，然后说：“你是一个完美的母亲，一位优雅的女主人，一个深爱并关注丈夫的好妻子。我想你余生都能保持这个样子。”

如果我们把一个人当作一个物体或一个东西来爱时，我们会想让那个人保持不变，这样就能与我们在头脑中构建出来的图像相符，而那个图像是经

过仔细打造来满足我们的需要的。心理学家把这种将注意力只集中在自己身上的行为叫作自恋，它让我们无法把对方看成是一个不断发展、不断深入的人。对方的意义也只在于其能给予我们什么。现实情况也都按照我的需求、我的愿望、我的恐惧和我的渴求来进行定义。这个世界就只缩减为被爱的需要。对许多人来说，爱完全是由需求，并不是由共情所驱动的；而共情则体现为我们很想去更多、更深入地认识我们自己，以及他人现在的样子和随着时间将要变成的样子。

我将被过多的需求所驱使的爱称作图像之爱（image love）。这种爱其实是想象出来的，因为我们是爱上了一个图像，而不是真人。这种爱开始时能让我们感觉很舒服，因为图像都是没有缺点、没有瑕疵的，而真人则注定是不完美的。所以，图像之爱让我们不要走得太近，这样我们就可以不用看到他人身上的不完美（或者不用承认我们自己的不完美）。然而，如果我们要爱上一幅图像，我们自己也不得不成为一幅图像。这就是这个阶段中要记住的关键问题：用卡罗琳的话说就是，如果我们“卸下妆容”，我们就要冒着暴露自己的风险。如果我们还想努力去维持自己成为的那幅图像的话，暴露自己就是我们所不能承受的风险。

在关系的理想化阶段，我们为自己和彼此都创建出一幅图像，这些图像都是在否认我们本来样子的一部分之后，只剩下了一些特征或典型形象。如果陷在这个阶段里，我们注定会失望的。因为随着时间的推移我们就会发现，没有人能够真的活成那个理想的图像——我们有人长了瘊子，有人会有粉刺，有人脚趾上有脚气，有人牙齿有缝隙；我们还有一些烦人的习惯，比如笑的时候鼻子出气，睡觉时打呼噜，嘴里翻嚼着口香糖或者喝汤时声音太大……

最后我们也会对自己很失望。卡罗琳说她喜欢偷情，就是因为她永远都不用卸妆。但是化妆和保证妆容整齐又变成了她的一个主要关注点。如果她的睫毛膏被擦掉了会怎么样——如果这个新的被理想化的情人注意到她有的地方有瑕疵、有缺憾或有裂痕又会怎么样呢？卡罗琳对于被暴露的恐惧总是会让她想起在她还只有八九岁或10岁的时候，她在父亲不认可的眼神下畏缩着的场景。如果不化妆，她就做不到让情人满意，那么他就认定她也是达不到标准的，有欠缺的，永远都是不够好的人。

我们为自己创建出的理想化图像能把我们带回到我称之为犯罪现场的地方——我们过去尚未解决的、现在还持续缠绕着我们的那些秘密。卡罗琳的理想化图像源于她的童年经历，以及从父母尤其是父亲那里得不到共情。还是个小孩子的时候，卡罗琳就知道能让一个男人开心的方式就是为他做事情：你为取悦一个男人而做的事情越多，就越有机会来保持局面的和平。正是她那个有过无数次婚外情，还总是抱怨女人有无理要求的酒鬼父亲教给了她这些经验。而她那个抱怨她不能满足自己、也有婚外情的丈夫又再次确认了这个经验。卡罗琳没能实事求是地评估出父亲和丈夫的出轨是他们缺乏安全感的反应，反而认定这些是她自己的错，所以又继续努力寻找更好的方法来取悦男人。因此，维持性关系的能力就成了她的目标；做一个“绝佳的情人”就成了她的理想化图像。

所有的孩子都以为他们身处一个自己想做什么都能做成的世界里——所谓的“全能感”现象。通过跟父母、亲戚和老师的共情式互动，他们会开始产生对自己更加现实的看法。在被以共情和尊重对待时，他们渐渐看到他们其实并不能做到所有的事情，但也学着接受这些局限，不会因此觉得很丢脸。当我们用共情来指导与孩子的互动时，他们就会知道一次不佳的表现不会影响到我们对他们这个人的尊重，也不会改变我们对他们的爱。

共情能帮助孩子学会逐步理解自己的局限性，并认清现实，即无论怎么努力，自己都不可能是万能的，自己不可能把想做的事情都做到最好。在共情的环绕中长大的孩子能发展出一种有安抚能力的自我声音，这个声音会向他们保证，即使不能击出本垒打赢得比赛，或者没有当选班级最受欢迎的人，他们还是值得被爱的。相反，在一个缺乏或没有共情的环境里，孩子会发展出一个苛责的内部声音，一直在重复“你做得还不够”这样的信息，这通常又会产生一个自暴自弃的结论——“你有欠缺”或“你不够好”。

长大之后，我们总是会低估我们的成长史对关系的影响。即使是心理最健康的人也会背负着他们的过去，只有共情能让我们觉察到过去的影响，能引导我们的认知，帮助我们看到我们的过去在哪些地方还在继续指挥着现在。最近一次跟安德鲁的治疗会谈能帮我们把这一点看得更清楚些。

安德鲁今年33岁，用他的话说，他是因为一个“大问题”才来做心理治疗的。“我爱她，跟她在一起真的很幸福，但就是无法做出承诺。”说这些话让他憋得脸通红：“这很糟糕，我太不好意思了。您是我唯一能告诉的人，我希望您能理解我，您不会认为我是一个很差劲、很肤浅的人吧。我觉得我不能娶安妮是因为她屁股太大了。我接受不了大屁股的女人。”

我感觉到了安德鲁深深的尴尬，而且知道他甚至可能会把我的一个不经意的手势或语调上的细微变化理解为对他的不认可。所以，我很小心地专注听他说，尽量让我的声音保持中立。我也知道安德鲁对他伴侣身材的在乎绝不只是表面上对“完美躯体”的兴趣，而是有一些更深层的原因。

“我想知道这个可能会牵扯到其他什么东西，”我说，“因为您的感觉好像来自很深的层面。”听了这个话，安德鲁明显地放松下来，因为他从我说话的语调和平和的问话中知道，我是在跟他一起做一个很重要的探索，是要去理解而不是评判他的想法和感受，想把他从羞愧和自责中解脱出来。

“我也不知道，”他长叹了口气说，“她的任何方面我都喜欢。我喜欢她强壮的身体，我还特别佩服她的运动才华。但是我就是无法想象要跟一个大屁股的女人结婚。”

那个时候，我本可以给他一些有见解的、但注定不会有帮助的心理学解释，比如“您明显是在把您的感受和不足感投射给她”或者“您只关注于关系中很表层的方面，是因为您很害怕做出承诺”。或者，我可以直接问安德鲁，为什么他会在女人面前有欠缺感。但相反，我用了共情，希望能发现更多的事实。

“让我看看我有没有理解对啊，”我说，“您喜欢她健美的身体，却开始去关注她的屁股，您本来很积极的感觉和认知都变成了过度关注于她身体的这个特殊部位。”

“对的，”他说，“她是个强健的女人，但也是个大块头的女人，我跟这种体型的女人总是处不好。”

“我在想您能不能告诉我，您总是跟大块头的女人之间有麻烦是怎么回事？”

“这种女人总是管得太多，她们很控制、专横跋扈……”他的声音突然变轻了。

“您认识很控制、很专横跋扈的大块头女人吗？”

“当然，在工作中，到处都有。”

“跟您共事的大块头女人当中，大多数都属于这种专横跋扈的类型吗？”

“没有，也不全是的，”他想了一会儿说，“我认识的一些身型娇小的女人也很专横跋扈的。好吧，事实上，跟我共事的女人中大多数都是很友善、很体谅别人的。”

接下来是一个长长的沉默，安德鲁在纠结着他的想法和感受。

“大块头的女人都很专横跋扈，这种感觉您很熟悉吗？”我问。问一种想法或感觉是不是很熟悉，经常能帮助发现这种行为的历史根源。

“是啊。”他没有过多解释。

“您记得自己是什么时候开始有这种感觉的吗？”

“您的意思是在我很小的时候？”

“那不一定，”我说，“我只是在想这种感觉是从什么时候开始产生的。”

“嗯，我不知道啊……”一个长长的停顿。“我想我记得很久以前就有这种感觉了。”又是一个长长的停顿。“我妈妈就是个大块头的女人。”

后面的会谈中，安德鲁大篇幅地谈起了他母亲。“她在场的时候我总是觉得自己很弱小，”他告诉我，“现在只要想到她，我就觉得自己很矮小。我喜欢娇小的女人，她们能让我感觉更安全一些。我不是特别害怕自己的欠缺感，但我也不想活在恐惧当中，怕她们以后会变成我妈妈那样子。”

这样，我们就转回到了犯罪现场：还是小孩子的安德鲁遭到妈妈的羞辱。她是个大块头的女人，因为丈夫把四个年幼的孩子留给她自己抚养，她就把自己的沮丧都发泄在孩子身上。从那时起，安德鲁就对大块头的女人充满戒备。因为这种恐惧的感觉，他构建了一个理想女人的图像：苗条、娇小、屁股小——至少看起来是跟他妈妈相反的那一种。

由共情引导着安德鲁透过他那些表层说法和概括性评判来看问题，他就对他原来认定的想法有了新的认识，也看清楚了他是如何把过去和现在混为一谈的。他明白，也接受这一事实，即一个娇小的女人并不会改变他的过去，而一个大块头的女人也不一定就会自动重复他过去的模式。通过重返犯罪现场，他开始把他原来意识不到的“黑匣子”放在一边。

理想的图像是想象出来的产物，不是真实存在的东西。我们只有在愿意把他人看成是他们本来的样子、是一个错综复杂的人时，才能够体验到真正的亲密感。但当我们睁开眼睛，开始去看图像之外的东西时，对共情的挑战也会增加，因为这时我们总是会盯着那些“不好的部分”，却不够关注那些“好的部分”。这就是在关系中很有难度、要求很高的一个阶段，我称之为两极化阶段。

亲密关系阶段二：两极化

现实情况的介入会让我们构建的图像出现裂痕。突然间，我们看到了在理想化阶段中被忽略的那些不完美之处。之前，图像之爱模糊了我们的双眼；在视野变清晰之后，我们就看到了伴侣身上那些恼人的习惯、身体上的缺点和情绪上的不足。我们会猛然间意识到，曾经被我们理想化的那个人原来笑起来声音那么大，总是打断别人说话，会讲些不合适的笑话；他总有一些负面的观点和偏执的意见；不需要他说话时他总爱插嘴，需要时他却像个木头疙瘩一样坐在那里没有任何见解；他总也不想做爱，又或是手压根离不开我们的身体；他出汗太多、脚很臭、有口气或者牙齿参差不齐……

当我们花了很大力气构建出来的理想图像开始出现裂痕时，我们会发现自己总是仓促地做出评判，并对问题进行泛化处理——他很过分，她很懒，他很被动，她很有攻击性，他从来不主动想做什么事情，她的主意总在变，他对整洁有神经质，她是个懒虫……

对卡罗琳来说，两极化阶段就是她突然间发现自己一直理想化的那个男人并没有她以为得那么完美。于是她仓促评判说，他讲的笑话都很粗俗，他对做爱也是敷衍了事，他也不关注她的需求和渴望，他的沟通技巧非常有限，他很无趣、很自私、很冷漠、很浅薄等。

卡罗琳很快又把某个人的特性看成是所有人的共性。“不仅仅是这个男人，”她会告诉我，“是所有的男人。他们都是这样的。最后总是这样。”这种泛化的过程会在越来越大的范围内不断扩展，直到涵盖卡罗琳的全部世界，也包括她自己。“我真是个白痴，我总是这样，我为什么就不能吸取教训呢？”她会说，“我是怎么啦？我为什么不能多了解一些呢？我的生活这么浅薄、这么表面化，所有的事情都只浮在表面。我猜我得接受事实，我就是不会处理任何有深度的关系。”

当初在理想化阶段，卡罗琳能在别人所呈现的镜子中看着她自己，看到反射的自己都是美丽无瑕的。但是，当情人的图像开始破裂时，她自己的图像也开始破裂。卡罗琳害怕这种画面，认为这反映出了关系的脆弱和瓦解，所以她就会结束这段关系，然后再重新开始，再一次沉浸于征服他人的乐趣和理想化他人同时也被他人理想化的激情之中。

关系中的两极化阶段可能是很动荡、很没有方向的。但是，如果用共情来指引方向，我们就能学会如何接受这些新的事实，并敢于承认每个人都有弱点和瑕疵。认识到这点后，我们将会面临挑战，因为我们要理清双方的不足，认清我们能改变的和不能改变的东西，然后决定自己愿意把多少时间和精力投入到改变和成长的过程中。在认识到不同的人有不同的生活方向之后，我们就可以通过共情来判断我们是否能适应那个不同的审视角度、判断他人是否愿意改变他们的视角来包容我们特有的生活方式。

缺乏共情的时候，我们只会尽力保持现状，忍受着颠簸的行程，却不太知道我们具有解决问题的能力。或者，我们就像卡罗琳一样，会突然结束这段关系再去重新开始一段。如果没有共情来为关系的发展指路，我们就没有从两极化阶段发展到整合阶段的希望。

两极化阶段的主要特征就是泛化、非黑即白现象和投射。

泛化。一位51岁的男士写信给安·兰德斯（Ann Landers），非常想得到一些建议。他解释说他太太是一个“上过三次婚礼神坛”的女人，这个女人有个很讨厌的习惯，就是爱攻击男人。她忍受不了他的男性朋友，他总爱取笑她女儿的男朋友。她最幸福的时候好像就是同情那些受到男人的伤害或被错误对待的女人。每次听到关于色狼、赌徒或醉汉的故事，她总会说一句“典型的男人”。一个邻居带着一只新养的小狗来串门时，邻居提醒他要小心，因为这只狗好像不太喜欢男人，他太太则说：“聪明的狗狗。”

“我怎样才能让她知道，她不停地攻击男性会有损我们的关系呢？”他提问。

兰德斯问这个男人在决定娶这个女人之前，为什么就没能注意到她总是有这样的负面情绪。兰德斯建议让他太太知道她的那些评论对他的伤害有多大；兰德斯还建议让他太太去做心理治疗。

兰德斯没有给出很长、很详细的答复，但是如果从共情的角度来说，我想多了解一些这个女人跟男人关系的背景和过往史。愤怒通常会跟长期的屈辱感有关。在她的生活中，她受到过男人怎样的伤害？她是什么时候开始把所有的男人都归为一类？这种泛化的方式又是如何让她感觉到舒服，又如何保护到她的？她过去在什么时候和什么情况下没有被共情地对待？

解答这些问题是需要花些时间的，但是，通过这个过程，我们会发现所有的相关信息。如果被共情地对待，这个女人就会对她的想法和感受有新的理解。她会知道她这种大范围的泛化是会伤害到她丈夫的，因为她这样把他也归到所有男人当中，没有考虑到他的独特性。

这个过程也会帮助男人理解到，她的那些负面看法是因为她看问题的视野很受限，而这种情况多发生于人们没有得到共情式对待时，即她的想法和感受没有得到足够敏感、带有关心的理解和回应。然后，共情会帮助他来面对现实状况，找到应对的方法。他过去的什么经历影响了他的观察，让他之前没有看到这么明显的事情？他太太会改变吗？或者她的信念系统是否非常根深蒂固，以至于她根本不会为改变去做任何尝试呢？如果他就允许她这样，最后会损害到他自己的核心利益吗？

如果没有大量内心探索的话，是得不到这些问题的答案的。虽然共情通常会让我们不要在一场注定会失败的战斗中投入太多的精力，但有时候我们还是会在所有的信号都指向“离开”时选择留下来。许多年以前，我跟一对正在考虑离婚的夫妻一起工作，当时我还很年轻、很天真。丈夫坦率地承认他对妻子已经“没有了那种浪漫的感觉”。虽然明知他的感觉是不会变的，她还是决定要跟他生活在一起。他们都很聪明，而且有很多共同语言——讨论时事，阅读经典书籍，听波士顿流行交响乐团的音乐会，看戏剧表演。他们决定这样生活在一起，虽然不再是性伴侣，但他们的关系中还有很多其他的力量能把他们拉在一起。

我当即表达出了我的顾虑，觉得这个女人是在勉强接受一段最终会让她并不满意的关系。所以有一天她对我说：“我知道您很失望，或许等您到了我这个年纪就会明白，性尽管很重要，但其他的事情，包括你们共度时光的品质，会更重要。”

共情并不意味着每件事情都能得到最佳的解决方案，但是经历了这个过程，你才不会把这个世界的复杂性进行笼统的泛化处理。共情不会给我们的想法和感受贴上“好的”或者“坏的”标签，而是会把我们感受的各个方面编织成一个整体，它会随着每一次新的体验和领悟而发生改变。只有通过共情，我们才能知道，我们是愿意继续与这个“完整的画面”一起生活，还是决定从头再来。

这里的关键是不要进行泛化，因为共情总是想知道在这个特定的时刻，这个特定的人或这个特定的情境里的具体情况，而不是普遍性情况。共情会提醒我们，并没有所谓的“典型的男人”或“典型的女人”。每个人都是一个特例，不能归纳为某种规律。

但是当我们承受压力时、感到疲惫、觉得困惑或者不知所措时，就容易把事情泛化处理。因为把事情都同化考虑能让我们感觉更容易一些，这样就不用花那么多力气去了解具体情况了。当我们说“所有的男人都不值得信任”时，我们就可以摆脱掉要努力解释清楚为什么有些男人可以信任而有些就不能信任的困难；当我们说“男人来自火星，女人来自金星”时，我们是用一种干净整齐的方法把我们这个世界和其中所有的人都进行了归纳；“男人总想退缩，女人总想介入”也是一句笼统的话，试图用十几个或更少的词来总结出男人和女人之间的区别；“女人喜欢在做爱之前有沟通，男人就只想做爱”可能是一种普遍现象，但并不一定适用于所有的人；“男人最多的情绪是愤怒，女人最多的情绪是伤心”是另一种泛化描述，虽符合一些事实，但显然不足以描述全部事实。

虽然通过泛化处理来简化这个世界可能感觉还不错，但心理学家维基·赫尔格森（Vicki Helgeson）的研究表明，太过遵从某些刻板行为可能会有害健康。在赫尔格森的研究中，传统的男性化表现，比如善竞争和强敌意感的男人，相比不那么有攻击性和不爱争论的男人患严重心脏病的概率更高；而更符合经典的自我牺牲精神的女人也更有可能患心脏病。由此可见，把我们自己归到某种文化刻板类型中显然会产生一些不利于心脏健康的失调状态。

共情要求找出全部的事实。不够全面的事实只能呈现出画面内容的一部分，只能触及事实的表层。人们都渴求一种深层的连接（我们称之为亲密感），实现我们的内心和心灵的自由融合。只有在这种深度的连接下，我们才能感觉到自己这个人被理解了，我们的整个人都真正地被爱着，包括我们的瘊子、伤痕、瑕疵和所有的东西。

非黑即白现象。泛化会导致非黑即白的现象：要么你爱我，要么你不爱我；要么你跟我站在一边，要么就是反对我；要么你接受我现在的样子，要么就去找别人，因为我是不会变的。

非黑即白的行为把世界简化为黑或者白两种情况，因此它将共情排除在外。共情总是游走于灰色地带，它的模糊性决定了它能考虑人的复杂之处——我们既可以这样，也可以那样；既可以很扭曲，也可以很直接；既可以有偏见，也可以很宽容；既很感恩，也很贪婪；既很诚实，也会骗人；既很宽恕，也很怨恨；既抱有希望，也深感绝望……共情能觉察到其中的不一致，并进一步思考这是为什么呢？为什么我会这么混杂？为什么我有时候很善良，转瞬间又很残忍？我为什么要改变？为什么又不应该改变？

在共情的世界里，永远都会给真实生活中复杂多样的可能性留有余地。共情能让我们敞开心扉，厘清各种相互冲突的感受。略具讽刺意味的是，这样做的最后结果却是让情况更加清晰。当我们能接受这个事实，即这个世界和其中的所有人——当然也包括我们自己——都不是非黑即白的，而是像我的一个病人所说，都是灰色的，那我们就能放下那些固定的认知，进入到与他人之间更流动、更灵活、更具互动性的关系当中。我们要意识到把人进行分门别类是错误的，而应该把每个人都看作是一个独一无二的个体。通过这种方式以及很多其他的方式，共情能产生对差异的包容——也就是能扩展自己的世界以容纳不止一种视角——的能力。

要避免非黑即白这种两极化思维就要采用一种两者兼容的态度。事实上，我们都是混合型的，这是人类的本性；我们都是独特的，是与众不同的，然而我们也都是很平常的。有了这个认知，我们就会很谦卑，就能意识到我们不可能是全能的。你想成为什么人？这是能深入灵魂的问题。你打算如何做到呢？这是共情的衷心回应。

共情不会自动给你答案，但是它一直会督促你去进一步寻找答案。既然我们还没有成为我们想要成为的人，我们显然也还有很多事情要做，那下一步应该尝试什么呢？认识自己的历程也是建立亲密关系过程中最核心的一个内容。

摔倒后再站起来是我们生活的主旋律。共情则建议我们掸掸身上的灰尘继续前行，去寻找一个平衡点，在那里我们既能接纳我们现在的样子（**所有的事情都混杂在一起**），也能接纳我们想成为的那个样子（**仍然很混杂，不知为何却更舒服了**）。如果我们能谦卑地接纳那个不完美的（却是真实的）自我形象，我们也就能学会如何接纳他人的不完美。谦卑会让人更包容。我们能接纳自己的冲突和复杂本性，也就能接纳他人的既类似但又有所不同的混杂状况。

共情需要有灵活性。的确，这也是共情最主要的本性，它让我们能够充分考虑改变和转化的可能性。就像心理学家萨拉·霍奇斯（Sara Hodges）和韦格纳所言，共情需要“一个彻底的转变”。

> 去共情一个处于特定情况中的特定的人，不仅仅要简单地改变一下我们的空间视角，还需要改变我们对情形的评判、对事件的记忆、对他的情绪反应、对他的特点和目标的基本认知，甚至是对我们自己的基本认知。

投射。“您生我的气了吗？”52岁的德里克问我。他是一名注册会计师，最近刚跟太太分手了。

“没有，”我坦诚地回答，“但是您能告诉我，是什么让您觉得我在生您的气吗？”

“嗯，您走进等候室的时候看起来对我很生气。”德里克说。

“是吗？”我问道。我是真的很有兴趣，而不是要去挑战他的感受，“您是注意到我的什么表现了吗？”

“我注意到您跟我没有目光接触，”他眉头紧皱着说，“我又想了一下，我也不知道为什么会觉得您在生我的气。可能跟上周的治疗有关吧，我觉得上周的治疗进行得不太好。”

“这怎么说呢？”我问。

“关于上周我们的那次吵架，我觉得您是在责备我，而不是责备我太太。”

“所以您感觉到被指责了？”

“我被您惹怒了，因为您没有看到我的处境，”他说，“我很不开心，我很生气。我觉得我现在仍然在生您的气。”

在这个互动中，我的病人相信我生他的气，而事实上是他很生我的气。这就是投射——在他人身上看到了你不想在自己身上看到的一些想法、情绪和行为。我的病人是在把他的愤怒投射给我，因为这个情绪对他来说太过强烈，他不知道该如何处理。

投射经常是无意识的。心理学家有时也称它为投射性认同，就是我（投射者）在你身上看到某些东西，然后就可以对此抱怨，而不用去审视或评估我自己。投射是一种防御机制，但最终又会是自我挫败的。我们在投射的时候，是试图否认或拒绝自己身上的某些部分，把这些不想要的东西强加在他人身上。投射与我们在关系的理想化阶段中经常体验到的“图像之爱”紧密相关。在图像之爱阶段，我把你看作是完美的伴侣，是能带领我获得救赎的最理想人选。当意识到你不是那么完美或者没有人会来解救我时，我就想要责怪你（或其他人）的方方面面。所以我就要投射，即拿起我的问题，把它们都贴在你身上，然后责怪你让我的生活变得如此艰难。

图像之爱和投射都是试图想让自己感觉更轻松一些。但是，这两种方法都有后患，因为它们都让我们更远离事实，远离我们自己，也远离我们在乎的人。**我们把别人理想化，是因为我们自己想被理想化；我们把自己的感受投射给别人，是因为那些感受与我们给自己创建出来的图像不符。**当我们发现理想化图像出现裂痕时会是多么的痛苦——因为那个图像会直接反射到我们自己身上。只有通过共情，我们才能直视那面破裂的镜子，学会接纳不完美的他人和不完美的自己；只有通过共情，我们才能确认，镜中的反射只是我们的一部分而不是我们的全部；只有通过共情，我们才能坚持去付出能量和努力，把这个图像变得与事实相符。

卡罗琳总是在寻找理想的男人：外表帅气、有思想深度、有清楚人生目标、永不放弃。完美也是她自己的终极目标，卡罗琳总是督促自己要做到完美，要找到理想的伴侣。她会尝试最新的节食方法，把壁橱里填满昂贵的衣服，逼着自己每周跑30英里……

在我们治疗过程的开始阶段，她也会把我理想化，然后用微妙但是不会出错的方式来战胜我。通过共情，我试着去跟她沟通，我更感兴趣的其实是真正的卡罗琳，而不是那个她如此用心去构建出来的图像，那个完美性感的女人。她总是井井有条，总是达到别人的期望，总是化着精致的妆容。我想要认识并理解那个真实的卡罗琳，那个在一层层漂亮但很肤浅的外壳下面生活着、渴求着、希望着、也绝望着的真实的人。

我希望通过共情能扩展卡罗琳给自己构建出来的那个图像，增加她对新体验的开放度。我想把她评价自己的方式，从能否满足她以为的他人想要的东西转变为能否找到她自己的最大价值。我是谁？我想从生活中得到什么？这才是最引人关注的问题。通过共情，卡罗琳也学会了到她自己的内心中去寻找答案，而不是让别人告诉她她应该是谁或不应该是谁。

在这个共情的过程中，卡罗琳学会了看到自己的价值，相信自己的直觉。这就是被心理学家罗杰斯叫作“成为人”的过程。他写道：

> 一个人逐渐感觉到评价的核心在他自己身上。他越来越不用去在乎他人是否同意，去他人那里找应该达到的标准，让他人代替自己做决定或选择。他会意识到选择也在于他自己的内心，意识到唯一重要的问题就是“我生活的方式能让我自己深感满意吗？能真正表达我自己了吗”。我觉得对于有创造力的人来说，这可能是最重要的问题。

真实坦然地表达自己就意味着要去拥抱那些我们自己都恨不得马上想要切除或忽略的部分。在认识到我们自己的不完美的过程中，共情给我们指出了一条走出两极化阶段的道路。因为如果我们认为自己能够有所改进，那就不得不承认他人也可以继续努力。这个持续不断地认识自己、认识对方的过程，是所有的健康关系的特征。在这个过程中，共情会帮助我们认识到我们是谁，我们又是如何（不完美地）与他人产生连接的。

这个理解、接纳和做出改变的过程做起来并不容易。当病人钻进牛角尖、需要接纳和宽恕的时候（“我是不完美的，你知道的”），我的工作就是要帮他们认清情况，并把关注点放在他们能够改变和成长的地方。我可能会跟一个聆听能力很差的病人说：“我理解你为什么会这么想，但是我需要你在我说话的时候集中精力听。”我可能会跟一个拒绝为自己的行为承担责任的病人说："你已经很努力了，但是只要你还一直为你的问题责怪别人，我相信你的进展就会很慢。"

在拉里·麦克默特里（Larry McMurtry）的小说《孤独鸽》（*Lonesome Dove*）中，两个年长的牛仔考尔和奥古斯塔斯在讨论他们截然相反的承认错误的方法。考尔说他会尽量避免做错事，因为这样他就不用去担心承认错误的事情；奥古斯塔斯提醒他说，不管你是否承认，我们都会犯错误。

> "你这么肯定你是对的？他人跟不跟你说，对你来说并不重要。我很高兴我犯的错误足够多，可以一直在实践。"
>
> "你为什么一直想要做错事呢？"考尔问，"我以为这会是你想要避免的事情。"
>
> "你无法避免的，只能去学习如何处理它，"奥古斯塔斯说，"如果你想一辈子只需要犯一两次错误的话，这会特别难。我每天都要面对我的错误。"

直面自己的错误是这个过程的第一步。采取行动去改变可以被改变的部分是第二步，也是重要的一步。如果我们习惯于责怪他人、说谎、欺骗、不好好倾听他人或者做事总是以自我为中心，仅仅意识到我们的这些不完美还不够，我们必须要去做出改变。这些不完美会是我们行动的根源，我们成长的动力。只有接受了我们有待进步这一理念，我们才能进入到那种成熟的、能随时调整的，也能实现自我转变的爱的最终阶段——整合。

亲密关系阶段三：整合

整合之爱（integrated love）是我们所渴求的爱，因为只有这种爱才能够填补我们内在的空洞。在关系的理想化阶段，我们希望并祈祷那个理想的对方会填补这些空洞；到了两极化阶段，我们意识到（经常是伴随着痛苦的嚎叫）对方也不是那么理想，而且他们还有自己的空洞要填；在整合阶段，我们就会通过坦诚的互动、符合现实的预期和对彼此独特性的真心尊重，来努力促进彼此的成长。

整合之爱是相互共情的产物，这个过程既需要有融合的意愿，也需要有分离的能力。你会全心全意地进入到对方的感受中，但也要经常回到自我当中。精神病学家琼·贝克·米勒（Jean Baker Miller）和心理学家艾琳·皮尔斯·斯蒂弗（Irene Pierce Stiver）在他们的著作《治愈性的连接》（*The Healing Connection*）中强调了相互共情的力量，他们把它定义为“在关系中所有成员的真正想法和感受的基础上所形成的融合”。他们写道：

> 因为每个人都能接收到对方的想法和感受并做出回应，所以，每个人不但扩充了自己的感受和想法，而且扩充了对方的感受和想法。与此同时，每个人在这段关系中都实现了成长。

共情让我们睁开双眼，让我们看到了原来看不到的内容，也借此扩展了我们的世界。只有在相互共情的激励之下，才有可能达成整合之爱。那么，如何才能在关系中建立并维持相互的共情呢？下面的三条建议或许会有些帮助。

不断地重新评估你的理论信条。关于一段好的关系应该什么样，我们都有一些信条（心理学上有时把它们叫作认知地图）。在尝试梳理那些任何一段亲密关系中都会发生的纠缠和混乱的时候，我们都会依赖于这些信条。这些信条就像地图一样，能指明我们是在哪里偏离了方向。

这些信条通常都很简单，都由一个通用的假说演变而来。

- 相爱的人不应该吵架。
- 永远都应该是男人追求女人，男人不会尊重追求他们的女人。
- 女人用语言来说“我爱你”，男人可能会用行动来表示。
- 男人受制于性，女人受制于关系。
- 男人不会倾听，而女人都是好的倾听者。
- 好的关系都有无条件的爱。
- 健康的性生活是婚姻幸福的基础。
- 如果未曾神魂颠倒地坠入爱河，那这段关系一定有什么不对的地方。
- 母亲的主要职责就是待在家里带孩子。
- 父亲的主要职责就是赚钱养家。

这些一维的理论只提供了一条直接又狭窄的路径——一旦稍有偏差，我们就会大失所望。比如，虽然充满激情的性生活对很多夫妻来说都是很重要的，但也有许多婚姻幸福的人对性生活并不那么关注；如果我们接受“男人有时候也希望女人是追求者，女人有时也更想去追求他人”这个事实，那“永远都应该是男人追求女人”这个信条就会被驳倒；虽然理论上无条件的爱很美好，但如果你的伴侣对你很粗鲁又不够尊重呢？如果自己在情感上或身体上受伤害，那就不是共情式关系了，共情会坚持认为尊重是每一段关系的基础。

卡罗琳秉承着女人就应该取悦男人这一信条生活了很多年。她被这个理论所挟持。所以，她几乎没有给自己留有犯错的余地，每当做了什么事情让对方生气或恼怒时，她就会非常焦虑。在明白了这个信条来源于跟她酒鬼父亲之间的关系后，她放下了这个执念，这让她可以构建出新的、能尊重她自己的信条。这样，她就可以坦然地做自己，在更加扩展的理论框架中游走，可以去寻找能欣赏真实的她的人，去跟他们建立亲密关系。

当心自满情绪。当关系稳定发展的时候，我们会变得自满得意；有了自满之后，我们就不那么积极地进行需要付出努力的共情过程了。

“我知道你是怎么想的，”一个50岁的男人在说他的妻子，他两臂交叉抱在胸前，这个姿势俨然在说，“事情谈完了。”

“你怎么能知道我是怎么想的呢？”他妻子回复道，气得脸通红。

他洋洋得意地咧嘴一笑：“这很清楚啊，我已经跟你一起生活了25年了，我觉得现在我都猜得出你是怎么想的。”

“你一点儿都不了解我，”她语调冰冷地说，“你从来都没有，也永远都不会了解我。”

他突然间很困惑，觉得被误会了：“我只是在说我对你非常了解，这有什么不对吗？”

这种“我知道是怎么回事”的方式对一段关系的破坏可能是毁灭性的。不管在心理治疗中还是现实生活中，我从没碰到过有谁会认为，他行为的方方面面都能被预测出来，或他所有的想法和情绪都可以被预见到。不管你已经跟一个人一起生活了多久，你都无法了解到对方的全部，因为人是一直在变的。共情鼓励人们去成长和改变，去成为或者变成新的样子。

一个夏天，我和太太跟一个老朋友瓦莱莉一起在海边吃午饭。我们吃的是附近熟食店里买的火鸡三明治，她们俩都在想我会不会很想念我平常吃的金枪鱼三明治。“我从来没见过谁会那么喜欢一种食物，每天都要吃。”瓦莱莉说。

“我不喜欢金枪鱼。”我说。

我太太和瓦莱莉都非常诧异地看着我。“那你为什么每天中午都吃啊？”她们异口同声地问。

“因为对身体好。”

这说明，即使是认识了很多年的人也能让我们大吃一惊。在治疗中，我会建议我的病人去寻找惊喜，去问他们的伴侣，看看他们在经历生活中的“大”事件（送孩子去上大学，应对更年期，年迈父母的长期生病，进入40岁、50岁、60岁或70岁）和“小”事件（听朋友一直在抱怨她丈夫、处理小孩子发脾气、遇到粗鲁的人时管控自己的愤怒和沮丧）时都是怎么想的。生活中充满了挑战和变化，即使你最亲密的朋友也会让你吃惊的。所以，多去倾听，而不是想当然地以为你知道对方所想。

小心认知混淆。认知混淆，有时也叫作界限不清，其特征就是自我和对方边界的混淆。如果你和我是“一体”的——有人会说这是亲密关系的终极目标——那你在哪里结束，我又从哪里开始呢？共情能帮我们弄明白，虽然你和我是一体的，我们也还是（而且是必须要保持为）两个人。即使在最亲密和相爱的关系中，我们也总是要退回到自我当中。共情知道这一点，可以指导我们去扩展自我，并把自我带到一个可以舒服地做自己的地方。

这里重要的是相互依赖性。我们是分开的，在自己的皮肤里面舒服地待着。但我们知道我们会再成为一体，知道我们还会再聚到一起，这让我们可以容忍并享受着我们分开的时间。记得我们在一起的时候关系中存在的共情，这让我们在独处时也感觉到舒适和安全。

高中时，有一次橄榄球比赛中我触地得分，然后就朝观众台看去，想象着我父亲会把帽子抛到半空中——他有时候是会这么做。那天晚上我比赛完回到家时，我母亲告诉我说爸爸还在工作——一个家具的送货出了问题，所以他没能去看我的比赛。当我的心开始往下沉的时候，我也在想：如果当时就知道他不在现场的话，我还能打出那个触地得分吗？

今天我知道了那个问题的答案。我父亲已经离开12年了，但我还是觉得他跟我在一起。我一天当中能感觉到很多次他的出现。例如，我每周至少跑一次长跑。我有关节炎，跑步里程长了之后就开始感觉到疼。我跟自己说话，告诉自己我能做到，但是有时候疼得很厉害，我都怀疑还能不能继续跑下去。在那个时候，我总能感觉到我父亲跟我在一起。我能听到他的声音在给我加油，告诉我他相信我能行。然后我就继续跑下去，最后疼痛就消失了。是的，父亲虽然已经过世了，但他还在陪着我。

大师级作家马丁·布伯（Martin Buber）的哲学思想总是让我很受用。当布伯讨论“我—你”关系时，我觉得他就是在说共情，尤其是当有共情在引导着一段关系时所发生的不断融合和分离的过程。

> 人必以其真性来倾诉原初词“我—你”。欲使人生汇融于此真性，决不能依靠我但又决不可脱离我。我实现“我”而接近“你”；在实现“我”的过程中，我讲出了“你”。

“在实现我的过程中，我讲出了你”也是共情的一种有力表述。**只有在实现我的过程中——在了解我自己、发现我自己、觉察我自己的想法、感受和情绪的过程中——我才能讲出你。只有当我完全成了“我”，我才能准备**

好全心全意地——作为一个完整的人——进入一段关系。发展出自我的意义就是为了把自我放在与他人的关系当中。生活全都与关系有关。就像布伯所说："凡真实的人生皆是相遇。"

凡真实的人生皆是相遇。共情能让我和你之间的相遇得以完全实现。识别出他人的情绪，让我们接收到他人的想法和感受，仔细倾听他人说出的话语也要留意言语间的沉默，观察他人的面部表情和身体动作，安抚自我，学着如何表达自己的感受……这些共情的行为就是友情、亲密关系和爱的基本元件。

下面这个古老的故事讲出了共情在产生和维持爱中所发挥的作用。

> 萨索夫的莫什・莱布（Moshe Leib）探寻什么是爱。当时他走进一个小酒馆，听到一个喝醉了的农民问另一个农民："你爱我吗？""我当然爱你，"第二个农民回答，"我像兄弟一样爱你。"但是第一个人摇摇头，坚持说："你并不爱我。你不知道我缺少什么。你也不知道我需要什么。"莱布明白了："要知道别人的需要，背负他们的悲伤，这才是对人真正的爱。"

在治疗中我曾经一次又一次地见过这种类似的互动，两个人彼此相爱，却不明白或不知道该如何完全表达自己的感受，如何全心地进入到对方的感受中。

"你不爱我。"一个人会说。

"我当然爱你。"另一个说。

"但是你都不知道我缺少什么，你也不知道我需要什么，你甚至都不知道我是谁。你怎么能说你爱我呢？”

共情能给我们所需的洞察和信息，以理解他人的需要，分享他们的悲伤之深、喜悦之强。如果没有共情所赋予的相互理解和积极参与，爱就只是一个没有意义的简单词汇。共情，让爱有了高度、分量和平衡；共情是爱的血与肉，是它跳动的心脏，是它求索的灵魂。

共情让爱成为爱。

第七章
共情的阴暗面：借感受他人的痛苦来享受折磨人的快感

共情能帮我们感知到危险。对于那些想要蒙骗、操控和伤害我们的人，共情能让我们看透他们的内心和想法。

在一个大白天，而且是在一个大城市里，一个27岁名叫凯莉的女人走进她住的公寓楼，手上拎着几袋很重的生活日用品。大楼的楼门没锁，这让她很愤怒——别人怎么都不在乎这里的安全啊？她进来后把楼门锁上了。她要爬三层楼才能到家，手里拎着的那些日用品让她很吃力，一个袋子突然漏了，几罐猫食滚落到楼梯上。

“我帮你拿上来。”一个男人的声音喊道。“我不喜欢那个声音。”凯莉想着，听起来就有点不对劲。一个看起来很友善的年轻男人走上楼，手里拿着猫食，面带微笑，主动要帮她拎那几个很重的袋子。她礼貌地谢绝了。“你去几楼？”他还不死心。不知为何，她并不想说，但是她又不想表现得没有礼貌。

“四楼。”她说。

“我也要去四楼。”他说着并伸手要接过她手里的袋子。她再次谢绝了，坚持说她自己能拿得了这些东西。

“有的人就是太过傲慢，你懂的。”他说。

尽管心有顾虑，凯莉还是把袋子给了他。她脑子里跑出来的想法是：我不想成为那种疑心很重，谁都不相信的人。到了家门口，她对那位陌生人表示感谢，他却从她身边挤了进去，说把袋子放下就走。

他进了厨房，把东西放在桌上。然后再转过身来，笑容就不见了。他掏出一把枪，然后把她强奸了。

事后，他穿上衣服，拿起那把枪，警告她待在原地。他保证说不会伤害她，又说去厨房里喝杯水就走。

现在，凯莉第一次感觉到了自己有生命危险，真正觉得害怕了。看着他的每一个动作，她所有的感官都处于高度警觉状态。在往厨房走的时候，他看了一眼手表，看起来有点着急。然而，他却花时间去把开着的窗户关上了，调高了音响音量。他转身看了她一眼，告诉她别那么害怕。他又一次保证说不会伤害她的。突然间，她意识到——头脑中没有一丝怀疑——他想要杀了她。

她从床上起来，把床单裹在身上。那个强奸犯在厨房里拉开抽屉想找什么；后来证明他是在找刀。她悄悄地走出家门，穿过楼层大厅，打开一个邻居家的门（不知为何她就知道那家门没有上锁），走进去，将食指放在嘴唇上示意邻居不要出声，然后锁上了身后的门。

这就是加文·德·贝克尔（Gavin de Becker）的畅销书《注意！有人在盯着你》（*The Gift of Fear*）中的开篇故事。加文·德·贝克尔解释说，恐惧是凯莉的盟友，准确地告诉了她应该怎样救自己的命。当她最终听到了内心的恐惧时，她就能够识别出暗藏着的危险并从中逃离。加文·德·贝克尔总结到，恐惧是大自然赠予我们的一种天赋，它是一个聪明的内部警卫，随时准备着提醒你所面临的危险，并能指引你脱离险境。

共情，将她从强奸犯手中救出

我相信这个故事能给出的还不止这些。我觉得救凯莉命的不是恐惧，而是共情。共情是她恐惧的源头，是促发行动的能量开关。是共情，而不是恐惧，给了她那些洞察，让她采取行动救了自己的命。更重要的是，对于那些希望保护自己和自己所爱的人免受他人的操控、蒙骗，甚至可能是毁灭的人来说，必须要认识到：共情也被用来对付她了。在这次暴力事件中，共情既是武器，也是一种防御，攻击者和受害者都用到了共情。最终，共情能力更强的人获胜。

让我回到故事的开头，从共情的角度再来分析一下。加文·德·贝克尔指出，那个强奸犯很可能已经盯上凯莉好几天，甚至好几个礼拜了。他跟踪她，观察她的每个动作，仔细评估她的脆弱程度，然后在直觉、饥渴和高涨的肾上腺素的共同作用下，准确地选择了一个正确的时机来采取行动。

共情是这个强奸犯最强有力的工具，比他手上拿的枪和他在厨房里要找的刀都更有效。通过共情，他能够从凯莉的面部表情，从她走路、跟朋友说话以及跟陌生人打交道的方式中，“读懂”凯莉的想法和情绪。通过对凯莉的观察，他得知她是自己一个人住，他还知道她很胆小，很担心自己的安全。通过前期的准备，他确信她应该扛不住一个乐于助人的友善陌生人所施加的压力。或许他曾经看到过她对街上的陌生人微笑，或者从她羞涩但真诚的笑容中猜到她应该很容易受操控。

通过共情，这个强奸犯认定凯莉是一个适合下手的目标。他通过对她性格的了解预测了她的反应，并成功地让她按照自己的想法来行动。他先伪装成一个好人，再用特定的词汇和语言来动摇她的主见，这样就系统地瓦解了她心中的防御。

“有的人就是太过傲慢，你懂的。”她最开始在楼梯上拒绝强奸犯的好意的时候，他对她说了这么一句话。这句话对她起了作用，干扰了她的自我感觉，因为这暗示着她可能看起来就是很傲慢自大的。她不想让自己成为那种与众不同的女人。过于傲慢是我们的文化中并不鼓励的一种性格特征，尤其不鼓励女人这样。按照那些陈腐但是仍然很主流的刻板类型，女人应该柔软顺从，对朋友和陌生人都要亲切和信任。

尽管我们早就不再认为理想的女人都要谦恭顺从，但这位强奸犯不怀好意但又很聪明的文字游戏刺到了凯莉脆弱的心灵，也使得她的共情无法发挥出保护作用。没有共情的引领，凯莉都没能看穿这个人的伎俩，尽管线索就在眼前。当她说了“不”而他却不听时，共情本可以让她想一想：他为什么根本不听我的回答？他为什么非要来帮我？如果依赖于共情，她就应该可以认识到，尽管他看起来像个好人，但是真正的好心人不会在你已经拒绝他的帮忙后还继续纠缠你。但是她害怕自己“太过傲慢”，再加上她渴望表现得很善良、很信任他人，这些都削弱了共情的力量。她才不顾自己的直觉和本能，宁可去相信这个年轻人是出于好心。但这个选择几乎要了她的命。

在楼梯上刚碰到时，这个陌生人的共情能力要比凯莉的更强。但是施暴后，他就掉以轻心了。这个强奸犯相信事情都在他的掌控之下，于是放松了警惕。或许他是借用了强奸其他受害者时的经验（后来发现还有其他的受害者），那些人当时都被吓坏了，竟然愿意相信他的话，以为只要自己不反抗，他就不会伤害自己。根据作案经验中得出的普遍规律，他认为凯莉也已经是“他的”了，以为她现在已经被吓得无法动弹了。他就没有再把她当回事儿。

当他的共情逐渐流失的时候，凯莉却重拾起她的共情。她看着他在自己家里走来走去，想去读懂他的想法和情绪，就像之前他在读她一样。她感觉到了危险，然后集中注意力，利用共情猜出了他的下一步行动。她看着他走过去关上窗户；她听到他说不会伤害她，这只是个“凭空而来”的承诺；她注意到他调高了音响的音量；她还听到他在厨房里拉开了抽屉。她把这些线索放在一起，通过共情推测出了他的下一步行动——她明白了，他是打算杀了自己。

共情让凯莉有了洞察，洞察又让她采取了行动。共情让她安静下来，聚焦于她的恐惧，调动起她的聪明才智，把她带到了安全之地。

共情，救了她的命。

希特勒擅用共情的阴暗面进行操纵

从凯莉的这个故事中可以清楚地看到共情的阴暗面，也可以看出如何恶意地使用共情来操控他人，打破他们本来的防御体系。但是，共情也能帮我们感知到危险。对于那些想蒙骗、操控和伤害我们的人，共情能让我们看透他们的内心和想法。这样，我们就能离开那些可能会有害的处境或关系，免受太大的伤害。

然而，共情的阴暗面是非常有力量的，它对于脆弱和绝望的人们可以是一个特别有效的武器。阿道夫·希特勒（Adolf Hitler）就深知共情阴暗面的力量，他利用自己对德国人民需求和渴望的敏锐洞察来操控他们的情绪。希特勒可以在冷血残酷和激情四溢两种状态中来回切换，利用人们对贫穷和屈辱的恐惧，把自己塑造为能实现他们的祈求，给他们的未来带来希望的化身。

在1933年播送给大约2000万收音机听众的演讲中，希特勒最后带着宗教般的狂热激情，讲到了爱、恨、名誉和荣耀。

我无法不相信我的人民，无法不深信这个国家会再度崛起，无法不热爱我的人民。我的信念就像岩石一样坚定，相信那个时刻就要到来。那时，今天痛恨我们的万千民众也会支持我们、赞同我们，会迎接我们所共同创造的、历经磨难的、不惜代价终将获得的那个伟大、尊严、强大、光荣、公正的德意志帝国！阿门！

几年之后，新闻记者威廉·夏伊勒（William Shirer）这样描述了希特勒在慕尼黑的科洛尔歌剧院（Kroll Opera House）发表了一个激情洋溢的演讲之后人群的骚动。

他们连哭带喊地雀跃着……他们都举着手行纳粹军礼，歇斯底里到脸都变形，大张着嘴巴，喊着、叫着，眼睛里冒着狂热的火苗，都盯着这位新的上帝，这位救世主。

还有一次是1936年9月，在纽伦堡纳粹党代会上发表的一个演讲中，希特勒也展示了如何利用共情的阴暗面来制造一种团结和使命的感觉。

不是每个人都看得到我，我也不能看到你们所有的人。但是，我能感觉到你们，你们也能感觉到我！是对我们这个国家的信念把我们这些小人物变得伟大……你们都来自那个每天为生活而奋斗、为德意志和我们这个国家而奋斗的小世界，就是为了能体验一次这种感觉：现在我们在一起，我们都跟他同在，他也跟我们同在。现在我们就是德国！

但是，希特勒在纳粹集中营里采用了一个完全不同的策略。在那里，希特勒的下属们用共情的阴暗面把人打垮，而不是鼓舞人心。纳粹分子从不把囚犯当人看，觉得他们甚至不配得到我们对无助的动物都会给出的关心和照顾，还想方设法去切断那些能激发出希望、信念和存活意志的人际连接。集中营里最具杀伤力的毒害并不是让几百万人丧命的毒气室，而是那种完全去人性化的氛围，它让人们的内心和精神慢慢地因缺乏共情而窒息。对集中营里的囚犯来说，环境中共情的缺失就像没有氧气一样致命。

这些囚犯的唯一希望就是彼此之间能相互给予安慰和力量。集中营幸存者埃利·威塞尔（Elie Wiesel）在他的著作《百川归流入大海：回忆录》（*All Rivers Run to the Sea: Memoirs*）中就能让人精神不倒的那种力量给出了细致的描述。

> 如果有什么能激励我的话，那一定是我的父亲……我们相互依赖：我需要他，同时他也需要我。因为有他，我不得不活下去；因为有我，他也力求不能死去。只要我还活着，他就知道他是有用的，或许还是不可或缺的。在我的眼中，他还是那个男人、那个父亲，一直都是。如果我不在了，他就失去了他的角色、他的权威、他的身份。反过来，如果没有了他，我的生活就没有了意义和目标。
>
> 在这方面，德国人的心理战术总不奏效。他们想让囚犯们只想着他们自己，忘掉他们的亲戚朋友，只顾及自己的需求……但真正发生的相反。那些只想着自己的人能活着出去的机会很小；而为了一个兄弟、一个朋友或一个理想化的人而活，却能帮你坚

持得更久。对我来说，我能坚持下来多亏了我父亲。如果没有他的话，我肯定无法坚持。我仿佛能看到他迈着沉重的步子走过来，在找寻一个微笑，然后我就会给他一个微笑。他就是我的支柱和我的氧气，我对他也一样。

只有当我们认识到共情是我们的支柱并竭尽所能地坚持这一点时，我们才能做到让那些想要蒙骗或摧毁我们的人无计可施。如果我们只考虑自己，忘记了他人的需求，退守在只有我们自己渴望的那个小空间里，那我们就切断了共情的能量来源，脱离了这个意义丰富的世界。

我一直在讲共情阴暗面的极端事例——强奸犯，煽动、激情、泯灭理性的战时演讲，集中营的经历，但是共情的阴暗面并不一定都很邪恶不堪或生死攸关。阴暗面也经常会以不易察觉的方式渗透进日常生活，就在灯火通明的房间里，被你和我这样的人加以运用。尽管难以觉察，但不可否认，我们每一天都会体验到共情的阴暗面。

最近我翻看一本《新闻周刊》(*Newsweek*)，看到一个整页的广告，画面是一个漂亮的亚裔女性，她后面那辆车的车灯照着她，她的眼睛紧盯着自己车里的后视镜，表情中满是恐惧和慌乱。

广告里用加粗的大写字母标出："有坏人！怎样避免成为猎物？"下面用小号字写着："你被跟踪了。即使转个弯，他还是紧跟在后面。你很害怕。怎么办？不要回家。你不想把他引向你爱的人。相反，开到一个人头攒动、灯火通明的地方。"

这个广告（看起来像是一个公共服务，还提供一个免费的小册子，题目叫作《一个人开车》)，是壳牌石油公司赞助的。结束语是"**记住壳牌**"。壳牌在玩弄着我们对孤立无援和脆弱无助状态的恐惧，希望借此吸引更多的客户——它很有创意地运用了共情的阴暗面。

在各种印刷品和电台广告中，我们到处都能看到这种或微妙或明目张胆的操控手段。例如，爸爸和儿子在钓鱼，爸爸抿了一口啤酒，儿子凑过来，谄媚地笑着说："我爱你，男子汉。"爸爸一下就看穿了儿子的心思，说："你甭想拿到我的百威清啤。"这个广告中有意思的一点是——爸爸看穿了儿子的计谋。但是做广告的人希望看这个广告的人最后不仅笑了，还渴了，想去喝一瓶冰啤。而且，喝百威清啤就表示你是个男子汉而不再是男孩儿了，所以为什么不来一瓶百威呢？

最近，电台主持人保罗・哈维（Paul Harvey）讲了一个老太太在超市排队结账的故事。她转向排在她身后的那个中年男士告诉他说，他长得很像她儿子。

"他最近去世了。"老太太继续说。那名男子表达了他的慰问。她犹豫了一会儿，然后请他帮个忙。他愿意在她离开商店的时候跟她说一句再见吗？他能用清晰响亮的声音喊一句"再见，妈妈"吗？

"我就是想最后再听一次那几个字。"她解释说。

男子被她真诚的微笑打动了，就同意了。当她走到出口，转身回来看他的时候，他就喊了一句："再见，妈妈！"她挥挥手，给了他一个开心的微笑，然后就走了。

这边，收银员在清点男子买的东西：一个面包、一些奶酪、一加仑牛奶，还有猫粮。"一共是126美元。"她愉快地说。

"一定是弄错了，"他说，还沉浸在跟老太太的互动所带来的美好感觉中，"我就这么一袋东西。"

"她没告诉您吗？"收银员说。

"谁？告诉我什么？"这个男子被弄糊涂了。

“您妈妈呀。她说您会为她付钱的。”

这个没有一丝怀疑的男人学到了很昂贵但也很有价值的一课：共情的阴暗面可能被那些全世界人都会觉得很善良、怜悯、体贴的人所利用，而且在看起来最不可能的时候不知不觉就用到你身上。听到这个故事，我一下子就想起了十多年前发生的一件事情，那时我在马萨诸塞州纳提克的莱昂纳多·莫尔斯医院做首席心理治疗师。每天午饭之后，我都要带一次团体心理治疗，团体中都是精神科的员工和病人。乔来自新泽西，是这个科室新来的病人。乔吸食可卡因成瘾，曾因赌博输光了毕生的积蓄，然后开始靠入室盗窃来维持他的毒瘾。乔长得很帅，又很健谈，瞬间就能成为大家的密友。

乔来了几天之后，病人就开始纷纷抱怨说他们病房里的贵重物品——现金、珠宝、手表——开始失窃。在接到第三例报案后，我召开了一次特别会议。

“小偷就在我们中间。”我说。

“嗨，医生，”乔喊着，“让我来告诉您这是怎么回事。”

“这是个很严肃的事情，乔，我们没时间闲扯。”我对他很不耐烦。跟医院里其他人一样，我也怀疑乔可能就是那个贼。

“我是在帮您解决问题，好吗？”乔说。我点点头，对我的怀疑感到一点自责。“看啊，这里的每一个人都觉得我就是那个贼，”他继续说，“现在别跟我说您没有过这个想法，因为我知道您有。但是我必须得告诉您——只有贼才能理解另一个贼。我知道是谁从房间里偷了这些东西——是马乔丽，那个清洁女工。”

没人相信他，因为马乔丽是一个个子矮小的白发老太太，六十五六岁，脾气很好，总是尽力取悦别人。但是，几个礼拜以后，我们查出来马乔丽有犯罪记录——她不仅是个盗窃犯，还贩卖海洛因。

马乔丽被抓走之后，我把乔拉到一边，问他是怎么知道马乔丽就是元凶的。他对我咧嘴而笑，很高兴这位受过高等教育的医生愿意承认，自己还能从这个高中辍学的盗窃犯这里学到一些东西。“我跟她说话的时候就能看出来，”乔解释说，“您看啊，医生，这里每个人都知道我的历史。那些护士、医生，他们都不喜欢跟我说话，他们跟我在一起都觉得别扭。我知道我是个瘾君子，还是个贼。现在我知道您不介意跟我说话，但是您也不是那种我愿意一起去打球的人。从我到这儿的那天起，马乔丽就跟我一起在外面抽烟。因为不会有奶奶年纪的人想跟我这样的人坐下来谈谈心，除非她觉得我们是同道中人。您知道他们是怎么评论我们的吗，医生，物以类聚。我刚认识她时就知道她是个贼。”

这个事情又加深了我对共情的几点认识。**第一：不要一下子给出结论；第二：注意那些可能会让你看不到全局的偏见；第三：随时准备着从任何一个人身上，即使是那些看起来不像能教给你什么东西的人身上，去了解人性的复杂。**

共情的阴暗面在我们的社会当中广泛存在，而且在哪里都没有像在医疗健康领域里那么常见。因为我们一般都不觉得在这个领域里也会这样，所以反而会更容易被它的百变魅影所伤害。我们是个崇尚健康的国家，所以到处都有推销草药、维生素、抗衰老神药、天然抗抑郁药和各种减肥产品的推销员。这些推销员都知道如何利用我们对超重、皱纹、疾病、衰老和死亡的恐惧。针对我们对身体和情绪的每一种担心，他们都能设计出一种“神奇疗法”，当然也都贴着一个可观的价格标签。

我并不是说草药和营养添加剂没有用处。事实上，我是系统健康论的坚定支持者。我还在波士顿的一家大医院里领导着一个替代药物中心，在那里我花很多时间来帮助病人判断哪些产品是有用的，哪些是没用的，哪些是对健康有害的。

有一天上班的路上，我在听收音机里的一个节目，是一个有名的医生接听那些担心健康有问题的听众的电话。这个医生先做了一个总声明，请所有的听众都来帮忙：如果他们能寄给他带有自己所在的药房的名字和地址的明信片，他保证就会免费回寄给他们可以识别不同药物的卡片。（但他并没有说，他其实会利用这些药房的地址来推销自己的新草药产品。）

当一个老太太打进电话来说一个有关健康的问题时，他只听了15到20秒，然后就打断她，问她是否能把药房的名字和地址寄给他。“如果你肯寄的话，我会很爱你的。”他用很舒缓的声音说。她说她很乐意这么做，然后又重复了一遍她的健康问题。但他又一次打断了她，看来他不是很确定她真的明白了他那个要求的重要性。“你肯定会寄给我那个地址吗，宝贝儿？你会为我这么做吗？你保证吗？”

“是的，”她说，“我保证。”

他其实根本没有回答她的问题。

如果你做的话，我会很爱你的。你会为我这么做吗，宝贝儿？如果一个从来没见过的人管你叫宝贝儿，而且告诉你说，只要你帮他们一点小忙，他们会很爱你，那预警的小红旗就应该到处飘扬了。我并不是想说，陌生人就不可能真心地彼此善良相待，但是如果有人一味忽略你的问题，只关注他们自己，只想确认你会回应他们的需求，那就可以很有把握地确信，他们热情洋溢的表现下面有着一些更阴暗的动机。一定会有人从这个交换中获益，而且这个获益的人不太可能是你。

几年前，我被邀请去给一些老年居民做讲座，讲讲那些常见的营养添加剂和草药疗法的益处和存在的危害。我讲完后，一位70多岁的老妇人艾玛做了自我介绍，然后向我求助。艾玛轻轻地拉着我的手（在我们20分钟的谈话中一直都没放开），给我讲了她的故事。她最近成了寡妇，她的孩子和孙子们又都在几千英里之外，她深受抑郁和失眠的困扰。在向她的医生求助时，医生给她开了抗抑郁药和帮助睡眠的药。因为担心吃太多的处方药不好（她已经在吃治疗高血压和凝血障碍的药），她就问医生是不是可以用中草药或维生素来代替。

“我完全不相信这类东西，”她的医生用一种轻蔑的表情和不屑的手势回答，“草药、维生素、营养添加剂，这都是江湖郎中的把戏。”

艾玛感觉被她的医生放弃了，她变得更加困惑，就开车去了当地的保健品商店。那里年轻的销售小姐很善良，带着明显的同情聆听了艾玛的故事。她告诉艾玛，医生们很少有或者根本没有营养学方面的训练，而且即使有的话，他们也不会推荐用草药或维生素之类的保健品，这会减少他们的收益。艾玛听从了销售小姐的建议，花了45美元买了5种植物保健品：大蒜提取物提升免疫力，银杏胶囊治疗记忆丧失，贯叶连翘治疗抑郁，褪黑素治疗失眠，还有一种含有麻黄的减肥产品。

但那位销售小姐并没有告诉她（很可能因为她自己也不知道），大蒜和银杏不能跟血液稀释剂一起吃；贯叶连翘也不能跟高血压药物同时吃；麻黄是一种很强的中枢神经系统兴奋剂，会造成高血压和心悸，绝对不能用于控制体重。而且，根据麻省理工学院临床研究中心医生们的说法，艾玛服用的所谓“标准”的3mg褪黑素药片是治疗失眠所需剂量的10倍之多；况且，老年人需要的褪黑素剂量要更低，因为他们的肝脏代谢掉这个激素的速度会更慢。

我每天都能听到像艾玛这样的事情，我每天也都会感觉到同样的愤怒和沮丧。这个善良温柔的老妇人向传统药物和替代药物领域寻求帮助，但是这两个领域都辜负了她。我毫不怀疑，艾玛的抑郁和失眠（甚至在某种程度上说，也包括她的免疫力下降、记忆丧失和最近的体重增加）主要源于她对丈夫去世的悲痛，以及她不知道如何应对她的孤独和恐惧。艾玛的医生完全忽视了她情绪上的痛苦，只根据她的临床症状开药，而且迅速摒弃了对她这些问题的任何替代疗法。那个保健品商店的雇员又利用了艾玛的无助，鼓励她为每个症状都买了一种草药。她没有受过相关的培训或教育，无法就草药和处方药之间可能有害的相互作用给艾玛提供建议。更关键的是，医生和销售小姐都没有说过，如果你上了年纪，又成了寡妇，跟这个世界上你最爱的人都远隔千里的时候，你感觉到抑郁、焦虑、独孤和害怕可能是很“正常”的。

学会应对共情的阴暗面对于你的身心健康非常重要，就像要知道如何善良、体贴地对待他人一样重要。那么，艾玛应该如何来保护自己呢？我们每一个人该如何在这个越来越商业化的世界中让自己免遭各种过度宣传和强制推销之害呢？我们又该如何利用共情来保护我们自己，不被那些会使用他人的洞察力和直觉的人所利用呢？

抵御共情阴暗面的 10 个步骤

我相信从下面的10个步骤中可以找到这些问题的答案。要学好并熟练掌握这些步骤，在生活中尽量加以运用。而且一定要记得，共情是进化出来保护我们免遭危害的一种生物性内驱力。如果使用共情去蒙骗或伤害他人，那就有悖于它维持生命的能量，体现出来的就只是软弱，而非力量。最终，共情一定会显示出它积极的保护作用，而非阴暗面。

抵御共情阴暗面第一步：分辨出真正的共情和有目的的共情

阿德里安娜走进我的办公室，把她的皮质公文包往地上一扔，说：“我被那些讨厌的客户烦死了。我知道，这不够仁慈，但是他们真的很蠢，只考虑他们自己，都想着快速地捞上一笔。”她的声音变轻了，开始噘着嘴。

“我觉得我没有任何共情能力啊。”她说。

“我知道您有共情，”我温和地说，“以前我见过很多次了。但是，这会儿，我不能说您表现出了很多共情。”

我们讨论了好一会儿，关于她作为一个人身侵害律师每周要工作60个小时的压力，她那麻烦的婚姻和她那青春期儿子的冲动行为。那天她走的时候告诉我，她会尽力在生活中找到平衡，也会尽力在与客户的关系中更加理解他人。

一周后，阿德里安娜又是以扔公文包开始了治疗会谈，只是这次她不是对客户生气——她是对我非常愤怒。“您毁了我的这个礼拜，”她说，“几天前，一个有残疾的、几乎不能走路的‘二战’老兵，出现在我的办公室里，说他儿子被一个醉酒驾车的司机撞死了。您可得明白，我当时就想到了一个6位数的数字。很容易啊，这家伙很老了，在战争中受了伤，现在失去了他唯一的儿子……真是一个梦想中的案子啊。然后他哭了，非常伤心，我就带他去吃午饭。他点了菜单上最贵的食物——整只螃蟹，您能相信吗？午饭之后他告诉我自己没钱叫出租车。我想告诉他可以去坐公共汽车，但是我还是给了他坐出租车的钱，我还以为这个案子可以让我发财呢。”

阿德里安娜深深地叹了口气。“这个该死的工作，”她说的时候眼睛翻向天花板，“所以，好吧，这个老家伙第二天再来时应该把他儿子的死亡证明带来，但是他走进我的办公室说他忘了。他想再出去吃顿午饭，我告诉他我已经吃过午饭时，他又坚持要求我给他坐出租车回家的钱。我最后终于搞清楚了——他是在骗我。根本就没有什么醉酒的司机，也没有死了的儿子。他就是想能多蹭几顿免费的午餐。”

阿德里安娜把身体向我这边歪着，要跟我分享的秘密让她双眼放光。

“听我说，医生，这很重要——共情害了我。共情没用啊。”

“但对他有用啊。”我说。

“您怎么认为？”她问，“告诉我，您会怎样准确地定义共情呢？”

“我把共情定义为准确地理解另一个人的想法和感受的能力，”我说，“我觉得他做得相当不错啊。”

“所以您是说他对我的理解比我对他的理解更准确？”她问，身体坐回椅子里，眯起了眼睛。

“从您刚才所讲，很明显他能像读一本书一样把您读懂。他知道您会觉得这是个大案子，知道您会上钩的。他利用了您很想从他身上发一笔大财的心理，得到了免费的午餐和出租车钱。”

“但是我表现得很人性啊，”她在辩解，“我没有告诉过您我所有的客户都是卑鄙小人吗？”

我决定要跟她开个小玩笑：“可您不知道一个卑鄙小人也可以很会共情。”

真正的共情是由真正关心他人和渴望去帮助他们而激发出来的，但有目的的共情则主要关注于他人能给你什么（或者你能设法从他们那里逃避掉什么）。如果出于真正的共情，我们会用关心和尊重来对待他人，在每时每刻的互动中都想寻求真相；如果出于有目的的共情，那他人的想法和感受就不那么重要，因为我们只是在寻求个人的收获和满足。

有目的的共情可以是相对比较善意的、可预测的，就像推销员卖给你一辆车的时候，还想连带再卖给你一些你其实并不需要的配件。我太太和我买上一辆车的时候，我们谈好了一个合同，跟经理握手确认了，安排好一周之后我们去缅因州过周末的路上来取车。礼拜五晚上7点钟左右，我们到了经销商那里，天又黑又冷，好像马上要来暴风雪了。等销售员把新车开出来的时候，我看了一眼车顶上那个滑雪板架说：“我们并没有订那个滑雪板架。”

销售员说他为此很抱歉，但是，这是他在这么短的时间里能拿到的唯一一辆车；如果我们不要这辆的话，就得再等上两个礼拜。卡伦都快哭了，女儿们在车后座也快冻坏了，我知道我们这次已经是被搞定了。我付了车钱，也包括滑雪板架的额外200美元，然后告诉那个经理我再也不会跟这个经销商做生意了，我也确实没有。

有目的的共情经常都有着邪恶的一面。一类恶名远扬的例子就是帅气的网球运动员跟有钱的寡妇做朋友，给她们爱和陪伴，只是为了偷走她们的钱，然后从她们的生活中消失；还有就是律师会突然告诉你他周末时间的工作费用要翻番；保险经纪人会说服新婚夫妇每月为保险多付30美元；彩票站的人找老人下手，说服他们只要坚持订很多不同杂志就能赢得大奖；加油站的人会力劝那些外地的年轻女司机，说她们如果不买新型减震器的话就要冒很大的风险；赌场能认出那些冲动型的赌徒，用免费的机票把他们引诱回来（我最近看的一个电视节目上说，一个冲动的赌徒在路易斯安那州的一个赌场里输光了所有钱，有二百多万美元。那个赌场老板只是参加了他妈妈的葬礼，让他用他们的商务飞机免费度假去赌博）……

但是，最经常的情况是有目的的共情和真正的共情同时并存，即使是在最健康的关系中也是这样。比如，约翰想哄劝妻子跟他做爱，所以会主动为她做背部按摩。他是真心地爱着妻子，也希望能让她感觉很好，但是他也有自己的计划——他想做爱。还有，凯特和乔希是老朋友，但是好多年没有见过面也没有通过话了。凯特的妈妈去世了，留给她一大笔遗产。凯特不知道该如何处理那些证券和现金，就给做财务规划师的乔希发了封电子邮件。她用了好几段来告诉乔希自己近期的情况，告诉他她是多么看重他们之间的友谊；然后在最后一段，她提到了她的难题，想让他给些建议。她确实是关心他，但是她也想从他那里得到些东西——这里有真正的共情，也有有目的的共情。

真正的共情和有目的共情经常共存，在治疗中亦然。我因为跟病人工作而有工资收入，所以有人会质疑说我的共情纯属是有目的的共情——我专注地倾听，敏感地回应，因为我拿工资就是要做这些事情。但是，我不知道如果只是为了赚钱的话，有多少心理治疗师还会继续做治疗师。做这行的人大多数都是很想能减轻他人的痛苦。我们做这个工作，在很大的程度上是因为我们关心他人，想要尽自己所能来把这个世界变成一个可以让我们生活得更好的地方。这可能听起来很美好，但是我可以向你保证，事实也就是这么简单。

共情的这两种作用很容易混淆，因为我们大多数人都以为，如果想从关系中有所获益的话，共情就不可能是真心的。但是，真正的共情总会让你有收获，即使我们付出共情时并没有想着要拿回任何东西，我们也总是会从中获益的。我们带着共情给出回应，就会加强我们跟他人以及跟整个世界的连接，扩展我们的地平线，拓宽我们的视角。而且与此同时，我们的自我感觉会越来越好。这些绝对都算是获益。一旦人们把共情付诸实践，就会发现他们对自己感觉更好了，焦虑和压力都减少了，跟周围人的连接也更紧密了。

所以，共情总是要把握一个平衡，也就是我们想要找到的那种动态平衡状态。**真正的共情会让关系既稳定又结实牢固，而被有目的的共情所驱动的关系总有一天会失去平衡，就像你坐在一个跷跷板上，对面却坐了一个身型比你大一倍的人。**因为双方的能量差太过明显，关系就失去了平衡，你都不知道什么时候就会被摔下来。

我们的目标就是要找到这个平衡。如果是有目的的共情主导了一段关系，那你就需要保护你自己，要知道另一个人的行为是在被其自我利益所驱动。如果一段关系开始时是由有目的的共情作为主要驱动力的——就像大多数的工作关系那样——那就要去关注它的发展方向。有目的的关系可以发展为真正的关系；同样，真正的关系也能变成有目的的关系。共情的力量就在于能够随着时间推移不断识别出真相。

抵御共情阴暗面第二步：了解自己的渴求

渴望、向往、梦想、欲望、希望、渴求都代表着同样的东西——你在生活中希望得到的东西。你渴望安全感？婚姻？子女？持久的爱？和平和安静？财务自由？心灵的开悟？物质上的富足？乡间的房子？夏威夷的公寓？你的渴求，暴露了你生活中缺失的部分，也让你更容易受到共情阴暗面的伤害。

如果想要理解你的渴求，就要去问问自己，在你的一生当中对你来说最重要的是什么，也要把你以往的渴求和当今的渴望关联起来。过去总是影响着现在，我们藏在心里的愿望和表达出来的渴望都会指向那些过去对现在的生活产生影响的地方。

奥斯卡，38岁，是一个很有天赋而且也非常成功的艺术家，他的水彩画装饰着很多富人名流的家。然而，不管他卖出了多少作品，或者他得到了多少热烈的评论，奥斯卡还是会渴求更多。在治疗中，他谈到了跟他父亲的关系。他父亲是德国移民，是一个颇有天赋却默默无闻的雕塑家。父亲35岁的时候得过一次不很严重但也让身体很虚弱的心脏病，他就指望着大儿子奥斯卡来实现自己的梦想。“你有这个天赋，”父亲总跟他说，“如果你足够努力的话，就能成为当代的梵高。”

奥斯卡对自己的要求越来越高，希望能实现他父亲的梦想。25年之后，他父亲也已经去世十多年了，他还继续督促自己，渴望能成为明星，一直在追求一些他永远都做不到的事情。“我想成为最好的那个，”他解释说，“我想让我的父亲为我骄傲，想象着他能为我的成功而微笑，让他知道他的生命终有所值。”

奥斯卡一直以来的渴望表明他很想改写他的过去。在治疗中，他找到了对过去的自己（那个一直坚信自己能为了父亲而改变世界的小孩）和现在的自己（那个盲目想要改变过往的痛苦而持续强迫自己超越能力所及的男人）的共情。由共情来为自己指路，他就能摆脱过往的桎梏。

跟过去相关的渴望也可能是想重复过去的经历。我父亲66岁时因为心脏病发作去世，之后的6个月里，我买下了两处房产，一处在我工作的波士顿，另一处在缅因州。缅因州的那个房子就在我10岁那年我们全家去度假（也是我父亲唯一的一次度假）的那条街上。我其实负担不起两幢房子，但是这个事实没能影响到我。我是想重复我的过去经历并希望保持能代表我童年时光的那种全家齐心协力的感觉。我也想把我父母给我的所有的爱、温柔和关心再传给我的孩子们。

因为被悲痛和想要为老婆孩子创造一个完美环境的渴望所激励着，我很容易就受到共情阴暗面的伤害。房屋承包商、地产中介、律师、银行家、木工、水管工、电工，以及在出售、修建、翻修房子和为房子做财务规划中涉及的所有人都能轻易地利用我这一点。我头脑不清，因为我急于想向我父母和我弟弟的回忆致敬。

共情能帮我们理解自己的渴求，看清这些渴求对我们生活产生的影响。问问你自己：我想要什么？我又需要什么？什么物质财富能让我的生活质量真正有所不同？什么样的成就能让我感到满意，能让我的内心得以安宁？

我们许多人都想在我们选择的领域中做到更好；大多数人都想被敬仰、被尊敬、被爱戴。“我想要成为那种在餐厅里人们会走过来找我要亲笔签名的人。”我的一个病人告诉我。

“您想要因为什么而出名呢？”我问他。

“我也不知道，”他耸了一下肩，微笑着说，“这个其实没关系。我只是想让别人来找我要签名。”

对名气、成功、敬仰和无条件关爱的渴求通常是因为想要弥补过去经历过的失望。要想明白你一直以来的渴求是什么，就需要去重访你的过去，寻找一下哪里缺失了共情。记住，渴求就是想去填补空缺的地方。那些空缺都在哪里？它们代表了哪些原始的缺失？它们是在什么时候，如何产生的？又为什么一直没有被填补上？

共情应该总是会把这个寻找的旅程带回到过去。但这并不是要找到什么人来责怪（见第七步）；相反，你是要去弄明白你是谁、为什么你会有现在的这些想法和感受。一旦明白了为什么会有这些渴求，你就能够摆脱掉某些意识不到的旧有模式了。

抵御共情阴暗面第三步：学着相信你天生的本能

身处危险时，你天生的共情本能会保护你。凯莉——本章刚开始的那个故事里的强奸受害者，听到了共情发出的反对信号，却决定把它关掉。她想要表现得友善和信任人的渴望压倒了共情发出的警告信号，让她更容易受到强奸犯的蒙骗和操控。

身处危险时，我们的情绪脑马上就会发出警报，于是体内分泌出大量肾上腺素，流动着大量荷尔蒙，心跳也会加速。猫受到惊吓的时候会弓起后背，毛都会竖起来。人类虽然没有遍布全身的长毛，但我们身上会起鸡皮疙瘩。如果你突然受到惊吓，身上起了鸡皮疙瘩，或心跳开始加速，就是你的大脑在告诉你需要小心了。我们的大脑能采集到那些看起来不太重要、进入不了我们意识的信号——一个一闪而过的面部表情，一个与谈话内容不那么相符的说法，一个只在嘴上却没有出现在眼睛里的微笑，脚紧张地点了一下地，灌木丛里的窸窣声，刹车时刺耳的声音……

所有这些可能的危险预兆在进入我们的思维脑之前，就会被我们的情绪脑加工处理。所以，我们经常在能找到合乎逻辑的理由说明我们身处险境之前，就能感觉到恐惧，觉察到危险。但是，情绪脑有时候会反应过度，在没有威胁的地方感觉到威胁。比如，楼梯的吱嘎作响可能促发严重的惊恐发作；松鼠爬树的声响也能让人心跳加速。

在第四章，我讨论过把节奏放缓的必要性，这同样适用于危险时刻。虽然我们要注意情绪脑发来的信号，但我们也要让思维脑发挥作用。这能把我们从让人无法动弹的恐惧中解脱出来，去实施可以救命的行动。当凯莉意识到她正处于极大的危险中时，她开始依赖于她的思维脑，她观察在屋子里走来走去的强奸犯，准确地解读出他的意图，并决定了应该怎样来救自己的命。这个完美的例子展示了思维脑和情绪脑之间如何相互依赖，共同指导我们的行动，保护我们的安全。

抵御共情阴暗面第四步：保持注意力

恐惧、焦虑、恼怒和沮丧肯定会让我们只关注到全局中独立的某些部分。例如，心理学研究显示，高水平的情绪唤起会急剧降低我们处理信息并存入记忆的能力。所以，如果有人用一把枪或一把刀威胁我们，那我们的注意力就都在这个武器上，这会降低我们注意到其他细节的能力。如果我们因为工作、身为父母的责任、体育活动中的竞争或关系中的痛苦而倍感压力时，我们的视野会变窄，共情也肯定受到影响。

我们的渴求和动机会进一步限制我们关注全局的能力。站在楼梯上面对一个主动要帮她拎东西的陌生人时，凯莉有过很强的疑虑，却选择忽略掉它们。她不想自己是疑心很重的那种人，所以她忽视了情绪脑和思维脑传递出来的危险信号。直到她被强奸之后，她的视野才扩展开来。因为担心丢了性命，凯莉才开始注意到整个画面，采集到一些不相关的、看起来不太重要的细节，把它们穿在一起形成一个整体。她能意识到那个强奸犯想杀她，是因为她能够忽略掉她的恐惧，转而依赖于共情的大视角来看问题。

虽然暴力事件绝对是我们这个世界中的一部分，可我们绝大多数人永远都不会有机会面对一个持枪的歹徒。但是，我们一定会遇到一些影响我们健康和幸福的威胁，它们没有暴力事件那么严重，危害性却并不小。在诺曼•卡曾斯（Norman Cousins）的《愈合的心》（*The Healing Heart*）一书中的前言部分，伯纳德•劳恩（Bernard Lown）医生讲了一个他自己经历过的故事，是关于一位患有充血性心力衰竭的中年女性，她已经带病生存了十多年，养大了孩子，继续着图书馆员的工作，在她的社区里还蛮活跃。

她每周都要去心脏科门诊部做一次检查，那一次她的医生是跟几个主治医生一起来的，热情地跟她打了招呼，然后就跟其他的医生宣布："这个女人就有 T.S.。"几分钟后她就开始呼吸过度，人被汗水打湿，脉搏过速。劳恩医生非常诧异病人怎么会如此快速地由看起来很健康的状态转变为严重的疾病状态，便让她解释一下是什么让她如此焦虑。"我知道 T.S. 是什么意思，"她说，"意思就是我已经快不行了（terminal situation）。"劳恩医生一再跟她确认说 T.S. 只是三尖瓣膜狭窄（tricuspid stenosis）的意思，是她那种心脏病的医学术语，但是他的话还是没来得及挽救她的命。当天晚些时候，她就死于心力衰竭。

这个女人的心脏是很脆弱，要了她的命的却是强烈的恐惧感。她以为自己快不行了，觉得没有了希望；然后，她活下去的意志就减弱了，最后就去世了。这样的情形在现代医学领域里并不少见。如果医生跟一个癌症患者说，"你的病没法治了，我们也无能为力"，病人的世界马上就只剩下一种无可逃避的命运——死亡。医生的共情缺失严重损害了病人的世界：希望流走了，信心撤退了，黑暗也就降临了。

不管在治疗中还是在生活中，我总是提醒自己要依赖于我的周边视野。我没注意到什么？我漏掉了什么？我能如何拓宽我的视野让我能理解得更全面、回应得更敏感？我记得有一个病人，她来找我时已经陷入了绝望，因为她丈夫出轨了。我们一起工作了好几个月，我一直都关注于她呈现给我的那个话题——她丈夫对她的背叛。直到治疗过程的最后，她把丈夫也带来一起进行讨论，我才了解到了全部的真相。她泪流满面地承认，其实在丈夫对她不忠之前，她就曾经跟她的老板有过一次短暂的婚外情。

那一天我学习到了：一定要睁大双眼，对自己的偏见和预判要更加谨慎。我绝对是受了性别偏见的影响，认定丈夫会欺骗妻子，而妻子都会很忠诚、奉献。我也意识到了，我很容易受“悲惨女人综合征”的影响，自动相信了她受到了不公平对待的解释。

共情会扩展我们的视野，以纳入我们体验到的全景，并提供一个甚至能涵盖一些周边细节的广角镜头。共情也会在时间轴上进行操作，让一个运动着的画面定格下来，让我们能看到事件发生的顺序。在这个把所有问题都怪罪于她丈夫出轨，却不解释一下自己也曾经对丈夫不忠的女病人案例里，我没能看到一些能说明问题的、依次发生的细节。比如，我没弄清楚她为什么会愿意待在这样一个无助的处境里。尽管我感觉到了我好像漏掉了什么东西，我却没有注意到我的直觉，因为我太投入于做她的“救世主”，想教她如何应对这样一个操控型的男人。

共情总是会随着时间的推移逐渐引出真相。**对他人性格和用意的理解很少来自“啊哈”式的顿悟体验，而总是来自那些随着时间慢慢形成的、值得深信的认知。**所以要注意人们心情和行为的细微变化；留心观察那些不太相符的细节和事实；还要让你的头脑对所有的可能性都保持开放的态度。当你的视角扩大之后，你的内心和头脑也会扩展，这会带给你所需的耐心、灵活性和智慧，来关心自己也关心他人。

抵御共情阴暗面第五步：当心突兀的接近

如果陌生人问你很私密的问题，或者向你暴露他自己的个人信息时，就要当心了。亲近应该是应邀而来的，不会突然发生。那些闲聊了一会儿就想跟你套近乎的人，他们脑子里想的肯定不只是你的最佳利益。

当然也有例外。比如，一个陌生人来参加你母亲的葬礼，不用问就给了你一个温暖的拥抱。“我是你母亲童年时的朋友，”这位陌生人带着真诚的温暖说，“我感觉好像已经认识你一辈子了。”在这种情况下，你可以比较肯定这个陌生人是出于真诚的关心和在乎。相反，如果是一个推销员在认识你10分钟之后就伸出双臂搂着你，那他多半是出于某些自私的原因来跟你熟络的。等你买下了汽车或定制了礼服（或者决定不买车或礼服）之后，这些人还会记得你吗？他们还想做你的朋友吗？

要考虑得长远些，小心那些主动付出感情、表达夸张的感激或送出“免费”礼物的陌生人。他们很有可能在期待这些投入能有所回报。

暴力事件专家加文·德·贝克尔在他最近的新书《保护好我们的礼物》（*Protecting the Gift*）中讲述了一件他在从芝加哥到洛杉矶的航班上亲历的事情。加文·德·贝克尔坐在一个独自旅行的少女旁边，他发现坐在过道另一边的一个男人总是鬼鬼祟祟地看着这个小姑娘。这个男人选了一个合适的时机，从过道那边凑过来，伸出手来，自我介绍说他叫比利。这个漂亮的小姑娘很谨慎地握了握他的手，告诉了她的全名，然后他们就开始聊天。这个男人了解到她是去洛杉矶看望朋友，而她的朋友们还以为她会坐更晚的一班飞机到；而且，她还不知道要怎么从机场去朋友家。他要了一杯威士忌，酒送来了之后还让她尝一下。尽管她开始时拒绝了，他最终还是哄骗她从酒杯里抿了一口。他还告诉她说她的眼睛很漂亮。

在这个男人起身去上厕所的时候，加文·德·贝克尔礼貌地问这个小姑娘，他能不能跟她说几句话。她看起来有些犹豫，但还是点了点头。加文·德·贝克尔说："他会主动从机场开车送你的，他不是个好人。"显然是这样的。加文·德·贝克尔在行李提取区看到这个男人又凑到小姑娘旁边，主动要开车送她。她礼貌又坚定地拒绝之后，他做了个很生气的手势，沮丧地走开了。

一般在关系的早期就能感觉出来这段关系能否发展为比较亲密的关系。我们都认识那些一见面就让我们感觉很舒服的人甚至一见如故。但是，真正的亲密关系（建立在真正共情的基础上的亲密关系）都需要时间来逐步建立信任。跟一个人聊上几句，或有一次促膝长谈，或首次约会很成功之后，不管你感觉有多么亲近，都要慢慢来。如果你感觉到被人催促了，那一定要坚定地维护好自己的边界，而且要清晰无误地让那个人知道自己的预期。如果对方不尊重你的边界，强迫你做些让你感觉不自在的事情，你要说不。**要相信你天生的本能，一旦做了决定就不要犹豫。不管别人看起来有多么和善，都不要让自己上当。**如果他们很生气或厌恶地走开了，也不要因为伤害了他们的感情或破坏了一段友谊而感到自责或羞愧——要为用共情来保护自己而感到自豪。

抵御共情阴暗面第六步：小心过冷和过热两个极端

斯坦是一位39岁的餐厅老板，跟我讲了他未婚妻极其恶劣的一次脾气大爆发。他跟他的餐厅经理（刚好是个年轻漂亮的女人）通了半个小时电话之后，他未婚妻醋意大发。他解释说他们只是在讨论工作上的事情，他的未婚妻却扇了他一记耳光。然后当天晚上，她为此非常后悔、愧疚。

“她有时候会非常甜美，但是发起脾气来就会像那次那样，”他一边说，一边打个响指，“有时候——可能甚至是绝大多数时候——我都不知道我是要走还是要留。您觉得我应该怎么办？”

我说：“我一直在仔细地听您说，我不太明白您怎么会如此依附于这个女人。您告诉我说她脾气很差，您都不知道她什么时候会心情很糟糕。看起来，她跟很多人都格格不入，包括她最亲近的朋友和她的家人。您还告诉过我，尽管您很在乎她，但您并不觉得您在爱着她。但您还是想娶她。”

我的这个实事求是的评估开启了一个长长的讨论，斯坦很坦诚地讲了他对女人经验不足，他害怕孤独余生，他以为这段关系就是他有望能进入婚姻和成为父亲的最后、最好的机会。通过共情把所有的牌都摆在桌面上之后，斯坦就能看到事情的全貌了。这次治疗会谈结束时他说，从现在开始他打算慢下来，不急着为将来做打算，直到他能很舒服地觉得这段关系将会持续下去。几个月之后，斯坦很明显地意识到他的未婚妻不会变了，所以他结束了这段关系。

一般来讲，在过热或过冷的环境中，共情的效果并不好。**共情需要一个平衡的温度，可以用冷静的反思把火热的情绪平息下来。**如果你在乎的人总在过热或过冷的两个极端中变换，那你的情绪也会随着对方的心情而波动，你就会发现很难达到一个平衡。平衡对于付出和接收共情都是必不可少的。如果情绪的变化总是不可预测，我们就会一直很紧张，不知道情形在什么时候会发生改变，或者不会发生改变。当这种张力和焦虑不断恶化时，我们的想法也会变得混乱，而且越来越难以给出合情合理的回应。

如果你经常感觉状态不好，不知道接下来应该做什么或说什么——比如你刚得到炽烈的永恒爱情，接下来又感受到退缩和忽视，那就肯定是有问题了。极端情况会让人无所适从。这种情况所吞噬的能量比给出的能量还要多，所以注定会剥夺共情的力量。

在发生冲突时，某些特征性的回应会损害关系，而另一些反应则有助于关系的稳定。有人研究了亲密关系中的男人和女人使用（或者不使用）共情的方式，整理出了夫妻吵架时会发生的四大类行为。在一篇《共情的精准性与婚姻冲突解决方案》（*Empathy Accuracy and Marital Conflict Resolution*）的学术文章中，心理学家维克托·比索奈特（Victor Bissonnette）、卡里尔·罗斯布尔特（Caryl Rusbult）和谢利·基尔帕特里克（Shelley Kilpartrick）列出了冲突中可能发生的四类行为。**退出和忽视肯定对关系有害，而发声和忠诚则有助于维持关系的稳定和安全。**

退出行为包括威胁要结束关系、愤怒或沮丧地离开房间，或者反应很粗鲁（大喊大叫、摔打东西）。这是“过热”的极端。忽视是一种被动的破坏性行为（“过冷”的极端），包括拒绝讨论面临的问题、虽然不断点头但并没有真正在听、避免进一步的互动、回避可能会导致吵架的争论，或者因为不相关的事情批评你的伴侣等。研究人员认为，“从长期伴侣功能的角度来看，在冲突中不要采取退出或忽视行为，这很关键。”

发声和忠诚这两种有助益的反应可以体现出冷热两种极端之间的“冷静”的立场。发声需要主动尝试把事情讨论清楚，愿意寻求问题的解决方案，包括向朋友、家人或治疗师寻求建议；忠诚的行为方式能被动地起到正面效果，包括等着情况好转，即使在冲突中也保持乐观的态度，别人批评你的伴侣时会为其辩解等。

共情有助于有益行为的产生。当我们能准确地推断出我们伴侣的想法和感受时，就能压制住自己做出破坏性反应的冲动，也更能去包容对方。我们会努力去相互理解，而不是相互报复或伤害。共情会帮我们先把自身利益放在一边。但是，如果关系要一直保持稳定和健康的话，共情就一定要能双向地流动。如果伴侣一方能精准地理解另一方的想法和感受，反过来却不能很好地被理解，那这个关系就会变得不平衡、不稳定。

即使在很亲近、很相爱的关系中也会存在共情的阴暗面。带着同情和耐心去感受这段关系，你就能判断出这个关系是否能变得更加平衡和相互共情。“不惜代价的和平就是战争”这句老话也适用于有冲突的情况。如果你把所有的能量都用于维持一段付出比回报还多的关系，那你就是在向共情的阴暗面投降，也是在拿你自己的稳定性和自我感在冒险。

抵御共情阴暗面第七步：远离总是责怪他人的人

学会识别出爱责怪他人的人可能是你能保护自己免受共情阴暗面伤害所采取的最重要的一步。要评估他人自我归因的意愿和能力，一个重要的方法就是去观察责怪他人的人的行为。这里举几个典型例子。

- 我也没办法，都是别人的错。
- 你都不会相信他们做（或说）了什么。
- 从没有人欣赏我。
- 他们总能得逞。
- 我尽力了，但是团队的其他人都在偷懒。
- 为什么我是这里唯一一个努力工作的人？
- 这个世界到底怎么了？

在成长早期，孩子并不能把自己视为一个有独立自我感的、与他人分开

的人，而是把他们的父母或监护人看作是自己的延伸。如果遇到了困难，他们会认为他们的照顾者要为出错的事情负责。

我女儿阿莱娜两岁的时候，有一次撞到了起居室里的咖啡桌上，与此同时我正好从书房下楼来，打开了起居室的门。“爸爸，”她疼哭了，“你为什么要这么做？”

在阿莱娜的意识里，她妈妈和我要为发生在她身上的所有事情负责，因为她还没有发展出独立的自我感。所以我只是安抚了她，帮她克服了这个小小的创伤。我并没有想去教导她自己应该为伤害负责，因为我知道这超出了她的理解能力。**共情让我只在她能够理解的水平上对她的想法和感受做了回应。**

在不断长大的过程中，孩子会通过跟深爱他们的大人之间的多次共情互动，来学习如何应对失败，然后，带着失败继续生活。他们会发现，即使犯了错，他们还是会被接纳、被爱的。随着被接纳，他们为自己的成败承担责任的能力会逐渐增强，他们的自我感也会不断扩展。但是，如果他们的想法和感受没有被理解，他们就会继续责怪他人来保持自我感的完整。如果没有被共情对待，他们就一直卡在责怪模式中出不来。

如果你想好好看看那些还卡在责怪模式中的成年人，就打开电视去看《杰里·施普林格脱口秀》(*The Jerry Springer Show*)。这个节目里，有男人责怪女人的不忠；有女人责怪丈夫或男友跟闺蜜睡觉；还有女人责怪闺蜜勾引自己的丈夫或男友；有母亲责怪女儿毁了全家；有隔壁邻居相互责怪对方拉低了房价。

这就是一个责怪的游戏。如果要在这个节目中寻找共情，你会发现根本找不到——观众中也没有，他们看着别人相互攻击从中取乐；主持人也没有，他最后总是对嘉宾愚蠢的滑稽举动直摇头；当然，坐在台上的嘉宾身上也没有，他们会利用自己关系中的问题来娱乐别人。我不知道这个脱口秀和其他类似节目的主要用意是不是为了能让我们感觉自己没那么惨。这类言行放肆的节目给了我们一个不用为自己负责的机会。我们可以为所欲为——对我们最好的朋友不忠、对丈夫尖叫、对父母动手——然后总是可以去为此责怪别人。

我很喜欢那个村民站在村口迎接新邻居的故事（虽然只花了几分钟来写《杰里·施普林格脱口秀》，我还是发现这个故事马上就能让我舒缓下来）。一个父亲带着他的全家来了，马车上装着他们的家当，他问："这里都住着些什么人啊？"

"你原来的村子里都住了些什么人啊？"这个村民问。

"他们都是些小偷，每个人都是，贪婪、自私、没头脑、感觉麻木……"

"你在这里也会发现同一类人。"村民回答。

下一辆马车出现了，车主问："告诉我，先生，这里都住着什么人？"

"你原来的村子里都住了些什么人呢？"这个村民回应。

"他们都很善良，关心体贴别人。"他回答。

"你在这里也会发现同一类人。"这个村民说。

在生活中，你播种什么就会收获什么。那些把自己的问题都怪在他人身上的人，肯定也会被很多人责怪；喜欢责怪他人的人也吸引同一类人。这种人在生活中会去寻找容易内疚的心灵，在这些人身上种下他们的不认可和谴责。如果没有这些肥沃的内疚之地，那些责怪的种子也只能在风中飘散。所以，想要避开这些喜欢责怪别人的人，就要特别注意你的内疚水平。如果你跟某些人在一起的时候总是感觉很内疚，就要仔细去评估一下他们的归因行为。他们是不是把问题都怪在他人身上？他们是否愿意为自己的行为承担责任？是不是发生在他们身上的不好的事情都是他人的错？

总是为自己的问题责怪他人是一种根深蒂固的行为，这意味着灵活性的缺乏和共情的绝对缺失。（心理学家也相信，越是为自己的问题责怪他人的人，他们的人格就越可能不稳固。）责怪他人和共情是相反的行为，因为对他人的责怪是基于谎言，而共情则总是基于事实。责怪他人就是想把责任推到他人身上，而共情则是愿意为自己的想法、情绪和行为承担责任。

抵御共情阴暗面第八步：警惕别人为了他们的目的煽动你的情绪

情绪的确是会传播的。那些知道如何为了自我需求来煽动他人情绪的人，能够把想法和情绪的文火变成有破坏性的山林大火。我最近在《芝加哥论坛报》（*Chicago Tribune*）上看到一篇题为“憎恨摇滚”（Hate Rock）的文章，是讲正在快速增长的白人种族优越主义者（光头党）的音乐产业，他们使用狂暴的歌词来宣扬种族仇恨和谋杀。按照这篇文章的分析，年轻人在一遍又一遍地听着这些歌词，比如“之前没有过大屠杀，但是马上要有了！/把炉火点起来！/把炉火点起来！”时，他们就会慢慢地被卷入到这场运动中。

在这些充满仇恨的信息传播给成千上万的年轻人时，共情的阴暗面就悄然起作用了。摇滚节奏会煽动情绪，同时也钝化了头脑。这种宣传有用吗？我最近看到，互联网上的“仇恨网站”在5个月的时间里注册人数就从1400个增加到2000个。仇恨就像是一种病毒——是能传染的，能轻易地通过互联网、印刷品、收音机、电视和CD播放机来传播。

共情的阴暗面也会更悄然地渗透在我们的生活中。比如，假设你对3%的工资涨幅深感失望。下班后，一个对工资涨幅也很不开心的同事让你跟她一起去喝一杯。

“你不觉得约翰（就是老板）更偏袒男同事吗？”几杯下肚之后，你的同事问你。

“我不知道啊，”你说，又补一句，“但是对这个涨幅我的确不开心。”

“我看到他是怎么对你的了，”她继续说，情绪越发强烈，“他对你毫不尊重，其实他对公司里的每个女同事都这样。我知道有其他女同事也跟我们一样不开心。我觉得我们应该联合起来一起去投诉。”

这种时候就比较纠结，因为虽然你的确对工资涨幅很失望，但你在这家公司只做了两年，你知道还可以学到很多东西。可你还是会琢磨你的同事是不是说对了——如果这么多女同事在工作中都不开心，那老板可能真是存在性别歧视。你应该按照她的建议去投诉上司吗？还是应该继续工作，期望明年工资能涨得更多？

共情能帮助你理清你的想法和感受。第二天，头脑冷静之后，你仔细考虑了自己的情况并做出总结：自己最主要的情绪是失望，而不是气愤。你原来是希望能有更大的涨幅，但是跟你那位同事不一样，你没有理由相信老板对你不满意。你想去把事情弄清楚，就跟老板约了一次当面讨论，问他能不能解释一下工资涨幅是怎么决定的。他心态很开放，很直截了当地告诉你——原来，公司给工作不满三年的员工统一都是3%的涨幅。他还告诉你他对你的工作很满意，也很喜欢跟你共事，还打算让你承担更多的职责。你离开他的办公室，对自己的未来感觉好多了，还提醒自己要确保他会履行承诺。

如果他人为了他们自己的需求来煽动你的情绪，那在表面的关系之下就酝酿有共情的阴暗面。一位身处矛盾重重的婚姻之中意志消沉的33岁女性来向心理治疗师咨询。这位女治疗师35岁，离了婚，独自生活。她马上就认同了她的这位病人，在几周的治疗中暗暗地鼓励病人考虑跟她丈夫分手。

又过了几周，治疗师的引导越来越明显了。基于她自己的经验和她关于男人的普遍看法（而不是对她病人特有情况的共情式理解），她相信她的病人只有离开她丈夫独自生活，才能找到幸福。她的病人很抗拒，几个月之后就结束了治疗。

我们要记得，每个人都要自己做决定。即使某人是治疗师、是教授、是公司 CEO，或是美国总统，也并不意味着其就绝对值得相信。值得相信是一种很美好的品质，但这必须是努力争取来的。不管是什么原因让你在一段关系里感觉不自在，都要相信自己的直觉，去仔细倾听，运用你的评估技术去判断和你有关系的这个人是不是暗中还有其他目的。

我每周都在酗酒和其他药物成瘾者的门诊治疗项目中带一次团体治疗。有一天，一个新加入的、几天前曾经试图自杀的病人崩溃了，泣不成声。她告诉团体成员说在这次试图自杀之前，她已经重新酗酒好几个月了，为了解决她糟糕的婚姻问题，她还在进行高频率的心理治疗。她也知道自己丈夫的严重酗酒和周期性暴怒让她越来越无法冷静，但是她还爱着他，无法想象没有他该怎么活下去。

她很困惑应该走哪一条路，就直接问她的治疗师是不是应该离开她丈夫。她的治疗师相信这段关系对她的病人来说不仅很有风险，而且也注定是要失败的，所以就直接建议她收拾东西离开。治疗师劝她，“我不觉得您爱着他，往长远看，我觉得您自己过会更好一些”。

那次治疗谈话之后的几个小时，病人就尝试了自杀。几天之后我见她的时候，她还很困惑，而且深感害怕。“求您了，能告诉我应该怎么做吗？”她问。我问了她很多问题，在寻找答案的过程中，我们都意识到了她的婚姻是多么的混乱，甚至可以说是混沌。然而在她说到丈夫的时候，也很明显可以看出来她还爱着他，还没有准备好放弃这段关系。她解释说，当那位她非常佩服和尊敬的治疗师告诉她应该离开丈夫时，她感觉到不管选哪条路，她都注定会不幸福。她感觉到陷入困境没有希望，才觉得自杀是自己唯一的出路。

她还告诉我说，她爱丈夫，她相信这段关系还有希望。她意识到，眼下她还要留下来。“或许有一天我会离开他，”她说，“但是现在，我还需要他来让我活下去。”

这几个故事都表明，共情的阴暗面并不总是涉及邪恶的目的。真正在乎你、关心你的利益的人也可能会用一种微妙的、但可能很有破坏性的方式来操控你，想让你接受他们对你想法和感受的解读。如果你感觉到自己在乎的人正在按其想法操控你，一定要记得：**没有人比你更了解你自己。**唯一的正确答案就是你通过努力、耐心、自律和坚持共情来找到的那个答案。

共情需要花时间，不能太过仓促。在治疗过程中，如果我试图掌控局面，说服自己和我的病人相信我对他们的问题有最终解决方案，那我就是在扮演上帝。我并没有权利给别人我的答案——我只能给出我坦诚的、实事求是的评估，来帮助他们离答案更近一些。我的作用就是和我的病人并肩而行，而不是把他们带到我觉得他们应该去的地方，或者更糟糕的就是，一直跟在他们身后，在他们每次迈错步或遇到不幸的时候只故意点点头，怕他们拒绝接受我的建议。

我跟两个10多岁的女儿互动中，也尽量遵循着共情的方式。我并不总能成功，但我总是在努力。尽管我会觉得我知道什么对孩子是最好的，我还是相信我的作用是帮助她们理清她们的选择，让她们自己得出结论。她们的决定可能跟我的想法不一致，但只要我知道她们的健康和安全没有受到损害，我就必须尊重她们所选择的独特道路。

我女儿艾瑞卡在八年级时就是全联盟校队的跑步运动员，在十一年级时（高中第三年）成为她高中田径队的队长。她一直热爱跑步，但是在十一年级的春季，她饱受伤痛和生病的困扰，不得不离开了田径队。一天深夜，她来到我在家里的办公室，告诉我说她在考虑十二年级（高中第四年）还应不应该参加跑步比赛。“我太容易受伤了，尤其是长跑时，我觉得现在应该让我的身体休息一下了，”她说，“我喜欢跑步的乐趣，也能保持身材，但是我受够了比赛竞争的压力。”艾瑞卡说了很长时间，我就听她说，问她问题，尽力帮她理清其经常很矛盾的想法和情绪。最后我们都同意，她决定十二年级不继续参加比赛是正确的。

那次谈话很容易就会走到另一个方向上去。因为我对体育竞争的热爱和对她天赋的无比信任，我本可以试图影响艾瑞卡的决定，建议她进行高频率的物理治疗，她觉得有压力的时候主动给其建议，或者去见她的教练要求一些特殊的待遇。而事实上，我只是听从她的想法，她让我看到了对其来说很正确的那个选择。我敬佩她所进行的内心探索过程，也尊重其最终的决定。

共情能为问题或困难找出每个人各自的答案，尊重每个人都是独特的。我们没有一个人会跟标准理论完美契合。我们也不能被整齐地贴上标签，做好鉴定，盖上图章，码放在架子上。不管我们多么有智慧或有经验，我们也不能决定别人应该选哪条路。但这并不意味着我们不要给出坦诚的反馈——只是我们给出的任何解释和建议都要留有余地，在继续努力去了解真相的过程中还可以进行重新解读。

抵御共情阴暗面第九步：留意不一致的言行

一致性是评估他人（更不要说你自己了）性格的一种重要方式。电影《婚礼歌手》（*The Wedding Singer*）中有一个很美好的场景。德鲁·巴里摩尔（Drew Barrymore）问处于悲伤中的亚当·桑德勒（Adam Sandler），他之前有没有意识到他跟未婚妻之间的关系会出问题。桑德勒毫不迟疑地说：

"我记得我们有一次坐飞机去大峡谷，我在此之前没去过大峡谷，但琳达去过，所以你会以为她会把靠窗的座位让给我，她却没有。也不是说这是个什么大事，你知道，但是我觉得生活中有太多这样的烦心小事了。我知道这听起来很傻。"

"一点都不傻，"巴里摩尔说，"我觉得这些小事情才重要。"

像不一致的言行这种"小事情"足以毁掉一段关系。如果有人一会儿充满爱意，下一刻又很自私；开始很善良，然后突然间又很不顾及别人；很深思熟虑，然后又莫名其妙就很粗心大意——如果这明显是个重复模式——共情就提醒我们多加小心。人们在过度关注于（不管出于什么原因）他们自己的需求和渴望时，就更容易表现得不一致。当情况符合他们的需求时，他们就很善良体贴；不符合他们的需求时，他们就暴露出自私和粗心的行为。

我们都偶尔会出现不一致的行为，但是持续的不一致行为模式就表明了共情的缺失。共情需要你愿意投入时间和能量去理解他人的想法和感受。缺乏行为的一致性时，共情的力量就在流失。所以，要经常站在瞭望台上，注意观察你所有关系中的一致性。**如果你刚刚认识一个人，还看不出什么苗头时，就注意去观察其做事的方式。**观察这个人如何对待服务员、公共汽车或出租车司机，以及在超市里跟她一起排队的陌生人。这个人对下属和对上司都是同样地关心和体贴吗？她是不是当面对她的公婆很友善热情，但是接下来几天又一直说他们的坏话？这个人对清洁工是不是像对国税局审计员一样友好呢？这个人在电话里跟陌生人是怎么说话的？这个人是对一天里遇到的每一个人都很敏感、细心、善解人意，还是只对其自认为有用的人才会这样？

在治疗中，经常可以见到这种不一致行为。例如，克里斯托弗在治疗的前8个礼拜中都很宽厚友善、体谅别人。然后，有一个礼拜他在治疗时间里没有出现，也没打电话解释一下。再下一个礼拜他来了，就像什么事情都没发生过一样。当我问他为什么没打电话时，他就被激怒了，进入了防御状态。“出了点事。”他说，把手举在空中，手掌朝外，警告我就此退后。他不肯再进一步讨论这个事情。

三个礼拜后，克里斯托弗又有一次治疗爽约，医院让他为此负责，给他寄了他没来那次的账单。接下来那个礼拜里的每一天，他都给我打电话，在电话里对我大喊，威胁要起诉医院，要求我“去把事情搞定”。当我解释说他开始治疗之前就已经同意了医院的规定时，他突然就终止了他的治疗。

病人有时候会要求我多加一次治疗，只要我能做到，我就会答应他们。但是有时候，尤其是假期当中很多人都会经历情绪的低落，我就没有时间来安排额外的治疗。这时候，病人失望的反应经常能很明显地体现出其性格。举个例子，朱莉经常抱怨说她是如何的付出多于所得。她说，每个人都在利用她，却没有人愿意花时间来听她说话。“生活真让人厌恶”是她最喜欢的一句话。

圣诞节之前三个礼拜，朱莉告诉我说她感觉很低落，需要外加一次治疗会谈。我的日程表里没有任何空余的时间，但是我跟她保证，如果有了空余时间，我就给她打电话。每一天，无一例外，她都给我打电话，问有没有人取消；每一天，无一例外，我都给她回电话说没人取消，但是我没有忘记她的要求，如果有人取消的话，我就会给她打电话。这样持续了一个礼拜，然后有一天晚上我在医院里有个急诊，午夜才回到家，所以没能给她回电话。第二天早晨，我工作用的留言机上有这样一条信息，来自朱莉：“很明显，你并不想帮我，我知道对你来说他人比我更重要。我要去另找一位治疗师了。”

最近，一个朋友给我讲了她公公的一个很有意思的故事。她和丈夫跟公婆一起出去吃晚饭，公公就独占了整个谈话，谈论他转信天主教及他最新的和平共处的生活哲学。“我会尽量给每个人都留出做他们自己事情的空间。”他用平静安详的声音说。15分钟之后，一个戴耳环的年轻男子走过他们的桌子。她公公脸都气红了。“我都想去把耳环从他耳垂上扯下来。”他愤怒地说，声音大到旁边的人都能听到。

我想强调的不一致性就是指人们描述或定义自己的样子跟在现实生活中他们做事的方式之间有区别。用嘴说比实际做到容易多了，不一致性就是一种明确的信号，表明这个人很难真正说到做到。当然，我们都时不时会表现出不一致，尤其是在承受很大压力的时候。但是，如果不一致性成了一种可以预测的模式，在艰难的时候、平和的时候都持续这样，那我们就能相当肯定：这种人的共情是不够的，阴暗面就在不远处。

抵御共情阴暗面第十步：记住，共情不是善良的同义词

乔治是一个处于恢复期的酗酒者，45岁左右。他给我讲了一个发生在一年之前他父亲死于酒精中毒那天的故事。

“我有5个兄弟，”他开始讲了，“我们决定在一家多切斯特酒吧里碰面，为我父亲做一个老式的爱尔兰守灵夜。那里的人都很能喝酒。我刚进酒吧，就有人喊了一句‘给乔治来瓶威士忌’，我哥哥利亚姆毫不犹豫地大喊了一声‘除非我死在这里’，所以我父亲的守灵夜，我就只能待在酒吧一个阴暗的角落里，生着闷气，抽着烟。我发现利亚姆根本没有同情心啊，我越想越生气。我回家之后就喝得烂醉如泥。我要跟他持平，好报复一下他的不善解人意。”

故事讲到这里，乔治把手放在脸上，用手指挠挠他的脸，搓着他那两天没刮的胡子。他看着我，忽闪着眼睛，露出一个谦卑的微笑。“所以你知道下面的事了，对吗？我旧病复发了，很遗憾又得重归治疗，老老实实地参加匿名戒酒会的见面会。最后我才用我的木脑袋瓜想明白，原来我完全搞错了。我本以为哥哥在贬低羞辱我，现在才知道他是在尽力挽救我。他是个粗人，只能做建筑工人，高中都没毕业。当然，他可以用另一种方式来告诉我他很在乎我，但是以我对他的了解，设身处地地为他想一下，我知道他是在做他觉得他应该做的事情。他已经尽力了。”

眼泪顺着乔治的脸颊流下来，他也没去擦掉。“我父亲喝酒把自己喝死了，我的两个兄弟喝酒也很凶，我曾经也是，后来终于不喝了。现在我能看到这个事实——我哥哥刚刚因为这种害人的东西而失去了父亲，如果又要失去我，那可真是要他的命了。”

有时候，看起来像是共情阴暗面的事情，事实上是一种艰难却又坚定的洞察和理解，是要把我们带出混乱的局面。共情并不总是给出我们想要听到的答案——事实上，共情经常希望能改变我们自暴自弃的行为。在治疗中，我很多次不得不要求病人关注那些给他们带来无尽悲伤的想法、情绪或行为。我总是尽量以共情为向导，仔细地倾听，问开放式的问题，表达我的想法时总是允许病人可以不同意我的想法。我的初衷主要是帮助病人成长，成为其想要成为的人。这些实事求是的评估可能是难以下咽的苦药。有时候，病人会因为愤怒和沮丧而对我进行猛烈抨击。有时候，他们会闷闷不乐，偶尔也有病人会突然退出治疗。

对于退出治疗、独自生气好几天或好几个礼拜的病人，我常常感到很内疚，不知道我怎么说或怎么做才能给他们继续下去的力量和意志。但是病人们都知道，我主要是为了他们的利益考虑；他们也知道，如果我相信他们是在用某种方式伤害他们自己的话，我不会因为害怕冒犯或伤害他们的感情就忍住不说的。他们能理解，改变和转化自己的过程并不那么轻松容易，需要付出大量的努力。几个礼拜或几个月后，他们可能会再次回到治疗中，告诉我说，“你让我就要得手的婚外情泡汤了”，或者“你毁了我的饮酒狂欢派对”，或者“你揭露了我的工作狂本质，现在我都无法理直气壮地在老婆和孩子之外花那么多时间了”。共情带来的改变难以抗拒，能让人们重回工作、生活和成长。

共情的强大在于它忠于事实。我并不是说只有一种事实，因为每个人体验到的事实都不一样。寻找事实和意义的过程可能会很艰难，要求会很高，所得的回报却是不可估量的。我们都在寻找着生命的意义和目的。如果被无处不在的共情阴暗面所诱惑，我们可能会偏离这个旅程，在失衡、困惑、迷失或绝望中待上几个月，甚至几年。对身体的伤害只是共情阴暗面造成威胁中的一种；对于我们内心和精神的伤害会更为常见，也更难以忍受。

共情能教我们如何通过避免一言一行中的欺骗来保护自己和他人。这可能是一条艰难之路，需要有付出，需要意志、自律、耐心和容忍。但是也只有通过共情的力量，我们才能发现我们是谁，我们想要成为谁，以及我们如何才能在他人寻找自我的路上帮助他们。

第二部分

共情，你真的做到了吗

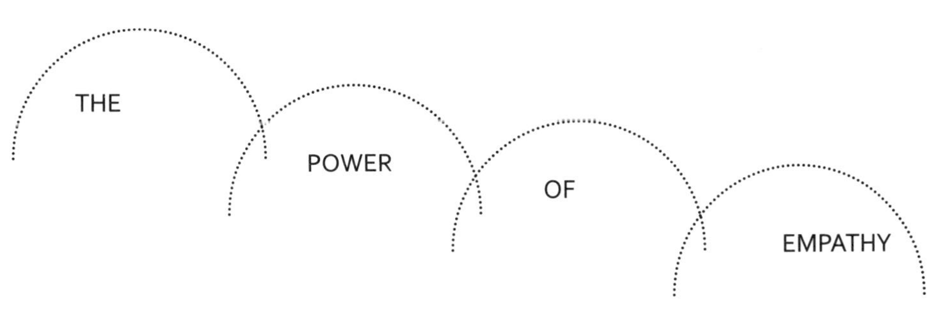

我们活在这个世界，以善良、冷漠或敌意回应遇到的人，都是在触动一张巨大的蜘蛛网。不管我是出于善或出于恶而触动的一个生命，又会触动下一个生命，然后他又再触动下一个，直到有人知道这个触动会在哪里停下，或是知道我的触动可以传到多远。

——腓特烈·比克纳（Frederick Buechner）

共情既是个向导，也是个卫兵，指引我们建立亲密持久的关系，同时，也教导我们如何保护自己免受他人的蒙骗和伤害。在第一部分中，我们探究了共情的生物学根源，以及共情在我们理解自己、他人和我们所生活的这个世界的能力中的基本作用。共情是一个真正的生存技巧，是一种天生的理解他人的想法和感受的能力，也是一种先天就有的强劲动力，能激励我们建立一种深厚的友情和一个充满关爱的社会。共情是社会行为、智力行为和道德行为中的一种基本元素，它能鼓励我们做出有同情心和利他行为的举动，能把我们带到一个人的内心深处。

基于多年的经验，我深知共情的影响力。把共情付诸实践能促进我们的自我觉察力，强化我们的人际关系，帮助我们去理解那些可能刚开始看起来比较奇怪或不可爱的人。共情能拓宽我们的视野，打开我们的心智，极大地丰富生命的内容。

在第二部分中，我会探索行动中的共情，介绍如何在8种不同的行为或状态中体验共情，有时这8种行为会被认为是道德或精神的准则——诚实、谦逊、接纳、宽容、感恩、信念、希望和宽恕。这些行为虽然无形无状，却在明确地表达共情。通过这8种行为，我们会更加感激自己天生就有的这种建立亲密关系的能力。

这8种行为并不是新出现的或者不常见的概念。我们就在这些行为准则中成长，一直从我们的父母、老师、牧师和社区领袖那里学习它们的内在价值。这几个词使用得非常广泛，人们却很少会解释它们的实际用处，使得它们失去了意义。比如，诚实是一个崇高的品质，但是它对我们的个人发展有什么作用呢？从长远来看，它又如何让我们获益呢？“要诚实”这种道德上的要求，跟眼下的现实利益相比，经常会苍白无力。如果考试作弊能帮我考进大学，或者拒绝公开一段婚外情能维持婚姻的完整，那诚实的益处又在哪里呢？

自助类书籍都要求我们要对他人保持乐观、宽容和接纳的态度，但是他们鲜少解释，在一次又一次遭遇挫败的时候，我们该如何抱有希望。或者，在宽容那些不宽容他人的人、对习惯性伤害他人的人给予支持的时候，我们又会从中得到什么呢？要心存感激，这话我们都听过，要信念坚定，人人都这样告诉我们。谦逊是一种美德，宽恕别人，你也会得到疗愈。这些话听起来很美好，但是我们并不知道为什么要花时间来做这些不能马上带来益处的事情。虽然我们能理解，心存感激、信念坚定、谦逊和宽恕有利于我们的道德或精神成长，但我们最终还是会对那些泛泛的说辞和简单的步骤指导感到沮丧，因为最后这些并不能让我们走向幸福和实现自我。

这里缺失的是一种关联，这种关联能让我们看到这8种行为会如何影响我们对自我的感觉和我们跟他人的互动。而共情能提供一个更宽阔的视野，让我们看到诚实、谦逊、接纳、宽容、感恩、信念、希望和宽恕会如何影响我们理解他人的想法和感受，并给出有益处的回应能力。共情把这些概念从落满灰尘的哲学和宗教书书架上拿下来，交到像你我这样的平常人手上。更重要的是，共情还能告诉我们如何运用这些技能，最终得以进入他人心灵的内在圣地。

我在使用“心灵”（soul）这个词的时候很谨慎，因为它跟“灵性”（spirituality）一样，是一个抽象概念。但是，近些年它被如此热切地探索，都有了消亡的危险。心灵是由什么组成的？具体来说，是什么构成了灵性的体验呢？这里，共情又一次带给我们一个具有眼下实际意义的答案。

在读这些章节的时候你要记得，这里的每一种体验在暗处都有它的倒影，都列在了下面的清单里。例如，许多人都在努力追求完美，用数不清的时间来追求完美的身体、漂亮的脸庞、聪慧的子女、理想的工作，或者是模范的婚姻。对完美的追寻直接指出了一个有关接纳的问题。在共情的字典里，接纳被定义为能够看到、理解和拥抱我们每一个人——也包括我们自己——心中都存在的不完美。

共情的行为	**暗处的倒影**
诚实	不诚实，蒙骗，欺诈
谦逊	骄傲，自负，自我中心，傲慢
接纳	完美主义
宽容	不宽容，倾向，偏见
感恩	忘恩负义，贪婪，不顾及别人
信念	悲观，怀疑，怀疑主义
希望	绝望
宽恕	怨恨，悲哀，憎恨

觉察到这些体验的暗处倒影能帮助我们聚焦于需要加强共情能力的地方。比如，如果你对一个曾经非常在乎的人感到满腔悲哀和憎恨，你就会知道是怨恨妨碍了自己的宽恕能力，也削弱了自己的共情能力。如果我们固守怨恨，陷入绝望，或是因为骄傲而远离他人，这会导致共情的缺失，这时我们就会发现建立或维持亲密关系会更加困难。不诚实、骄傲、完美主义、不宽容、贪婪、怀疑主义、绝望和悲哀都会让我们与他人隔离疏远。在隔离和孤独时，不管是身体、心理还是精神上，我们都会身处极大的危

险之中。

所以，这些章节是救命的经验，它们能加强我们积极助人的共情力，指引我们进入到与自己、与他人、与生活本身的更深入、更有意义的关系之中。

第八章

诚实：清楚地看待自己，准确地理解他人

相对于跟别人说谎，人们从骨子里更习惯于对自己说谎。

——费奥多尔·陀思妥耶夫斯基（Fyodor Dostoyevsky）

诚实是共情的血液，也是维持它呼吸的氧气。如果没有了诚实，那共情就失去了成为共情的理由。如果不能对他人真实相待，那我们跟他人的关联怎么能有意义呢？如果我们自己都做不到真诚，那我们怎么能反过来要求他人对我们真诚呢？（当然，我在这里说的是助人的、加强关系的共情，而不是害人的、利用对他人想法和感受的理解来控制和操控他们的共情。）

但是，如果要对他人诚实，那首先我们必须要对自己诚实。所有真正的智慧——跟他人相处的能力绝对是智慧的一种重要体现——都来自自我认知。苏格拉底要求人们："认识你自己吧！"这个要求在21世纪跟在古希腊时期一样有意义。要认识自己，我们必须要对自己完全坦诚，没有丝毫隐瞒。

我们不仅要对自己坦诚，还要坦诚地认识身边的人。有一个很棒的故事就讲出了这一点。一些学生找到一位很有名望的西藏精神导师，问他是不是能接受他们作为他的追随者。他回答："可以，但是只要满足一个条件，即你们必须与以前的老师都断绝关系。"

这些学生都向大师恳求不能这样做，因为他们都很感激原来的老师，那些老师教给他们很多、很有价值的知识。但是，大师拒绝商量。最后，除一个学生外，其他的学生都同意接受大师的条件。

大师看起来非常高兴，让所有的学生第二天回来开始上第一堂课。第二天，当他们都站在他面前的时候，他说："如果你们肯背弃原来的老师，那么我知道有一天你们也会背弃我。你们想要寻求真理，但现在就已经把它丢掉了。我不能接受你们做我的学生。"

等教室都空了之后，大师转身向还留下来的那个学生说："你已经证明了，你会对自己和他人诚实相待，哪怕可能会失去自己非常渴望得到的东西。因为你的诚实，我们可以互相教授很多有价值的知识。"

然后，大师跪在这个学生面前，自己非常谦卑地说："我会同意做你的老师，只要你也同意做我的老师。"

坦诚地当面对质的价值

关于诚实与自我觉察的关系，许多年前，我在刚开始读心理学的硕士课程时学到过重要的一课。在我的第一门课《敏感性训练》(*Sensitivity Training*)上有一个作业，就是要去面对自己的父母，详述那些因为他们的抚养而导致自己在生活中所经历的困难。教授还特别强调了坦诚地当面对质的价值，并对班上的18个学生保证说，我们心理问题的根源都可以直接追溯到小时候父母对待我们的方式。

我对这个练习有些怀疑，但还是把怀疑放在了一边，给父亲打了电话(我决定还是先在他身上实践一下)，让他跟我一起吃晚饭。我在电话里解释说，我要跟他谈谈自己在心理学课上学到的一些东西。我们在餐厅(按照老师的建议，我选了一个"中性的场所")见面的时候，他神情凝重，这很不同寻常。

"好吧，亚瑟，"他说，用他那双深棕色的眼睛盯着我，让我知道我得到了他所有的关注，"你要说什么，就尽管说。"

我清了一下嗓子，有意识地努力去平复一下自己紧张的思绪。父亲的身材并不高大——约170cm——但是当他走进一个房间的时候，他的气场能占满整个房间。他那霸气的独立、骄傲、情绪饱满，使得他有一股不容小觑的力量。

我非常努力地让自己平静下来，开始按照教授给出的指导大纲，详细列举出我对于他的抚养方式的批评。我告诉父亲，虽然我很敬佩他的激情，但是他总是过于敏感和不够耐心。我继续说，大多数时候他的个性都太强。我最后总结到，我觉得他对我要求太高，他毫无理由的高期待给我的生活造成了持续不断的问题。

我越来越紧张，观察着父亲的脸色，想搞清楚他是如何接受这些分析的。他一反常态的平静，反而又增加了我的紧张。

当我说完了自己的评价时——我顶多只说了5分钟——父亲问了我几个问题。“告诉我，亚瑟，”他说，“为什么这次的讨论对你很重要？”

我胡乱地给了几个答案，想尽量能听起来像是一个成熟睿智的研究生的样子，但是说实话，我不知道自己为什么会坐在一个奇怪的餐厅里批评父亲，其实我爱这个男人超过热爱生活本身。父亲意识到了我的不自在，问出了他在我们讨论重要事情的时候总会问的那个问题。

“你说完了吗？”

我点了点头。

“你肯定你要说的都说完了？”

我又点了点头。

“好的，亚瑟，”父亲开始说话了，“我不得不说，我对你感觉非常糟糕。在我看来你有两个严重的问题。第一个就是你想让我不要那么情绪饱满——你想让我改变，但是，我已经50岁了，我能向你保证，用你的话说就是我的脾气，在下半辈子一直都会这样的。”

他喝了一小口水，双手握在一起，深呼吸了一口气。我能看出来他是在有意识地让自己慢下来，要确保自己的话能准确地传达出他的想法和感受。

“第二个问题就更严重了，”他继续说，“你早晚会意识到你跟我有多像。根据你今天所说的话，我猜这对你来说也是个很大的问题。你打算怎么来处理这个问题呢？我的建议就是，不要再为你生活中的问题去责怪他人，而是要开始努力去改变自己身上那些你不喜欢的地方。”

我永远都不会忘记那天分手的时候父亲说的话。“我知道你会把问题解决的，亚瑟，”他说，他温和的微笑传递出了他对我的爱，“你最强大之处就是你总能应对每一个挑战。”

父亲明白共情的力量就在于要做到坦诚。他很爱我，所以才告诉我他看到的真相。他对我毫不隐瞒，也相信我能够接受他的想法，而且随着时间的推移，也能对这些想法做出回应。他的共情远不只是情绪的自动反应（“我能明白你在经历些什么”或者“我很同情你的痛苦”），因为他能用心地通过我的眼睛来看这个世界，也能准确地评估出我作为一个人还需要哪些改变和成长。

这就是父亲那天在我身上所看到的东西。他明白，我想要去改变他，这只是在走弯路，而我所面临的更重要的任务是要愿意毫不退缩地去内省自己。他知道，如果我继续因为自己的问题而责怪他人——更糟糕的情况是，如果他们还接受了这个责备的话——那我就不会有进步。[我写到这里的时候想起了山姆·基恩（Sam Keen）的书《爱与被爱》（*To Love and Be Loved*）中的一句话：如果都没有那个根深蒂固的习惯，即总把自己的不足和失败怪在他人身上，那心理治疗师们就要饿死了。]

如果父亲只是用同情的情绪做出回应，他可能会拍拍我的手，告诉我他明白也接受我的评价，会去想自己哪里做得不对，甚至想去做些补偿……而且愿意承认，我的恐惧和不安全感至少部分是他的错。因为有共情的引导，父亲教我要在自己的内心和灵魂深处找寻问题的答案。“我可能是问题的一部分原因，”他会愿意承认，“但是你真的是想改变我吗？作为一个心理学家，你难道就是通过改变他人来让自己的生活更舒服吗”？

共情对诚实的定义

共情把诚实定义为能清楚地看待自己、准确地理解他人，并能以敏感的、不伤害他人的方式就这些认知进行沟通的能力。无情地讲述事实并不是共情的方式。很多人会把诚实跟一种比较微妙（或者经常是不那么微妙）的羞辱相混淆，以为只有先把人打垮，才能让他们重建。例如，假设现在是一个美好夏日的下午5点，一个父亲下班回到家里，发现他13岁的儿子完全没做家务活。

“你没有修剪草坪，是吧？”父亲问。

“没有。”儿子昂着头回答。

“我们之前已经说好了，不是吗？”父亲说，因为沮丧和生气，他的声音有所提高。“你太懒了，是个拖延症患者，你这辈子还能做成任何事吗？”

对于这种尖刻的评价，父亲会告诉自己，他这么说是为了儿子“好”，但是这种粗暴的诚实会让他儿子感到羞辱和困惑，也很可能让他产生自暴自弃的行为。“我很懒，是个拖延症患者，”孩子会想，“那如果我能把它拖到明天，我为什么要今天修剪草坪啊？”

共情从不会以为“我”看到的真相就是最佳的、唯一的真相，而是会问：“就在这个时刻，对这个人来说，真相是什么？”共情想在“你的”真相和“我的”真相之间找到一个契合点，而且知道有时候还不太容易找得到。共情不会去证明自己的正确，而只会想让视野更广泛、更宽阔、更深入。“把你的真相解释给我听，”共情会说，“我会尽自己所能去理解。”

在寻求真相的过程中，共情会寻找一些词句来让他人“听到”我们的关切。其实不用去指责、侮辱或羞辱儿子，父亲本可以主动采取一种共情的方式，在跟儿子说话之前先把自己的情绪平复下来。“我今晚回家的时候看到你还没有修剪草坪。”父亲用中性的语调说。

“我很忙的。”男孩说，带着点反抗的语气。

“哦？你都在忙些什么？”父亲回答，语调依旧保持中立，避免指责。

“嗯，我看了书，看了电视，跟几个小伙伴一起玩了……”

“听起来确实是很忙的一天哦。你觉得明天你有时间来修剪草坪吗？”

“当然了，”男孩说，“但是晚饭前还有一个小时呢，或许我可以现在就修剪草坪。”

“其实，现在做可就更棒了，你不觉得吗？”父亲说。

这位父亲提出的问题、给出的评论和说话的语调都是在尽量表达出：他尊重儿子，也希望儿子能尊重他。由共情产生的诚实总是很尊重他人，尊重每个人的独特体验，并对关系赋予最高的价值。就像互相尊重一样，共情接受人与人之间的不同，但也总是在寻找一个共同的立足点。

相信浪漫和激情的重要性能提高我们理解他人想法和感受的能力。研究者发现，当我们强调浪漫和激情的重要性时，我们就会更努力地让我们的关系变得浪漫、富有激情。在这种情况下，相信什么就会有什么，或者正如心理学家詹姆斯所说的，“信念会为它自己作证”。

虽然共情的准确性会随着时间而有所提高，但长久的关系可能会产生自满和熟悉感，这又注定会削弱共情。如果觉得我们好像知道彼此的每一个动作，我们就不那么有动力、花力气去理解对方变化着的情绪和复杂的想法了。自满对关系没有好处，因为我们觉得如果自己知道对方的所有事情，那就意味着没有给成长和惊喜留有余地。如果我们不再花时间和能量来彼此共情，我们就会基于过去的理论和评判回应彼此。共情的准确性有赖于人与人之间实时地来回互动，而且每个人都要把对方看作是一个一直在改变、在成长、在适应的人。

以不让对方感到羞辱的方式真诚回应

共情总是坚持真相，如果我们不诚实，如果我们对彼此隐瞒一些事实，我们很难做到彼此信任。不管在治疗中还是生活中，富有启发的瞬间总是发生在有人问出一个直接的问题时——我漂亮吗？我像别人以为的那么聪明吗？我胖吗？我是个坏人吗？——然后，我们会给出一个诚实的、也是共情的回答。共情会让我们诚实作答，因为它会让我们透过表面去感知那个人真正感觉、思考和体验到的是什么。接下来的挑战就是学会如何以帮助人而不是伤害人的方式来沟通我们的想法，来拓宽而不是收窄彼此的视野。

“我真的很聪明吗？”有一次一个病人问我，“或者我就是一个自以为在智力上高人一等并自我感觉良好的傻瓜？”

我的病人问出这个问题，是想得到一个关于他智力水平的公平的、实事求是的评估。在我的经验里，这种问题的坦诚答案不会在某一个极端，而是在中间的某个地方。

“根据我对您的了解，”我说，“您没有您想的那么聪明，但也没有您所担心的那么不聪明。”

一个最近在努力减肥的42岁女病人询问我的意见。她已经减掉了30磅体重，每天都在锻炼，但还是对自己的身材不满意。“我受不了我胳膊上和肚子上那些松软下垂的肥肉，”她说，满脸透着厌恶，“前几天我买了一套泳装，穿上给我丈夫看，他只说了一句‘颜色不错’。我本来希望他能恭维我一下，但是他好像都没注意到。您怎么觉得？我需要再减掉一些体重吗？我很胖吗？我需要一面镜子来看到真相。”

“我能想象您减掉这么多体重真的很不容易，然后您穿上泳装的时候，您丈夫甚至都没有注意到。”我说。

“我觉得他想让我成为绝代佳人，”她说，“您知道，他想让我看起来能像维多利亚的秘密（一种内衣品牌）目录册上的模特一样。”

“这不太实事求是，对吧？”

“您是说我不是绝代佳人？”她笑了。

“不是这个意思，”我说，跟着她一起笑了，“您不是绝代佳人，但是，您也不像自己有时候认为的那种很平常、很没有吸引力的女人。您是个很聪明、善良、吸引人的女人，还非常努力在减肥。您还能再减掉一些吗？我肯定您还能，但我也知道这很难。您的身材能更好一些吗？如果您坚持锻炼，您还是会看到效果的。”

“谢谢，”她给我一个大大的微笑，“从您这里听到真相让我感觉好多了，虽然这意味着我并不是绝代佳人。”

我一直都记得我在第六章里说到的卡罗琳，有一次她告诉我，她跟一个年纪只有她一半大、老婆马上就要生孩子的已婚男人有过一段短暂的婚外情。“我觉得这很卑鄙，”她说，“您觉得呢？”

“您为什么想要知道我的评判？”我问。

“我也不知道，”她说，过了一会儿又补充，“我猜我并不需要答案——我知道自己在做什么，如果我觉得这是一件正确的事情，我就不会在这儿跟您讨论这事儿了。”

不管在治疗中还是生活中都没有蒙骗的余地。诚实是我们在关系中想要找寻的东西，但是我们要以不让自己感到羞辱的方式来听到真相，以不会让我们彼此疏远的方式来说出真相。即使我们发现了一些让自己都感觉到羞愧的想法、感受和行为，我们还是想知道真正的事实。共情式的互动会把羞愧和内疚归结在那个具体的情形之中，而不会让它们在头脑中肆意扩散，否则它们就可能会转变为屈辱和自我谴责。

如果诚实很残酷，那它肯定没有受到助人的共情的引导，因为共情总是要把事实限制在能帮助人而不是伤害人的方式之内。

践行诚实

去助人而不是害人

共情中的诚实是想要去支持人而不是去打压人。如果你的意见是让他人感到丢脸或受到屈辱，那这些意见就不是在为共情服务。在说话之前先学会问问自己：我是不是别有用心啊？如果对这个问题的坦诚回答是肯定的，那就要在开始谈话之前先评估一下你伤害他人的冲动。要集中精力去诚实但不伤害人地讨论事实。确保你坦诚地说出自己的想法是为了帮助他人，而不是希望去推进你自己的利益或是去证明某个观点。一直要想办法以助人的而不是害人的方式来说出你的关切。

要尊重别人

共情中的诚实在本质上是很尊重他人的。共情总是传达出对他人的尊重——尊重他们的身份、经历、过去和现在所处的位置。尊重别人就要求我们看到他人真实的样子，听到他们的担心，关注他们的渴求，倾听他们的梦想，安抚他们的恐惧。如果诚实没能给予他人什么东西——如果它只是通过批评、打压和评判来表达——那它就不是被共情所激发的。

在你跟他人的互动中，经常问问自己：我尊重他人吗？我的想法传达出了我很尊重他人特有的经历，以及他人的想法与感受的复杂性了吗？我是在给出力量和支持吗？

把诚实设定为边界

我们中的太多人都是一心要对人友善，以至于会以善良、无私、无条件的爱的名义做出一些冒犯他人甚至是伤害他人的行为。几年前，我跟一个吸食可卡因成瘾的人一起工作，他对我说过很多次谎，还偷过药。有一天，他给医院打电话说有紧急情况，所以接线员就把他的电话转进我的办公室，尽管我当时正在进行治疗会谈。他在电话里解释了他的"紧急情况"——他违反了假释规定，需要我给法庭写封信把他保释出来。我对他很严厉，当他一再要求时，我就直接挂了他的电话。

我的病人看得目瞪口呆。"您挂了那个人的电话！"她说。

"他对我撒了太多次谎了。"我说。

"所以，如果有人对您说谎，您就可以挂他电话？"她问。这个问题引发了我们之间的好几次讨论，讨论里她总是带着强烈的好奇心问我，"您怎么才能知道什么时候是该设定边界的时候，然后具体又需要怎么做呢？"那个电话是她治疗中的一个转折点，因为她一直跟她酗酒的丈夫一起生活，她丈夫在身体和情感上虐待她。用她的话说，自己看到了危险的信号。接下来的几个月，她努力地发展出对丈夫设定边界的能力。几个月之后，她下定决心要离开她丈夫，并启动了离婚流程。

用想法让情绪冷静下来

进行共情的时候，我们会用思维脑来让情绪脑冷静下来。如果在感受出现的时候就表达出来，而没有用考虑周到的反思来给情绪降温，那我们就是在绕过共情过程。

最重要的是，对你自己要诚实

有时候，我们以为的诚实只是在不认可或谴责外面加了一层伪装。如果你发现自己一直在批评他人，那就应该诚实地好好看看自己了。问问你自己：这个人什么地方让我厌烦了？他们让我产生了什么不安全感？我怎样才能处理自我怀疑，而不是把自己的精力都放在他人的错误和缺点上？

我并没有很多固定的信念，但是让我再重复一遍我觉得在大多数情况下都适用的那条理论：**苛责的人都是缺乏安全感的人。如果你花很多时间来批评或谴责他人的行为，那你很有可能也会花很多时间来批评自己。**

无一例外地，每天都问一下：我在隐瞒什么？

诚实是想找出被隐瞒的东西。去找一找被隐瞒的地方，先在自己身上找，然后再在他人身上找。问问自己：我在隐瞒什么？如果把我的想法和情绪全都公开的话，会发生什么？我在害怕什么？我能承受做到诚实的后果吗？

要建立安全感

共情、安全感和诚实是紧密相关的。你得到共情的对待时，你就会对他人感到安全；当你觉得安全时，自己就会很坦诚，而且希望他人也能对自己坦诚。共情能创建出一个有安全感的氛围，因为你知道自己的关注会被听到，你也会得到为自己的利益着想的尊重和照顾。如果你觉得受到了威胁，没有被保护或很脆弱，自己就无法听到对方坦诚的评估。

想要让另一个人觉得你是安全的，你就要用共情来建立跟他的关系。仔细地倾听他；让对方知道你在尽力理解他；要有耐心；学会如何与不完美共存；不要给出那些现成的答案；寻求对方的帮助；慢慢来；一步一步地前进；要愿意原路返回；而且如果犯了错误，你也要愿意说“对不起”，然后做出弥补。

这就是共情的方式。

诚实是比同情更有力的良药，同情可能会给人安抚，但也经常会掩盖真相。

——格蕾特尔・埃利希（Gretel Ehrlich）

第九章

谦逊：既知道自己是谁，又知道自己不是谁

要相信，世界上的每一个人都已经开悟了，除了你。他们都是你的老师，每个人都在做着正确的事情来帮助你学习耐心、完善智慧、完善慈悲。

——佛陀

谦逊就是你既知道自己是谁，又知道自己不是谁的平衡之处。共情能把我们带领到一个谦卑的位置，因为它让我们一直关注于自己行为的真相，慢慢地睁开眼睛，让我们看到自己是谁，这样我们就不会因为要奋力去成为我们不能成为的人而走偏了方向。每当我们把自己放在一个有特权的地方，认为我们很特殊，或者规则在我们身上不适用，或者我们不知何为“最重要的”，我们都是在削弱共情的力量。如果让自己表现得跟他人不一样，或者比他人更好或更聪明，我们就会产生出只能带来误解的距离。共情总是想把我们拉得更近，提醒我们彼此需要。事实上，没有彼此的话，我们就无法存活。

《相约星期二》(*Tuesdays with Morrie*)这本书从很多方面来讲都是一本关于谦逊和共情之间关系的短小但充满爱的论著。教授莫里·施瓦茨(Morrie Schwartz)已临近死亡，他以前的学生米奇·阿尔博姆(Mitch Albom)每个礼拜二都来看他。学生在老师面前非常谦卑，希望能学到如何活出更充实、更丰富的人生。但是，这个教授自己同时也在学着如何保持谦

卑，因为即将到来的死亡而深感谦卑。他知道自己要分享的任何智慧都来自他知道自己很快就要回归尘土。

在一次难忘的对话中，莫里回忆起有人问过他的一个“有趣的问题”——他担心死后会被忘记吗？他的回答把我们带到了共情中谦逊的内心深处。“我不觉得我会担心，”他沉思着回答，“有很多人都跟我有很亲近和亲密的关系。爱就是你活下去的方式，即使在你死后。”

然后，莫里转向他的学生，问了他一个问题：“你回到家之后，在你一个人的时候，有时候会不会也能听到我的声音？”

“是的。”他的学生回答。莫里很满意，他知道通过这个问答，自己的怀疑被打消了，这个观点也已经被记住了。因为如果我们还能听到自己所爱的人的声音，即使我们远隔千里，甚至阴阳两隔，他们还会跟我们在一起说着话，倾听着，一切都继续着。

共情中的谦逊存在于这样一个事实中，**即我们在生活中能做的最重要的事情就是彼此抚慰和关心。**我们存在的首要原因并不是要成为那个最好的、最聪明的、最富有的或最漂亮的人，而是能像关心自己一样关心他人。通过我们的关系——就是通过去找到彼此，而且相互确认说如果没有了对方，我们的生活就没有了持续的意义或目的——我们对这个世界产生了最重要和长远的影响。

在去世之前的几个礼拜，就在教授和他的学生做最后道别的“第14个星期二”之前，莫里给米奇讲了一个关于海洋中波浪的小故事。波浪在辽阔的大海中享受着美好的时光，轻柔地翻滚着，被风吹起来，然后又被平静的空气安顿下来，时而闲躺着，时而冲上浪尖，时而下降，时而上升，时而翻滚时而踉跄。然后有一天，波浪四处看了一下，发现事情发生了变化——海洋并不是永无尽头的。前方就有个礁石滩，波浪就要撞到海滩上了。

“我要死啦！”小海浪意识到，“不管我做什么，不管我多努力，我都要被其他海浪带着一起向前，所以我就要撞到海滩上了。”

另一个海浪过来了，问：“你怎么了？”

“你没明白吗？”小海浪问，“看看那儿，我们正面临灾难啊，我们都要撞到海滩上，粉身碎骨了。”

“哦，恐怕是你没明白啊，”第二个海浪说，“你要知道，你可不仅是一个海浪——你也是大海的一部分。”

我们并不是一座孤岛

共情的谦逊就在于，我们都是比自己更宏大的整体的一部分。共情能让我们谦卑地接受自己的不可分割性，虽然我们都是与他人分离的、是独特的，我们也都还是那更深刻、更宽广、更辽阔的整体的一部分，我们都是大海的一部分。有共情来为我们指引方向，就像教授指导他的学生一样，我们可以在还没有看到远处的海滩之前就能发现这一现实。

在经典著作《人的宗教》（*The World's Religions*）中，休斯敦·史密斯（Huston Smith）讲了一个关于欧仁·利昂（Oren Lyons）的故事。欧仁是奥内达加族（Onondagan tribe）中第一个上大学的部落成员。欧仁在他的第一个假期回家的时候，叔叔带他出去钓鱼。把船划到湖中间之后，他叔叔开始了他的正题——要确保侄子能明白自己在这个世界中的位置。

> “嗯，欧仁，”他说，“你已经上了大学，学了他们教给你的东西，你现在肯定很聪明了。让我来问你个问题吧。你是谁？”欧仁被问得措手不及，慌乱地寻找答案：“你是什么意思？我是谁？为什么这么问？我当然是你的侄子啊。”他叔叔驳回了这个回

答，又重复了一遍他的问题。侄子又一次回答说他是欧仁·利昂，是一名奥内达加人，是一个人，一个男人，一个年轻人。但所有的回答都被驳回。叔叔让他先安静下来，接着说："你看到那边的悬崖了吗？欧仁，你就是那个悬崖；看到对岸的巨松了吗？欧仁，你就是那棵松树；看到支撑着这艘船的水了吗？你就是这些水。"

这位叔叔是想教给他的侄子：我们是谁并没有我们属于哪里和我们如何彼此相连那么重要。共情总是会强调我们相互之间及与这个世界本身之间的内在的、强有力的联系。跟对岸的松树、下面的湖水，或者坐在船舷另一边的那个没有受过教育的人相比，我们既不比他们多，也不比他们少。我们只能向这个世界回馈我们已经吸收到的东西；意识到自己吸收到了多少，就能让我们具有回馈这个世界所需的谦逊。当特蕾莎修女被问到她是怎样做到能跟麻风病人一起工作时，她回答："因为他们给我的回馈是如此之多。"

大四之前的那个暑假，我在我父亲的家具店里工作，负责把家具装上卡车，然后开车送货。每天在10个小时艰苦的体力劳动之后，我疲惫地回到家，坐下来跟父母一起吃晚饭、聊天。晚饭之后，父亲会看看报纸，去邻居家串门，或者在前门廊抽根烟，但母亲和我还继续聊天。一天晚上，在一场长长的真诚对谈之后，母亲告诉我，她有多喜欢跟我聊天。我对自己颇为满意，也很开心她注意到了我的谈话技能，就跟她说了几句我觉得很有同情心的话。

"这对你来说肯定很不容易，"我说，"因为你能坐下来聊上几个小时，爸爸却没时间或没有耐心来进行长谈。"然后我跟妈妈说了关于父亲缺点的批评。"他情感很强烈，"我说，"也非常没有耐心，这让他很难进行有意义的长谈。"

母亲安静了一会儿，在整理她的思路。然后，她很温和地说："所以，你现在不喜欢你父亲的情感强烈了吗，亚瑟？你需要他的时候，他在工作了12个小时之后也会开3个小时车去你学校见你，那个时候你感激他的情感强烈吗？或者是当他用他那深棕色的眼睛看着你，直接看透你的内心，说：'任何事情我都会帮你、支持你。'那个时候你欣赏他的情感强烈吗？"

母亲沉默了一会儿。她脸上的表情似乎在说"我不想伤害你，但是你还没明白这个问题"。"合上你的书本，亚瑟，"她说，"要睁开你的眼睛。"

共情的谦逊就藏在这几个字里：**睁开你的眼睛。**母亲跟欧仁的叔叔一样，对书本上的知识不感兴趣，但是她对那些自以为是的人更不感兴趣。她经常说我们镇上的那个肉贩跟当地的医生一样是个好人。"医生是个善良慷慨的人，照看很多人的健康，"母亲说，"但是他从来不记得任何人的名字，出了办公室，他好像对人就不那么感兴趣了。"

"但是那位肉贩，"这时母亲的眼睛都会闪光，"这个人靠卖肉为生，但是每天结束之后，他会给穷人吃的。所以医生和肉贩都是好人，但是真正的善良不会在你忙完一天关门之后就停下来。"

一位拉比与他的学生之间的对话也讲了一个类似的故事。"在《塔木德》中，"学生说，"鹳鸟被认为是 hasida，意思是虔诚有爱心的。然而在《圣经》中，鹳鸟跟不干净的鸟分在一类。您能告诉我这是为什么吗？"

"因为鹳鸟只对他们的同类给出爱。"拉比回答。

如果我们的关心和爱护只能给到我们的家人、我们的团体伙伴、我们的部落、我们的邻居，或者我们国家的人，那我们给出的爱就是沾染了自大和傲慢的。共情要求一种谦卑的爱、一种关心所有人的爱。共情之爱来自谦虚，就是要明白，在除去了头衔和财富之后，我们的相似会多于不同。我们都是生命汪洋中的小小浪花。

共情对谦逊的定义

共情把谦逊定义为一个平衡之处，在那里我们既能认识到自己的强项，也能知道自己的不足，不会让自己过度陷于任何一个极端。因为谦逊，我们既能避开因为自己的成就而骄傲自大的陷阱，也能避开因为夸大自己的错误而感到气馁这一同样让人自暴自弃的圈套。精神病学家弗里茨·波尔斯（Fritz Perls）经常这样来解释心理状态平衡的人、神经症患者和精神病患者之间的区别：精神病患者坚称“我就是亚伯拉罕·林肯”；神经症患者会抱怨“我梦想能成为亚伯拉罕·林肯”；心理状态平衡的人只会说“我就是我”。

谦逊跟我所说的健康自恋是同义词，是指我们知道如何朝内对自己和朝外对他人都投注均衡的能量。我们可以说“我就是我”，既不会因为骄傲而让自己膨胀（“我就是我，我就是最伟大的”），也不会因为错误的谦卑而让自己泄气（“我就是我，我什么都不是”）。谦逊能帮我们找到我本万能和一事无成之间的平衡。

达格·哈马舍尔德（Dag Hammarskjöld）在他的著作《路标》（*Markings*）中对谦逊的中间位置做了探索。

> 谦逊既与妄自菲薄相反，同样也与妄自尊大相反。谦逊就是不要去做比较。自我就在现实中安全地存在，跟宇宙中的任何其他事物相比，既没有更好，也没有更糟；既不会比他们更大，也不会更小。它就是——一文不值，但同时也万事俱足。

带着共情，我们就能在自己的现实中找到安全感，知道我们自己位于全和无这两个极端之间的某个地方。哈马舍尔德后面还写道：

心怀谦逊不是去体验现实与我们的关联，而是去体验现实那神圣的独立性。要从我们自身的平衡点出发去看问题、给出判断、采取行动。然后，不管消失了多少事物，所有那些留下来的就会各居其位。

我们内心都有一个平衡点，在那里，万事万物都以同样的方式处于平衡。一棵树就是一个奥秘，一朵云也是一种启示，每个人都自成一个宇宙，我们只能一睹其中的富足。质朴的生活是如此简单，但它为我们打开了一本书，而我们却从未能超越书中的第一个音节。

谦逊就是我们内心的那个地方，在那里我们安于自我，找到平衡。从这一上佳之处，我们能看到自己并不是宇宙的中心，而只是微不足道的一小部分，看到这一点会让我们最终得以解脱。将自己放于所有生灵的辽阔星球中，我们就能理解自己是多么微不足道。意识到这一点，我们就不会再去渴求成为最好的、最聪明的、最富有的或是最漂亮的人，这个认识也会让我们谦卑地接受我们是谁。反之亦然，那个中间的位置也会让我们不用害怕我们会是世界上最差的、最笨的、最穷的或者最平凡的那个人。谦逊正好把我们放在中间，我们只能承认自己并没有那么伟大，但也很高兴地承认，自己也没有那么糟糕。

共情如何产生谦逊

共情需要谦逊。为了采用他人的视角，我们必须放下自己的观点。具体来说，我们不得不对自己说，“我的视野还不够宽广”，这个立场不是在自我批评（“我不够好”），而是在自我扩展（“我还可以学习和体验到更多”）。共情所产生的谦逊注重努力去放下自己的理论和偏见，让我们能够带着开放的心态进入每一个新的情境——就是禅修人所说的初学者心态，一种没有任何先入为主的想法，去除偏见、擦净磨光的心态。

研究“采用他人的视角”的心理学者给出了下面这些发现，解释了不够谦逊会如何影响共情能力。

自我中心，就是自己的情绪和想法总是干扰你理解他人的能力，这妨碍了共情。当你把渴望、梦想、希望和恐惧作为你的世界中的主要关注点时，你会发现很难采用他人的视角，或很难区分你的需求和他人的渴望。正如那个古老的笑话所说：**一个人讲了好几个小时他的问题之后，转去对他的朋友说，“好了，关于我的问题就说这么多了，你又怎么看我的问题呢？”**

用他人的视角准确地推测出他们的想法和感受的能力是在你认识自己的情绪、渴望、信念和想法的过程中逐渐获得的。理解自己，你才会有动力去理解他人。任何妨碍你发展出进行自我理解所需的更宽大根基的事情（悲痛、创伤、虐待、关系中缺乏共情）都一定会影响到你共情他人的能力。

采用他人的视角就要求你放下自己的视角——这是个高要求的过程，既依赖于你的初心，也同样依赖于先天的能力。那个初心可能来自你想帮助他人的渴望（助人的共情），也可能来自你想操控他人的企图（害人的共情）。

助人的共情直接来自谦逊，因为谦逊会让人想成为一个更好（更理解他人、更关爱、更宽恕、更宽容）的人；而害人的共情则来自自大和骄傲——坚信你是宇宙的中心，他人只有在对你有用的时候才有价值。

助人的共情和利他的冲动是可以传播开来的。第一步，也是最重要的一步就是自我认知，因为我们越了解自己的想法和感受，就越有理解他人情绪的技能。在5岁之前，孩子都会在想法上不切实际（“我什么事情都能做”）；

随着经验的增加和大脑的不断发育，他们更能自我觉察，意识到他们是有局限的。自我觉察会让人谦逊——当你明白自己既有强项也有弱点时，一个全新的情绪世界会向你敞开：嫉妒、羡慕、不安全感、骄傲、自信，当然也有谦逊。

如果你因为自己的独特性而得到关爱和尊重，你就能学会如何处理这些困难的情绪，变得有社交能力，或者按丹尼尔·戈尔曼（Daniel Goleman）的说法，**有“情商”**。但是，如果你被疏于照顾、被忽视、被批评或被虐待，你可能会陷在不切实际中，要去捍卫你不稳定的自我感，学着去责怪他人，痴迷于完美，把你的想法和感受投射给他人，并表现出不宽容，所有这些都会让你有很多负面情绪，比如愤怒、敌意、怨恨、恐惧、羞耻和内疚。

助人的、有利的共情也是可以传授的。心理学家卡洛尔·马朗贡尼（Carol Marangoni）和史黛拉·加西亚（Stella Garcia）等人在一篇学术文章里写道：共情地理解他人是一种可以训练出来的技能，通过提供即时的、能产生明确目标的反馈，就可以让这种技能的平均水平或整体水平有所提高。

换句话说，我们能学会——我们也能教他人——采用他人的视角看问题，共情地倾听，控制冲动，调节心情，在情绪和理智之间找到一个平衡，就能解决冲突，建立亲密、持久、有爱的关系。

正如这些研究所显示：共情是一个需要付出努力的过程，要愿意暂时放下自己的想法和感受，以求能够更准确地理解他人的想法和感受。当我们把自己从中心移开，就为他人的视角和观点让出了空间。共情的能力会因谦逊而扩展、因自大和骄傲而收缩。

谦逊是共情最重要的基础。

践行谦逊

寻求帮助

在你寻求帮助时，你会自动地让自己谦卑下来，承认你需要他人的指导。我们每天都可以通过向人寻求帮助来实践谦逊。比如，请朋友来帮你解决面临的一个问题；就婚姻中的问题向你的伴侣寻求帮助；向陌生人问路等。

让你的措辞中也带着谦逊：

- 我弄不明白这个事情——你能帮帮我吗？
- 我不知道该怎么做——你有什么想法吗？
- 我觉得我迷路了——你能帮我找到路吗？

把他人的需要置于你的需要之上

一对夫妻决定午饭中分享一个奶酪汉堡。餐厅服务员问他们汉堡里要不要洋葱。“要的。”妻子说。同时她丈夫说：“不要。”

事实上，妻子不喜欢洋葱，但说要洋葱是因为知道丈夫很喜欢洋葱；丈夫说“不要”是想起来洋葱对妻子的消化道有很糟糕的影响。服务员拿着笔等在那里时，他们讨论着。“我不需要吃洋葱。”丈夫说。“我可以把洋葱拿掉。”妻子回应。

在这种小事情上，在我们把他人的需求和渴望置于我们自己的需求之上时，我们就发现了谦逊。问问你自己：今天我能为我爱的人做什么呢？我能为一个陌生人做什么呢？在什么事情上我可以放弃掌控，让他人来接管？我想要的什么东西并不是我真正需要的？

倾听

倾听就是谦逊和共情的核心，因为当我们在真正地、深入地倾听，让对方感觉被听到时，我们是把自己放在一边的。那些被尊称为沙漠教母和沙漠教父（Desert Mothers and Fathers）的早期基督教徒都特别强调倾听的艺术。有这样一个故事：一个新来到沙漠的人问一位年长的修行者。“您能告诉我一些智慧的话语来拯救我的灵魂吗？”新来的人问。

“如果你想拯救自己的灵魂，”长者回答说，“就等你被问到问题的时候再说话。”

我又想到了那位莫里教授问他学生的问题。“你会到我的墓前来吗？”莫里问。“会的，”他的学生回答，又补充说，“但是那就不一样了，因为听不到您说话了。”

“告诉你吧，”莫里说，“我死了之后，你来说，我来听。”

说出你的祷告

祷告是一种温和地让自己谦卑以寻求帮助的方式。正如神学家西蒙·特格韦尔（Simon Tugwell）在《不完美之道》（*Ways of Imperfection*）一书中的解释：祷告的本意是一种请求或者哭求帮助，它的本质来自“无力感，否则就不需要祷告了”。请求帮助这个简单的动作对精神是很有好处的，对头脑和身体也有好处；从共情的角度来看，祷告对他人也有好处。在哈佛大学医学院进行的一系列实验中，赫伯特·本森（Herbert Benson）证明，说祷告语能刺激出某些生理变化，产生“放松反应”。

劳瑞·杜西（Larry Dossey）医生在他的著作《疗愈之语》（*Healing Words*）中列举的数百项研究都表明：充满爱的、共情的想法和祷告能对健康和疗愈产生强有力的积极影响——不仅仅对人，而且对细菌、大鼠、小鼠也是。在一项实验中，60名没有任何已知疗愈能力的实验被试者都能减慢或加速细菌的生长；在一组共21个用从麻醉中恢复的小鼠所做的实验中，有19个实验都给出了“高度显著”的结果，“被祷告”的小鼠恢复得更快。

你可以在一天中的任何时间进行祷告，你的祷告也可以指向任何一个人——上帝、伟大的神灵、一个朋友或亲戚，甚至是你自己。你可以为那些努力找寻方向的人祷告；可以为那些死去的人祷告，祈求他们的灵魂得到安息；可以为自己祷告，寻求力量、理解、信念、宽恕；可以为他人祷告；可以为谦逊而祷告。

记得你终将死亡

没有什么能比知道我们都会死去、我们在世的时间有限而更能让人谦卑。因为我们关于死亡的问题不可能有任何确定的答案，问出这些问题本身就让人谦卑。我们去向哪里？死亡之后还有生命吗？我们的精神还会继续活下去吗？我们活在世上的目的是什么？

这些不仅是宗教问题，而是关于生命的基本哲学问题，而且它们也有实际的意义。我们为终将死亡而谦卑，也能被它所激励。毫无疑问，没有了我们，这个世界还会继续，但我们在世的时候，我们就要尽力而为，让这个世界变得更美好。仅此而已。

凡上帝所造之物皆有裂痕。

——拉尔夫·沃尔多·爱默生（Ralph Waldo Emerson）

第十章

接纳：我没那么好，你也没那么好

冷杉树别无选择，它的生命只能从岩石裂缝里开始……它能找到的（营养物）总是很贫瘠，地面上能看到的只是扭曲的树干，还有很多枯死和折断的树枝，被风吹得整棵树朝一边弯得厉害。然而，年复一年，在树尖上总有些细枝长着绿色的松针，证明着：虽然外形扭曲，不够完美，长满疤痕，但这棵树还活着。

——哈利特·阿罗（Harriet Arrow）

小约翰·F. 肯尼迪（John F. Kennedy, Jr.）死于马萨葡萄园岛飞机失事之后，社会上流传着很多关于他的故事。下面这个是我最喜欢的版本。

许多年前，在一个滑雪坡道上，小约翰哭了。他的叔叔鲍比走到小男孩身边，搂着他的肩膀说："肯尼迪家的人都不哭哦。"

约翰抬头看着他的叔叔，简单地说了一句："但是肯尼迪家的这个人是可以哭的。"

一个小男孩有着远超出他年纪的洞察和智慧，真实地说出了他是谁。我跟其他任何人都不一样。他向世界宣告：我是独特的，我是个单独的自我。

即使是对于我的弱点——不，尤其是对于我的弱点——我也接纳本来的那个自己。

这个故事有一个很深刻的结尾。杰奎琳·肯尼迪（Jackie Kennedy）听到她儿子的话很自豪地笑了，给了他一个拥抱，这个肯定的举动很好地解释了为什么小约翰会如此地接纳自己。因为妈妈鼓励他做自己，所以他能够有勇气做自己，不用顾及他人对自己行为的期望。被妈妈的共情所安全地围绕着，他有机会来成为他自己。

做真实的自己。这句古语就是接纳的共情核心，这要求我们首先要问：我是谁？在我们一生中提出的所有问题当中，这个问题最有挑战性，因为要如实地回答这个问题，我们要放弃我们的自欺欺人，不仅接受我们本身强大、令人钦佩的方面，还要接受那些脆弱的、会犯错误的部分。只有当我们对自己的“好”和“坏”全都接纳的时候，我们才能知道如何接纳既有强项也有弱点的他人。

共情对接纳的定义

罗杰斯在他的经典著作《个人形成论》中给出了共情对接纳的定义。

> 说到接纳，我指的是他对自己作为一个具有无条件自我价值——他的任何条件、行为和感受都具有价值——的人的热心关注。这意味着他对自己这个独立的人的尊敬和喜欢，愿意以自己的方式拥有自己的感受。这也意味着他对自己此时态度的接纳和尊重，不管是消极的还是积极的，也不管现在态度跟以前的态度有多么大的区别。对个体而言，这种对自己每一个波动变化方面的接纳就是一种温暖安全的关系，这种关系对他而言是安全的、

接纳性的、有帮助的。

虽然我同意罗杰斯的观点，接纳意味着对他人温暖的关注、尊重和喜欢，但我觉得最重要的是做到接纳所需要的过程。共情把接纳定义为一个含有三个阶段的连续进化的过程。在第一个阶段，我们学着接纳我们自己的所有矛盾和复杂；自我接纳之后会走到第二个阶段，那时我们接纳他人所有的矛盾和复杂；在第三个阶段，我们接纳两个矛盾复杂的人相遇后产生的每一段人际关系中都不可避免会出现的那些矛盾和复杂。

自我接纳是第一步，因为自我认识和自我觉察奠定了理解他人的必须基础。内观我们自己（眼睛要睁大），我们既能看到好的部分，也能看到差的部分，所以总会大惊“真是一团糟啊”。又很奇怪的是，认识到这一点是能让人舒服一些的，因为承认自己的真实情况绝对要比总是与事实对抗要好过一点。在跟自己抗争了多年之后，突然有了一线曙光：原来我们也好不到哪儿去啊。共情对这种僵局的解决方案是什么呢？认输、放手、臣服于自己的实际情况。

共情能让臣服成为可能，提醒我们不够好也没关系。能够幸福是一个很美好的目标，但是幸福总是短暂的、难以复制的。幸福是那种只发生在某些短暂瞬间的事情，而在那些愉悦时刻的间隔期间，我们会有很多的痛苦、困惑、悲伤和绝望，让人焦头烂额。再说了，谁说我们都有幸福的权利呢？我们当中谁又能说自己真正拥有那个特权呢？幸福不是我们知道它肯定会转瞬即逝，所以只能在眼下要好好珍惜的东西吗？

我没那么好，你也没那么好——但是，这都没关系。这是共情能乐于接受的一种哲学。格伦是一个33岁的钢琴家。有一次他告诉我，他出去巡演时，即使只犯一个错误他都无法接受。由共情指引着方向，我们讨论了他的父亲。

他父亲是一个电工，总是贬低他人（最主要是他儿子）来提升自己。当格伦接纳他父亲“没那么好”（不完美、苛责、缺乏安全感）时，他就能承认自己也“没那么好”（不完美、苛责、也缺乏安全感）了。能够看到他的缺乏安全感其实是在一个超级苛责的、缺乏安全感的父亲身边长大所产生的正常的一部分，他就能够接纳自己是一个完完全全的人，这就意味着他“没那么好”，但这也没关系。

耶稣会的神父，同时也是一位叙事大师的安东尼·德·梅洛（Anthony de Mello）给出过一些关于“我很好”的无价思想。下面这段话摘自于瓦耶斯·卡洛斯（Valles Carlos）所著的关于安东尼·德·梅洛讲学内容的书《理解萨达那》（*Mastering Sadhana*）。

> “我很好，你也很好”的理论是一个很无趣的教条。它会强求你必须要感觉很好，而且除非你感觉很好，否则你就是有什么地方不对了。这绝对是不可忍受的。不管我是谁，我感觉到了我的感受，这就够了。我不需要“很好”才能足以让你追随我。我可能没有那么好，但这对我一点问题都没有。你一定不能陷入这个“很好”的陷阱。事实上，我打算以后写一本书，题目就叫《我是个笨蛋，你也是个蠢货》（*I'm an Ass, you're an Ass*），这会是那个“很好”信条的解药。已经有人给这本书建议了一个副标题：让你感到快乐的一本书！

接纳是我们只能通过共情的广角镜头才能获得的，也是让我们逃离“要很好”陷阱的方法。接纳会说，“我没那么好”。很神奇的是，当我们接受自己并没有那么好的事实时，我们就开始感觉更好了。我们让自己在真实状况中得以自由，然后就会发生一些难以置信的事情——我们就会开始改变。慢慢地，几乎是不可觉察地，自己开始听从于自我。19世纪的哲学家和心理学家詹姆斯把这个过程叫作臣服，意思就是“有些东西必须要把路让开，有一个天生的困难必须要破除化解掉”。

内在的坚冰融化掉之后，并不需要意愿或者要求，我们就会开始改变。罗杰斯也提到过这个关联了接纳与改变的“奇怪的悖论”。

> 当我接受自己本来的样子时，我就会改变。我觉得从客户身上和自己的经验中都学到了这一点——我们无法改变、也无法离开我们现在的样子，直到我们彻底地接受我们现在的样子。然后变化几乎是察觉不到地就会发生。

“只有自己才能让自己舒服下来。”马克·吐温（Mark Twain）曾经说过，而且好像没有比这个更正确的话了。对自己的接纳必须要来自于自己。但是，只有通过共情的力量——只有通过其他人对我们的想法和感受的关注，以及他们确认说我们是值得他们感兴趣的——我们才能让自己对我们本来就很混杂的样子敞开心扉。

共情如何带来接纳

共情通过扩大我们的视野而让我们做到接纳。通过共情的宽大视野，我们能在全景中看到我们自己。把我们自己放在跟他人关系的大背景下，我们能看到我们契合得如何、我们属于哪里。在一个更大的群体中找到我们的位置，我们就会知道，只有接纳对彼此的需要，才能接纳我们自己。

对自我的接纳是接纳他人的过程中关键的第一步。成为你自己也就是一个了解你自己是谁和你符合或属于哪里的过程。这个过程永远没有尽头，因为自我在跟他人的关系中一直在改变、成长和转化，而他人也在进行着类似的进化过程。虽然他人可能行动得快一些或慢一些，但他们也在完成跟你一样的基本任务——发现他们自己是谁，他们自己属于哪里。

不久前，在附近的一个镇上，一个10岁的小姑娘在暴风雪中的一场很怪异的车祸中丧命。当时，她父亲把车开到了冰块上，车子打滑转向撞到了雪堆上。起初，父亲和她的身体都没有受伤，他们爬出汽车，站在路边等待救援。这时，一辆小型货车开到了同一冰块上，车辆失控偏离方向撞上了他们，小姑娘丧命，父亲重伤。

这个惨剧让我们这个地区的很多人都陷入了悲痛和震惊之中。事发后第二天，我接到朋友贝蒂打来的电话。她是当地教堂的一位牧师，被安排在孩子的葬礼上致悼词。贝蒂被这个不幸的事件所震惊，完全不知道该怎样处理自己的情绪，而且她也不知道自己能说些什么来帮助他人应对痛苦。“我觉得这里的人们特别需要做一次完美的布道，”她告诉我，“只是我不觉得自己有这个力量。”

贝蒂讲了会儿她原本对完美的追求，以及她从她那严厉的、情感淡漠的父亲那里学到的经验，就是要控制住自己，要对他人隐藏起自己最深的感受。然后她开始讲到她的教区居民，他们真心地乞求她的帮助，在她的怀中哭泣，很渴望寻找一种方式来让这个孩子毫无价值的死亡变得有点意义。

“我不是上帝，”她说，而且失控哭了起来，“我只是一个人。”

“我在想这是否就是你要的答案？”我说。

“是说我不是上帝？”

“是的，”我说，“我觉得如果你能把刚才跟我说的话说给你的教区居民听——就是你也被这个不幸的事件所震惊，你也需要他们的帮助，就像他们需要你的帮助一样。或许你可以告诉他们，你并没有全部的答案，但是你相信团结的力量能让大家互相支持、互相关爱。”

“但是如果这样敞开自己的内心，我是不是就偏离了我的职责？”贝蒂问，“我不应该是最坚强的那个人，他们寻找痛苦的解决方案时所依赖的那个人吗？”

“但是我们痛苦的最基本解决方案不就是我们互相需要这一事实吗？”我说，“以前你说过好多遍这句话——我们的强大就在于我们互相需要。”

“是的，”她说，看起来有了希望，也越发激动，“这是我所相信的道理。”

贝蒂的布道没用草稿，却非常动人。她从自己痛苦的深处说起，坦诚自己害怕表现得很脆弱，强调了自己的信念，即只有团结在一起，教堂会众才能找到一些疗愈的方法。贝蒂明白她的强大直接来自她的脆弱，也发现了共情能够进行疗愈和转变的力量。当她在教区民众面前痛哭的时候，那些受伤的心开始融合为一个整体。

“没有人能像内心受伤的人那般完整。”萨索夫的莱布拉比说。我们只有在接受自己是不完整的这个事实之后才能变得完整。在这个星球上的每个人都有受伤的地方——伤害、疼痛、悲伤、未被满足的渴求、痛苦的失望等。这些并不是我们应该害怕的缺点，或我们应该尽力掩盖的瑕疵——它们只是一些因为我们在全然地、积极地、敞开心扉地生活才会有的一些伤疤。

因为我们生活着，我们就会受伤害。因为我们活在这个世界里，在思考、在感受、在行动，也在做出反应，那我们就会相互碰撞受伤。如何才能不这样呢？“凡真实的人生皆是相遇。”犹太学者布伯说，当我们相遇，我们难免就会发生碰撞。或许我们在生活中能找到的、最深层的接纳就是全身心地拥抱亲密关系中注定都会出现的喜悦和痛苦。

践行接纳

放下

正如心理学家詹姆斯一百多年前所说的，如果“放下你的执念”，你就会获得“内在的解脱”。他用一个故事解释了自己的观点。一个人独自在夜间行走，突然发现自己正滑入一个悬崖。他四处乱抓，在绝望中仍希望能保住自己的性命，终于抓住了一根小树枝。他抓着这个树枝坚持了几个小时，但是最后他实在抓不住了。随着最后一声绝望的哭喊，他松了手，落到了离树枝只有15cm 的地面上。

“如果他早点放弃这个挣扎，”詹姆斯在这个故事讽刺性的结尾处评论说，“他就不用那么痛苦了。”

问问你自己：你在生活中坚守着哪些自己很害怕失去的东西？（当然，答案会是像生活本身一样丰富多样——财富、健康、婚姻、友谊、子女、幸福、安全感、爱、心智的平和、房子、船只、工作、青春……）这个挣扎又让你付出了什么？你能松开你的手吗？在下面的地面上等着你的是什么？这个跌落会有多深？如果放手了，你还能活下去吗？

学会如何接受批评

如果你真正地、坦诚地、完全地是你自己，我向你保证——你一定会遇到不喜欢你、不认可你、想要改变你的人。正如安东尼奥•波契亚（Antonio Porchia）在《遗忘的声音》(*Voices*）中所说的，“他们会说你走错了路，如果这是你自己的路的话”。有些批评是很值得听的，如果它们说到了点子上，就能教会我们很多东西。但是有些批评也可能是不值得听的、没必要的和操控性的。把米粒从米糠中筛选出来就是一个很重要、很挑战的任务。

如果你发现自己经常批评他人，使用你的共情去发现自己缺乏安全感的根源。在我的经验中，经常批评他人的人是因为缺乏安全感；因为感觉不安稳，没有受到保护，他们就容易斥责他人。问问你自己：在哪些情况下我难以接纳自己？哪些特定的人会让我感觉害怕或不在状态？我能做哪些改变来让自己感觉更稳妥、更安全？

如果对自己和他人总是很苛责，这一般都指向一些尚待解决的痛苦，这是过去的一些事情在持续干扰着你心智的平和。找出你的不安全感来自哪里，这能帮助你坦诚地、毫不隐瞒地处理这些问题。

记住：经历痛苦才能成长

有人会问：当你对他人敞开自己的内心，接受自己需要帮助的事实时，你是在让自己处于弱势。那为什么要这么做呢？他人可能会让你心碎，那为什么还要让他们进入你的内心和灵魂呢？

明白了共情的力量，你就会知道谁可以信任，谁应该被怀疑。使用你的评估技术，仔细去倾听，仔细观察以确保人们的行为跟他们的言语和表达出来的意图相吻合，还要知道你可能会被哪些方式所操控。当你确信一个人是值得信任的，是真心在乎你的，那你就全身心地进入到这段关系中去。

我们不可能投入真正的人际关系中还能不受到伤害，但是就像许多智者曾经提醒过我们的那样，痛苦是我们最伟大的老师之一。经历了痛苦，我们才会成长。最深的伤口常常会产生最强大的力量。问问你自己：我最深的伤口在哪里？哪里让我感觉到最长久的伤害？我如何利用这个痛苦来成长和改变，变成一个更强大、更接纳、更宽容和更有爱的人？

关注于你的关系带来的疗愈效果，而不要只聚焦于造成的伤害本身。在每一次遭遇痛苦或失望时都问一下自己：我能从这次经验中学到什么？我本可以怎样来处理这个局面？关于人们精神的资源和韧性，这个痛苦教给了我什么？

找到让你感觉契合的地方

找到能接纳我们的人时，我们才能接纳自己。这是在治疗——让孤独和被误解的痛苦的灵魂找到一个他们契合和归属的地方——当中经常发生的事情。他们不再逃离自己，开始接纳自己本来的样子，接纳自己的优点和缺点。

想想我们的家。对你来说，“家”这个词意味着什么？你待在那里的时候有什么感觉？“家”是那种因为你的不完美都能被接纳，所以让你感觉自己很契合的地方吗——在那里，尽管你有缺点，但还是会被欣赏、会被爱？在那里，你被爱，一部分是因为你的缺点？你在哪里感觉能做你自己？哪里是你真正的家？哪里能让你感觉到安全？

也想想那些你感觉不像是在家的地方。它们不是很契合，是因为你在尽力成为不是你的样子，或者其他人不接纳你本来的样子？你是不是在尽力满足他人对于你应该是谁的期望？想要契合进去的努力是如何影响你的？还值得继续这种努力吗？你会从中获得什么？你又会失去什么？

花时间来独处

独处的能力是我们接纳自己和他人的必要（有时还很痛苦的）条件。直到我们学会了如何舒服地跟自己独处，我们才能舒服地跟他人共处。在《爱的艺术》（*The Art of Love*）中，精神分析学家埃里希·弗洛姆（Erich Fromm）解释了这个基本的真理。“如果我依附于他人是因为我不能用自己的双脚站立，”弗洛姆写道，“这个人可能是个救命恩人，这个关系却不是爱的关系。反过来，独处的能力是具有爱的能力的条件。”

这里有几种独处的方式：自己出去散步；读一本书；在杂志或日记里给自己写信；自己开车出去；睡个午觉。

你也可以跟自己对话。我一直都进行简短的自我对话，尤其是在我很累、很有压力，或者因为某个情况或某个人而感觉受到挑战的时候。我会走进卫生间，看着镜子，仿佛看到父亲在后面盯着我，我就会用他那自信的声音在内心里对自己说话："你能做到的，亚瑟。"我能清楚地听见他说话，仿佛他真的在房间里跟我在一起。"我相信你。你总能应对每一个挑战。"

自己一个人的时候，你能听见谁的声音？那是一个积极、乐观、支持性的声音，还是一个谴责、数落、羞辱的声音？当我们花时间独处时，我们能学会如何倾听我们自己。倾听到了自己之后，我们就开始认识自己；认识了自己之后，我们就知道如何包容自己；包容了自己之后，我们就学会了接纳我们自己本来的样子，学着为我们能成为谁而设定现实的目标。我们会放弃某些梦想，并找到新的可以追逐的梦想。我们能面对过去的"黑匣子"，我们也能发现过去是如何干扰现在的。

然后，我们会发现——用耶稣会的牧师威尔基·欧（Wilkie Au）的话说——"对自己的爱"，意思是说：

> 对自己的爱是必要条件，让自我超越成为可能。那种宽容让我们能接纳自己，同时能从内心激励自己去推倒那些把我们与他人分隔开的高墙。

慢慢来

做到接纳并不容易，需要分阶段地提高。接纳自己只是第一步；接纳他人是同样复杂的第二步。你不仅仅要接纳他人和他们所有的缺点和复杂性，你还不得不接纳他们对世界的看法和（甚至更重要的是）他们对你的看法。

你能忍受他人的批评吗？如果他们的宗教或政治信仰跟你的有所不同，你能接纳他们的立场吗？如果你给孩子设定的未来梦想不是他们的梦想，你能接受孩子要走自己的路吗？你能接纳你朋友中的不宽容和偏见吗？

你能接纳什么，什么又是你发现无法接受的？你能改变什么？什么又是你拒绝改变的？为什么呢？

如果能知道不想与人分离的需要有多深，就能明白有多么害怕与众不同，多么害怕离开人群几步之外。

——埃里希·弗洛姆

第十一章 宽容：透过表层深度理解人性

从实际意义来看，生活全都是相互关联的。所有的人都身处一个无法逃脱的相互关联的网中，都披着同一件命运的外衣。

——小马丁·路德·金（Martin Luther King, Jr.）

学会如何相互包容是我们日常生活中要面对的最具挑战性的任务之一。我们相互需要，这个基本点是很清楚的——有几十项心理学研究都给出了相当确凿的证据，表明我们的身心健康都有赖于充满爱的、能给人支持的关系。心理学家、神经科学家、免疫学家和哲学家们似乎都同意，我们需要建立亲近有爱的关系。而我相信，想要彼此连接的基本需求就是由共情来驱动的。

共情能让我们彼此沟通、相互理解，而且最重要的是让我们学会如何共存。我们彼此宽容，是因为我们能够相互共情——共情是宽容的生物学基础。如果我们都很相像，感受着同样的情绪，有着一模一样的想法，那我们就不需要共情了——我们完全知道其他人的想法和感受，因为他们的想法和情绪跟我们的完全一样。但是，我们并不会有同样的想法和感受。事实上，我们绝大多数人的反应是如此的迥异，我们能彼此相处都是一个奇迹。

为保护孩子，他成了心理变态者

我们能够彼此相处的原因就是共情。康涅狄格大学的心理学家罗斯·巴克（Ross Buck）和本森·金斯伯格（Benson Ginsburg）把共情定义为“一种基因中固有的进行沟通的原始能力”。共情是我们共同的语言。即使把语言拿走，我们还是能通过我们的眼神、面部肌肉的移动，以及手的触摸进行相互沟通，让我们能看透彼此的内心和灵魂。因为有共情，我们之间的区别就会消散，我们就能看到我们的共同点——渴望连接的内心和渴求理解的灵魂。共情能带来宽容，宽容可以被定义为愿意忍受差异；当共情一直在扩展我们的意识时，它会创造出对这个巨大星球上的生命多样性的积极欣赏和持久尊重。

在第一份真正作为心理学家的工作中，我碰上了一个犯有谋杀罪的监狱服刑人员，这是我难以忘记的一次经历。那时，我白天在纽黑文的南康涅狄格大学教心理学，我和室友会每周抽两个晚上去当地的监狱里为服刑人员做咨询。我们去监狱工作的第一个晚上，监狱长给我们简要地介绍了他觉得最需要帮助的囚犯。

“根据精神科医生的评估，这个人是心理变态。”监狱长说着递给我这个犯人的资料。“他冷血地杀了自己的大舅哥。他块头很大，身高约193厘米，体重220斤，每天都在健身房里锻炼。”如果监狱长是想吓唬我们的话，他确实做到了。

我转向我的室友，他可比我高17cm，比我重45斤呢。“嗨，乔，”我说，又把资料递给他，“这个人就全归你了。”

“没门儿，”他笑了，举起双手往后缩，“记得吗，亚瑟，这可是你的主意。这个案子我可以旁观。”

监狱长把我带进一个水泥墙面的大房间，祝我好运，然后就留我一个人面对那个囚犯。他坐在桌边，双手握着一本已经翻旧了的《圣经》。帅气健壮的他看着我拉出一把椅子坐下。

“他们告诉您我心理变态了吗？”他说。他的声音很深沉，却出乎意料地温和。

“是的。”我说，也明白他想知道真相。

“嗯，那么，”他说，眼睛直盯着我的眼睛，“我猜您也会走的，如果您已经想好了的话。”

“我还没想好呢，”我说，“我是来听您说的。”

就这样，经过几段长长的沉默和几个尖锐的问题后，他决定告诉我他的故事。他告诉我，他结婚了，娶了唯一一个他会爱上的女人，他们有一个2岁的儿子。他在当地的一家鞋厂里工作，每周工作六天，每天工作10个小时。每天晚上都是天黑之后才能回到家。一个冬天的晚上，大概9点钟左右，他回到家发现他的大舅哥喝醉了酒，正在大发雷霆，追打着他老婆，而他儿子就蜷缩在一个角落里。他老婆的脸被割破了，还在流血。

“我试着去跟他理论，”那个囚犯告诉我，“但是他操起威士忌酒瓶，把瓶子砸碎，过来指责我。他个子并不大，但是我得小心那个砸碎的酒瓶。我推开他，他又凑过来。我打了他，他又凑过来。然后我一拳打在他下巴上，他摔倒了，脑袋正好撞到桌子上，就死在了那儿，就在我的起居室里，就在我老婆和儿子的眼前。”

“陪审团都没用一个小时就判定我是过失杀人，”他靠在桌子上，“您听说过那个克劳丁·朗盖特（Claudine Longet）吗？”

我点点头。朗盖特是一个女演员，是流行歌手安迪·威廉姆斯（Andy Williams）的老婆，她杀了她的情人（一个奥林匹克滑雪运动员），是从后面对他开的枪。

“我只让您想想这件事情——这是个有钱的白人女性，跟着一个男人到了他的家，发生了情人间的小争吵，就掏出了枪，从后面开枪杀了他，却一天都不用待在监狱里。但是为了保护我的老婆和孩子，我要在监狱里待6年，他们还给我贴上了心理变态的标签。

“看看这个监狱里，”他说，“这里都没有白人，除了一个毒品贩子是墨西哥人，其他的都是黑人。”他用手托着头，安静了好一会儿；然后拿起那本翻旧了的皮质封面的《圣经》，抱在他魁梧的胸前。“我每天都读《圣经》，”他说，“我也想跟自己和解，但是我的良心永远都不得安宁。我杀了人，我一直都会为此受罪的。”

那天晚上离开监狱的时候，我像换了个人。我以前一直都为自己的宽容而自豪。作为第二代意大利移民，还有一个很难读的姓，我在生活中已经经受了各种不包容，特别知道开放的思想和尊重差异性的意义。但是那天晚上，坐在一个被判杀人、还被我自己的同行认定为心理变态的人对面，我明白了偏见能封闭心智。在他告诉我，如果我想好了就可以走了的时候，我感受到了他的孤独和恐惧，也从他的声音中听到了他的痛苦。我知道了不宽容是如何囚禁了他的精神、摧毁了他的希望、打消了他的信心。我也看到了一个人对他自己和上帝的信仰是怎样带给他一线和平，尽管像他说的，他的良心会永远都不得安宁。

那天晚上，回到我的公寓，我从装书的箱子里找到了我父母在我的坚信礼上送给我的那本《圣经》。我知道我要找的那段在《新约》（*the New Testament*）里，但我还是花了一点时间才找到那段。读着我相信那个囚犯这几年里已经读过无数遍的那段话，也让我感觉到了平和与希望。

你们不要论断人，免得你们被论断。因为你们怎样论断人，也必怎样被论断。你们用什么量器量给人，也必用什么量器量给你们。为什么看见你弟兄眼中有刺，却不想自己眼中有梁木呢？

你自己眼中有梁木，怎能对你弟兄说“容我去掉你眼中的刺”呢？你这假冒伪善的人！先去掉自己眼中的梁木，然后才能看得清楚，去掉你弟兄眼中的刺。（马太福音7:1-5）

我后来又跟他面谈了很多次，直到他几年之后被释放，最后他在监狱里一共待了将近12年。我听说他后来跟他的老婆和儿子团聚了，在社区和教堂中很活跃且受人尊敬。

共情对宽容的定义

共情把宽容定义为持续扩展的、深度理解人性的能力。宽容是有深度的。如果透过外面的表层——人们的肤色、居住的社区、拿到的学位、追求的事业、加入的教堂——深入到内心和灵魂，我们就会发现我们的共同之处。我们都是人。不管是塞尔维亚人、阿尔巴尼亚人、巴勒斯坦人，还是犹太人；不管是黑人、白人、黄种人、棕色人种，还是红色人种，我们都是从同一块布上剪裁下来的。

共情就是通过他人的眼睛来看世界，从而扩大我们的视野的行为和过程。共情肯定能带来宽容，就像思路狭窄一定会带来仇恨和暴力一样。我们的视野扩展之后，我们就能用新的方式来看他人。理解了那些遭受偏见和不宽容的人们的痛苦之后，我们就会深感被触动，想要出言驳斥偏见。共情就是偏见这种毒剂的解药。

“二战”期间，我父亲是美国“中情局”的前身战略情报局（Office of Strategic Services）的一名中士。他在敌军后方进行过13次跳伞降落。尽管他很少讲起他的战争经历，有一个故事他却重复讲了好几遍。那是1944年，父亲的部队在意大利，他们要帮助游击队炸掉德军用来运输供给的大桥。每天晚上，父亲都会跟随行的炊事员坐下来聊天，炊事员是个从德国叛逃出来的人，会哭诉他的思乡之苦和他对还留在德国的年轻妻子和刚出生孩子的思念。这个德国来的炊事员和意大利来的美国中士很快成了朋友。

一个漆黑的夜晚，父亲部队的14个人带着炸药出发去炸毁那座位处战略要地的大桥。谁知等他们到达桥下时，德军已经在等着他们了。14个美国兵都被俘了。第二天，他们被带到附近的镇上光脚示众，同时德军还对意大利村民喊话："美国就要战败啦！看看这些士兵的脚——他们都没有鞋穿！"德军把这些囚犯带到村外，他们在那儿挖起一棵树，然后把这些美国兵全都活埋了。

第二天，几个意大利游击队员来到营地审问那个炊事员，他最后坚持不住了，承认自己是个间谍。炊事员看着父亲，求他发发慈悲。炊事员掏出他妻子和孩子的照片，乞求父亲看在他们的份上能发发慈悲。父亲转过身去背对着他的朋友，并走开了；过了一会儿，他就听到了枪响。

那声枪响和一个年轻人请求活命的记忆让父亲余生都难以忘记。每次讲起这个故事，他都会凑近大卫和我，确认我们在听，然后用平稳坚定的声音告诉我们永远都不要忘记，虽然这世界上有罪恶（在他的意识里，纳粹就是罪恶的化身），但并不是所有的德国人都是热爱希特勒的纳粹分子，就像不是所有的意大利人都是热爱墨索里尼的法西斯一样。父亲告诉我们，所有人的身上都有善与恶的能力。"知道了你也能作恶之后，"父亲会说，"你必须要一直努力把你的重心放到善的那一边。"

共情如何产生宽容

共情能让我们宽容，因为只有通过共情，我们才能搭建起与那些看起来跟我们如此不同的人之间相连的桥梁。只有通过共情，我们才能接近那些本来想要推开的人，因为从他们的粗鲁，或者单纯，或者愚蠢来看，我们还以为他们跟我们不是同类人。共情会提醒我们，他人身上的恶可能在我们自己的心里也有。那些憎恨他人、实施报复、拒绝宽恕，甚至是想要一个人的命的恶在你身上会有，在我身上也会有，在每一个人身上都会有。这种谦卑的认识和对我们自己阴影的接纳注定会、也一定会让我们心存宽容。

共情能让我们看到我们之间的连接，让陌生人不再那么陌生、外国人不再那么不同。在采用他人的视角时，我们做的不仅是穿上他人的鞋——我们还使用他们的眼睛，借用他们的皮肤，我们在自己体内感受到他们的心跳，我们丢掉了自己并进入了他们的世界，就像我们成了他们一样。**要做到共情，要求我们并不是用我们的眼睛去看他们的体验，而是用他们的眼睛去看他们的体验。**通过这种体验，我们会从本质上发生改变，因为我们突然间异常清晰地看到其实我们就是对方。我们在他们身上看到的所有的好和差，在我们自己身上也都能找得到。伤害、羞耻、对屈辱的恐惧、对复仇的渴望，所有这些都是我们心灵的一部分，而且跟对诚实的追求、谦卑的精神、宽恕的内心一样多。

宽容起始于倾听意愿。共情地倾听意味着你要把自己放在一边，而走进他人的体验当中。你就只是耳朵而已。宽容也要求有倾听的能力，这跟倾听的意愿并不一样。许多人都是有意愿的听众，但是他们会打断他人说话，把话题带偏，给出建议，说出评判。换句话说，他们用没有训练过的倾听技术斩断了共情。倾听是一种需要时间、自律和实践的艺术。

宽容过程的第三步是寻找情有可原的客观情况，这就意味着我们要为他人的行为寻找更全面的理解。如果我们能看到全局，而不只是聚焦于一小块，那我们就能发展出更丰富的情绪反应。宽容，意味着你能明白别人的生活是事出有因、情有可原的。

在阿拉巴马大学的心理学家道夫·齐尔曼（Dolf Zillmann）进行的一项实验中，一个助理（事实上，也是实验组的一个成员）对那些骑健身自行车的志愿者很粗鲁。后来，当志愿者给这个助理写评语时，他们便借此机会对其进行报复。

在另一个版本的实验中，一个年轻女士进来告诉那个粗鲁的助理说有个电话找他。他出去的时候对这个女士很不礼貌，她却泰然处之；然后她跟志愿者解释说这个助理现在的压力非常大，因为马上就是他参加研究生学位的口试时间。在这个版本的实验中，志愿者就决定不在给他的评语中责怪他，而是对他的情况表达了共情。了解了全部的情况后，志愿者就能够宽容那个助理不顾及他人的行为了。

宽容的第四个基本步骤是保持客观。想要宽容，我们必须学会如何区分我们的看法和他人真实情况之间的差别。我们对他人的看法常常受我们的渴望和恐惧的左右。任何使我们把他人当作物体一样来关注的事情都会破坏我们的共情能力。在一篇题为“自动的共情与受控的共情”（Automatic and Controlled Empathy）的文章中，心理学家霍奇斯和韦格纳解释了共情是如何被我们的偏见所削弱的。

> 如果我们把他人当作物体一样来关注，那我们采用他人视角看待问题的能力会受到阻碍。当我们考虑一个人的典型特征或属于哪一类人时，我们就不太可能意识到那个人的情境和目标对他行为的影响。这意味着，当我们自动去判定一个人的人格特征或其他的典型特征时，不管是自发的，还是由对这种特征或所属类别进行快速解读所导致的，我们的共情能力都会受到影响。我们自动对他人的性格所做的解读，如果没有考虑到他们所处的情境而

进行调整的话，经常是不对的，这样会削弱我们共情的准确性。

精神分析学家埃里希·弗洛姆用相对简单的语言讲述了保持客观的重要性。

> 我想学会爱的艺术，我就应该在任何情况下都力求客观，并且能注意到在哪些情况下我没有保持客观，并对此保持清醒的态度。我应该努力去认识一个被我的自恋歪曲了的人的形象同这个人的实际面目间的区别，也就是与我的利益、困难和恐惧无关的实际面目之间的区别。有无客观性和理智是学会爱的艺术的一个关键性条件，人们应该对所有与自己有所接触的人都能保持客观和理智。如果我们只对所爱之人保持客观，而以为对其他人就不需要有客观性，那我们很快就能发现我们既不能处理好自己同所爱之人的关系，也不能处理好同其他人的关系。

我曾经听过一个很美好的故事，把爱、宽容和希望都融合在了一起。这是一位老拉比和他的学生们的故事。

> “我们怎么才能知道黑夜已经结束了呢？”一位老拉比问他的学生们。
>
> “是不是当我们看远处的一棵树，能看出那是一棵苹果树而不是桃树的时候？”一个学生问。
>
> “不对。”拉比回答。
>
> “是不是星星褪去，天空开始变亮的时候？”另一个学生问。

“不对。”拉比说。

“可能是光亮比黑暗多的时候？”第三个学生问。

“不对。”拉比回应。

“那么黑夜什么时候结束呢？”学生们齐声问道。

“当你看着世人的脸，看到他们各不相同，但都是你的兄弟姐妹时——那就是黑夜结束的时候，”拉比说，“如果你看不到这一点，那么黑暗就还在统治着这个世界。”

践行宽容

要有耐心

当人们问我，心理学教会了我什么时，我总是回答：“耐心。”我相信耐心是宽容的同义词。当我们共情地倾听，让故事慢慢深入，不去催促，也不跳过更复杂的部分时，我们就会在耐心中发现宽容。这是个普遍的规律。有耐心的人都是宽容的人，而没有耐心的人会更难于宽容他人。

我最近去了一次超市，想利用下一个预约之前的20分钟，去买七八件东西。我用5分钟就拿齐了购买清单上的所有东西，但是当我走到收银台的时候，竟然有6个人排在我前面。想着那天我还需要做的其他事情，以及如果我迟到了会让人失望，我就开始不耐烦了，我的宽容度就像个石头，一下子掉了下去。结账的人为什么这么慢啊？我为什么没有选另一个队来排啊？

这时我看到了一个老朋友，她是一位得了折磨人的风湿性关节炎的退休老师，排在我前面。我叫了她的名字，她就退回来排在我旁边。我问她最近怎么样。“我吃的新药有一些副作用，”她说，“但是我不会让它影响我去照顾我的花园的！”我们聊了聊她的花和我这个夏天在缅因州的安排，结果我还没意识到的时候，我们就排完了队，我也及时回去工作了。通过进入到另一个人的世界里，我又找到了耐心，这也提高了我的宽容度。

给自己一点额外的时间。如果你要去跟朋友共进午餐，有15分钟车程，那就多给自己5-10分钟的时间赶过去（带上一本书或杂志，如果你早到了可以有事做）。如果你上下班路程很远，又经常堵车，记得带一些磁带或CD光盘放车上（可以试试听一本书的音频）。如果你在超市正好排在最慢的一个队里，可以拿起一本杂志来翻，或者跟你前面的人聊天。

摘掉手表。可以在礼拜六和礼拜天，或者出去度假的时候试一试。

把“快点”这个词从你的词汇表里去掉。我们现在总要说“快点”。我最近看到促销柜台前的一个小男孩和妈妈。他正在想是要一瓶蓝色的还是绿色的佳得乐饮料时，妈妈一直在推他的肩膀，告诉他快点，尽管他们后面没有人在排队。他被催得很慌乱，都快哭了，最后反而要了一瓶百事可乐。

从他人视角看待问题。假设你排在一个长长的队伍里，感觉不耐烦了。看看四周，问问自己：如果你是旁边那个队里尽力安抚孩子哭闹的女人，或是拄着拐杖的那个老太太，会是什么感觉啊？如果是不得不面对这么长长一排的不耐烦、不宽容的顾客的收银员，那又会是什么感觉呢？

呼气。我们吸气的时候心跳会加速，呼气的时候心跳会变慢。当感觉有压力的时候，你可以练习呼气，（其实是）让你的心脏稍微休息一下。

微笑。研究人员发现，把你脸部的肌肉放在微笑的位置上就会自动启动一些生理变化，能让你感觉好一些；其他人看到你的微笑时，他们也会感觉好一些。微笑能给不耐烦和不宽容的人带来奇迹。

指出问题

不宽容会在沉默中传播开来，就像在带有恨意的语言和行为中传播一样容易和快速。如果你看到了有偏见或不宽容的行为，就指出来。正如梅洛讲的这个故事里，你能发现一种温和地指出朋友的不宽容之举的方法。

一个女人跟来访的朋友抱怨说她的邻居是个很糟糕的家庭主妇。“你应该看看她的孩子们和他们家有多脏。跟她住在一个街区简直是一种耻辱。看看她晾在外面的那些衣服。看看她的床单和毛巾上的那些黑道道！”

她的朋友走到窗边说：“我觉得那些衣服挺干净的，亲爱的。那些道道都在你的窗户上。”

每当我听到流言蜚语——同事不公平地批评另一个同事，邻居互传关于新搬来的那家人的谣言，青少年在朋友的背后说悄悄话——我就在想我们是如何在试图提升自己的时候迷失了方向的。不宽容的举动总是会事与愿违，因为这些举动强化了我们担心自己不够好、只能通过打压他人来提升自己的那种恐惧。指出这些不宽容的举动能帮助那些刻薄的人重新分析一下他们产生偏见的原因，同时也能减轻被诋毁的那些人的负担。

尽量避免批评和奚落

我们都听说过那个古老的谚语：棍棒和石头能打断你的骨头，而话语永远都不能伤害到你，但是我的经验绝对不是这样。话语、标签、外号、闲言碎语和谣言可以对人影响很深，而且持续时间很长。我从病人、朋友和家族成员那里听到过很多关于童年的奚落造成深远伤害的故事。

要小心你的用词，告诉你的孩子为什么温和友善地跟别人说话很重要。当你被责备或奚落时应该怎么做？记住这个真理（我们在这本书里已经重复多次了）可能会有帮助：**苛责的人是缺乏安全感的人。**我女儿艾瑞卡上五年级的时候，有一天回家后讲了一个故事。“强尼今天拽了我的辫子，还说我又瘦又小。”她说。

“你怎么跟他说的？”我问。

“我转向他说：‘强尼，你为什么那么没有安全感？’”

“他又做了什么？”

“他就不再烦我了。”

谨防愤怒和敌意

不宽容和愤怒是紧密相连的。“当我们不够宽容时，我们会觉得是别人行为不当。”雷德福·威廉姆斯（Redford Williams）说道，他是杜克大学的精神病学家，曾经进行了针对愤怒的心理和生理效应的突破性研究，“发生这种情况的时候，我们多半也会变得愤怒。”

愤怒和有敌意的人更容易不幸福。根据威廉姆斯和其他研究者的研究结果，易愤怒的人与别人维持亲密关系会有困难，他们对性生活相对来讲不太满意，他们在工作中感觉有很大的压力（工作中很少获得满足），他们很有可能会不合群和孤独。

愤怒对身体、心智、精神都有很大的破坏性。愤怒能减缓血液流向心脏，升高血压，提高胆固醇水平，影响免疫系统，增加各种原因的死亡风险。在心理学家威廉姆斯、约翰·贝尔富特（John Barefoot）和格兰特·达尔斯特伦（Grant Dahlstrom）进行的一项长期研究中，医学院的学生们做了一个测验来评估他们的愤怒和敌意水平。在几十年之后的一个跟踪研究中，研究人员发现，曾经得分最高的医生在50岁之前去世的可能性是敌意得分最低的医生的7倍。

威廉姆斯和他的同事还对1300个至少得过一次严重的冠状动脉栓塞的病人进行过跟踪研究。5年之后，那些没有结婚也没有密友的人，不论男女，已经去世的可能性是那些结了婚的和（或）有密友的人的3倍。在他的书《愤怒可杀人》（*Anger Kills*）中，威廉姆斯给出了下面这些结论。

1. 有敌意的人——那些怀疑一切、愤怒和攻击性程度高的人——跟敌意不高的人相比，得致命性疾病的风险更高。

2. 通过把别人推开，或者感知不到本应从他们的社会关系中得到的支持，有敌意的人可能在剥夺他们自己从社会支持系统中可得到的促进健康和缓解压力的获益。

设定宽容的边界

宽容，跟共情激发的所有事情一样，有它的边界。有时候我们打着宽容的旗号，却是在包容那些对我们自己和他人都不利，甚至是有害的举动和行为。女人容忍虐待她们的丈夫；允许朋友说些种族主义的言论；父母很有耐心地忍受着他们有攻击性和有敌意的子女的行为；配偶容忍对方的出轨……在无数的这种例子里，我们以爱、忠诚和礼貌的名义，忍受着各种侮辱和鲁莽的行为。

共情会仔细留意过度的宽容，知道操控他人的人会很容易地利用那些边界感差的人。经常问问自己：我是真的在宽容他人（是在保持着开放的心态），还是在尽力维护和平？我是不是太依赖我的伴侣，所以我直接忽视了他人的轻蔑行为，从而希望能挽救这段艰难的关系？

宽容要求有原则，而且尊重边界。不要以宽容的名义包容残暴的行为。没有边界的宽容会削弱共情的力量。

> *这是个很糟糕却无法改变的规律：一个人如果没有忽视自己的人性的话，就不会去否认他人的人性。一个人在被他攻击的人的脸上也能看到他自己。*
>
> ——詹姆斯·鲍德温（James Baldwin）

第十二章

感恩：一种体验世界、与世界互动的方式

其实只有一种真正的剥夺……那就是不能把礼物送给你最爱的人。

——梅·萨藤（May Sarton）

最近，一个朋友给我讲了这个关于感恩的故事。

一位盲人在城市的公园里乞讨。有个人走过来问他是否有人慷慨解囊。盲人晃了晃几乎是空着的罐子。

这个人就跟他说："让我在你的卡片上写点东西吧。"盲人同意了。那天晚上那个人又来了："嗯，今天情况怎么样？"

盲人给他看了看那个装满了钱的罐子。"你究竟在那张卡片上写了什么啊？"

"哦，"那个人说，"我只是写了，'今天春意盎然，而我却看不见'。"

在一个灿烂的春日里双目失明会是什么感受？这个问题可以激发出共情，就像下面这几个问题一样。

年迈体弱，又没有人来关心会是什么感受？

失去了父母、配偶或孩子会是什么感受？

在一个崇尚骨感的社会里，体重超标会是什么感受？

在异性恋主导的世界里却是一个同性恋，会是什么感受？

共情能让我们慢下来，所以我们能问出这样的问题，并沉思这些问题的答案。我们在生活中匆忙赶路时共情会踩下刹车，引导我们花点时间来考虑一下我们是如何与他人相连接的，以让我们的回应加强这些连接。感恩就是共情在找寻的回应。

感恩地给予，感恩地接受

我们体验到感恩时——感恩主要是一种体验，而不是感觉——就能看到我们本已万事俱足。我们会看到自己所拥有的厚赠，那些都不用我们去要求就给予的厚赠。这些厚赠都是什么呢？是玫瑰花的芳香，是婴儿小手的触摸，是成熟仙桃的美味，是秋天大雁的人字形队列，是雷声滚滚，是闪电霹雳，是海浪扑打在岩石滩上……

我们能为这些日常现实赋予什么价值呢？父亲总是告诉我说他是个超级百万富翁。我会笑笑（这句话我以前听过好多遍了），让他解释一下。“因为，”父亲会说，“如果有人愿意给我1000万美元或者10倍或者100倍的钱来换你或大卫，我都不会考虑的。你们是无价的，不能用价钱来衡量的，我是活着的人里最富有的。”

共情就是能流淌出感恩的泉水。如果没有共情，我不信我们能感觉到感恩，至少不会是在最有意义的层面上来感激我们所拥有的这些厚赠，尤其是那些不需要我们去要求就给予我们的厚赠。共情扩大了我们的视野，所以我们才能在一个全景中看到我们自己，从那个视角出发，我们能看到自己那些无价的拥有。我们属于一个宇宙、一个星球、一个国家、一个社群、一个街区、一个家庭……难道我们能给这些“好处”定出个价格吗？

共情能把理解他人这种雨露洒向每个人，水满而自溢，滋养着近处和远田。我们给予，因为我们别无选择——这是我们人性的一部分。感恩地去给子，感恩地来接受——从共情中流淌出的感恩永远不会干涸。

我9岁那年，圣诞节时很想要一个莱昂内尔（Lionel）小火车。我太想要这个小火车了，完全想不到其他任何东西。我白天黑夜都梦想着这个小火车，想象着它在模型轨道上加速时是什么样子。据我所知，我们街区里还没人有莱昂内尔小火车呢，全世界都没人拥有莱昂内尔小火车。我会是第一个有这种小火车的人，我相信这会让自己与众不同。

圣诞节那天早晨，天还没亮我就醒了，踮着脚走过还在熟睡的弟弟的旁边。楼梯吱嘎作响，所以我就贴着边走，希望能独享这一神奇的时刻。厨房的灯却亮着，我蹑手蹑脚地走进去，发现父亲坐在桌子旁喝着咖啡、抽着烟。他看看我，让我的心里咯噔了一下，知道圣诞树下面不会有小火车了。

我一句话也没说就跑进起居室，站在圣诞树前面，眨着眼睛忍住眼泪，还相信可能会有奇迹发生，希望小火车能突然出现在我的面前。我想，或许是我没看到，所以还捡起那些盒子来摇晃。我想，或许在衣柜里，又或许在外面的门廊上。

“亚瑟，”我父亲在我身边跪下身来，声音很温和，“我们买不起那个小火车。我很抱歉，因为我知道它对你来说有多重要。”

他紧紧抓住我的手腕，这个姿势只有在他讨论极端重要的事情时才会有。“你可能还不理解我要跟你说的话，但是有一天你会明白的，”他说，“在这个圣诞节的早晨，房间里就只有你和我，我想给你一个礼物，比能用钱买来的任何东西都重要得多。我想让你知道，我会永远爱你。不管你的生命中发生任何事情，我总会跟你在一起，相信你、支持你、为你喝彩。没有哪个父亲爱他的儿子比我爱你更多，而且这个爱永远都不会生锈，不需要修理——这个爱永远都属于你，属于你的现在和你的一生。”

我肯定是给了他一个怀疑又或许是困惑的表情——爱怎么能代替莱昂内

尔小火车呢？——因为他把我的手腕抓得更紧、也更加靠近我。我闻到了那个熟悉的、苦甜相间的切斯特菲尔德（Chesterfields）香烟和多糖多奶的麦斯威尔咖啡的味道。“相信我，亚瑟，”父亲说，“我向你保证，这会比我能给你的任何礼物都更有意义。”

共情对感恩的定义

在共情的字典里，感恩并不只是一种感觉，而是一种体验世界、与世界互动的方式。“觉得很感激”当然很好，但是共情会要求我们对这种感觉做些什么。“把感恩留给自己”就错过了这种体验的全部意义，因为在共情的书本里，感恩是一种回应，它能把一个人与另一个人连接在一起。

我一直都记得在我早期职业生涯治疗过的拉尔夫，一个被诊断为妄想型精神分裂症的病人。他坐在椅子边上，双手紧握着椅子的扶手，龇着牙对我说：“如果我想的话，我能杀了您。”

“我知道您能杀了我，我很感谢您控制住了自己。”他看着我，一下子觉得很困惑，眉头皱了起来。“而且我妈妈也很感谢您。”我补充道。

他紧皱的眉头舒展开来，给了我一个大大的微笑。“不客气。”他把双手放在大腿上，身体靠在椅子里。20年之后，我有时还会在我工作的医院里碰上拉尔夫。不久前，我在停车场的医院货车里看见他。他敲着车窗想引起我的注意，我都担心他要把车窗敲碎了。“嗨，拉尔夫。”我喊出来，朝他挥挥手。“嗨，乔拉米卡利医生。”他也对我喊，带着一个大大的微笑。每次他朝我笑，我觉得他都能想起来他曾经给我妈妈的那个礼物。

我每天跟那些虽然遭受困难，却仍勇敢地迈出脚步解决自己问题的人一起工作时都能体验到感恩。我是个永恒不变的乐观主义者，我相信对于那些愿意继续心理治疗并付出努力的人来说，生活一定会有所改善。当我看到他们被理解时做出的反应，看到他们放松下来，做回他们自己，不再奋力掩饰他们的孤独和恐惧时，我就对共情的力量充满感恩。

当我的病人意识到我很感恩能有机会跟他们一起工作时——因为这些互动中发生的事情肯定也改变了我的生活，就像改变了他们的生活一样——就产生了一个建立共情和亲密关系的空间，让他们能产生一些奇迹。我说的“奇迹”是什么意思呢？一个23岁的女病人就“关系问题”向我求助，在我们第二次治疗时哭了起来。“对不起，”她道歉，“我不知道我是怎么了，我就是觉得非常困惑。看起来就好像我每向前走一步，就会向后退两步。我觉得我在这上面已经失败了。”

“在什么上面失败了，苏珊？”我问。

“生活、关系、爱。您知道，全部的事情，”她说，“我就是非常害怕我永远都不会有进展了，永远都不会有一份好的事业，永远都不会挑到好男人，永远都不会对自己感觉好一些了。”她哭了一会儿，然后看着我，“您能告诉我，您是怎么看我的吗？”

治疗中的这种时候总是很关键。虽然他们都想听到好听的话来得到安慰，但他们也想得到实事求是的评估。“我只能告诉您到目前为止我对您的了解，”我说，“我不会只为了让您感觉好一些而跟您说些不真实的话，因为我知道这到最后只会让您失望。”

她点点头，鼓励我继续说下去。

“我看到一个聪明的女人，显然很有理解他人的能力和天赋，”我说，“我觉得在关系中您把自己定位为一个照顾者，尤其是对很难接近的男人的照顾者。我觉得您以为这是您自己唯一的出路。但是我不相信。”

“您不信？”

“我觉得您有很多路可以走。”我说。

那次治疗结束的时候，她用双手握着我的手对我表示感谢。我问她为什么，真心想知道她在那个时候是对什么如此感激。

“您说我是个聪明的女人，”她说，“我觉得这就能让我的状态好上一段时间了。”

在治疗中我经常使用“借来的共情”这个词。当病人告诉我说他们对自己或他人感觉不到共情的时候，我就尽我所能地借给他们我的理解、在乎和关注，希望他们能明白我是真心渴望能帮上他们。在借出和借来共情的过程中，我们能意识到我们并不孤单；认识到他人对发生在我们身上的事情比较关心时，我们就会自动地体验到感恩。

共情如何产生感恩

共情织就了一张“连接之网”来支持和维系着我们，而感恩就是我们意识到我们相互依赖——如果我们想生存下去就会互相需要——之后的回应。感恩总会不可避免地强化共情。在真正的付出精神中，共情会带来回馈，让我们看到自己生命中的富足，并表达感谢。

在我学到过的而且很敬佩的那些心理学家中，我觉得最伟大的是海因兹·科胡特，他是自体心理学的奠基人，也是第一个对共情给予特别关注的精神分析学家。1981年10月，在他最后一次的公共演讲中，他就讲到了共情。在那次演讲的几天之后，他就去世了。在他演讲的最后，他讲了一个深度抑郁、很想自杀的女病人的故事。

这是个引人入胜的个案，因为科胡特已经束手无策了。科胡特接受的是经典精神分析师的训练，这要求他在治疗中应该是很客观、没有情绪，但科胡特感觉到他的病人就要在自己的眼前死去了。他受过的所有训练、所有的技术、所有的仔细观察都帮不了她。下面是他讲的故事。

大概15年前，我对一位极度脆弱的女病人做了很长时间的分析……她说自己觉得就像躺在了一个棺材里，现在棺材的盖子会随着清脆的一声响就盖上了……她极度地抑郁，有时候我甚至觉得要失去她了。就是说，她最终会找到一种摆脱痛苦的方式杀了自己。但是我并没有失去她。在她分析治疗过程中最糟糕的时间——第一年或许是前一年半里，有一次，她状态非常差，我突然间有一种感觉，就对她说："如果我让你拉着我的手指，你在说话的时候拉一小会儿，会觉得怎么样？这可能会帮到你。"我用了自己都不确定的招数。我不是在推荐这种方法，我当时是绝望了。我非常担心她，所以……我给了她我的两根手指。她抓住了那两个手指，我心里立刻就做出了一个心理发展阶段的解读：这就是一个很小的婴儿用没长牙的牙床突然咬住了一个空奶头。就是这种感觉，我什么都没说。我也不知道这么做对不对……但是在那次之后就再也不需要这么做了。我并不想说这扭转了局面，但是在一个很危险的时刻这么做解决了一个非常艰难的僵局，这样就赢得了时间让我们继续接下来很多很多年的分析治疗，结果相当成功。

医生打破了所受训练的规矩，希望能找到一种方法来把一个迷路的灵魂带回到生命中，就给他的病人提供了两根手指——就这么多，但是这就够了。或许她也明白医生所冒的风险；或许她在跟医生的接触中感觉到了医生对她非常深切的真正的关心；也或许她只需要一根救命的绳索，而他就在最正确的时间给了她这根绳索。

那个病人是如何表达出她的感恩的呢？她用了或许是最有意义的一种

可能的方式——她坚持住，活下来了。

践行感恩

慢下来

我们需要慢下来以便思考我们应该对什么心存感恩。我们在生活中匆忙向前，总是想得到更多——更多的时间，更多的金钱，更多的尊重，更多的爱。**我觉得心理治疗最重要的作用之一就是给人们时间，让他们慢下来，关注他们在生活中已经取得了的那些成就。**当病人告诉我说他们感觉卡住了，好像没有取得任何进展时，我就会让他们回忆一下去年的这个时间他们的状况：这一年里有什么事情发生变化了吗？他们交了新朋友吗？他们的关系有进展吗？他们获得了任何智慧吗？

如果我们不能把生命看作是一个过程——一系列的事件、一项进展中的工作——我们就很难感觉到感恩。感恩并不会出现在我们按照完美的标准来衡量我们的生活时，而是出现在我们花点时间来看到我们缓慢但稳定的收获时。

问一问：我需要什么？

埃里克•霍弗尔（Eric Hoffer）曾经说过："对于你并不真正需要的东西，你永远都拿不够。"列一份不断更新的你想要的和你需要的东西的清单。

你最想得到什么？

你想要是因为你需要它吗？

如果你不需要它，你为什么想得到它呢？

你的所想和所需是如何随着时间变化的？

你想要些你永远都拿不够的什么东西？你为什么没能被填满呢？是哪

个空洞一直在流失呢？

有没有可能你需要的其实是空而不是满？

尽可能多地说“谢谢你”

说“谢谢你”会帮你发展出一种感恩的态度，一种用感激你的拥有，而不是期待拥有更多现在所没有的东西的态度来看这个世界。看看一天当中你能说多少次“谢谢你”。

让他人知道你很感激他们

与其对你的配偶、朋友、父母或子女说“我爱你”，不如说“我感激你”。一个必然的回答会是一个很诧异的“为什么”，这给了你一个绝佳的机会来思考并说出你为什么要感激他们的陪伴、帮助、见解或支持。

说“我感激你”有时候比说“我爱你”更有意义。可以通过你的感激来表达出你的爱。

用感恩来安排你的生活

《神话的力量》（*The Power of Myth*）一书的作者约瑟夫·坎贝尔（Joseph Campbell）讲了一个有趣的故事，是他在餐厅里偶然听到的一段对话。

> 在隔壁桌上有一个爸爸、一个妈妈和一个大概12岁的瘦瘦的小男孩。爸爸对男孩说："把你的西红柿汤喝掉。"
>
> 男孩说："我不想喝。"
>
> 然后爸爸用更大的声音说："把你的西红柿汤喝掉。"

这时妈妈说："不要让他做他不想做的事情。"

爸爸看了看她，说："如果只做他想做的事情，他就没法活下去啊。如果他只做他想做的事情，他会死的。看看我。我这辈子从来没做过一件我想做的事情。"

这是个对我们每个人都很有告诫意义的故事。如果觉得生活乏味无聊、只是一系列无关感谢的杂事，那你又怎么能把日子过成满是你觉得值得感激的事情呢？你最喜欢做哪一类工作？哪些任务让你觉得最厌烦或犹豫不决呢？你拥有哪些与生俱来的天赋呢？

让你的生活充满你觉得值得感激的事情，这样，你的感恩之心就会呈指数级地增长。

学会延迟满足

跟要把时间花在我们喜欢的事情上一样重要的，是要学会控制我们的冲动，做到延迟满足。19世纪60年代在斯坦福大学进行的一项很有趣的研究中，研究人员给了4岁大的孩子们一个"棉花糖挑战"。研究人员出去做事情时，孩子和一块棉花糖被单独留在房间里；研究人员在离开之前解释说，如果孩子能够等到他做完事情回来再吃这块棉花糖，奖励就是再多给一块棉花糖。大约2/3的孩子为了得到两块棉花糖都能等上15~20分钟；剩下的1/3就抵制不住冲动，立刻就抓起了棉花糖。

12~14年之后，研究人员调查了那些孩子的情况，发现了一些惊人的现象。能够抵御诱惑的孩子都成为更坚定、更有条理、更自信、更可依赖、更能应对压力和挫折的年轻人；相对来讲，那些急着抓糖吃的孩子成为更容易嫉妒、羡慕、好争辩、固执和因为没有"得到足够多"而心怀怨恨的人。甚至更让人诧异的是，能够延迟满足的学生学习成绩也要好很多，高考（SAT）成绩明显要更高一些。

学会如何延迟满足（有时候也叫冲动控制）无疑能帮助我们迎接挑战，应对生活中不可避免的挫折。当病人们告诉我说他们迷恋上了某个人，想要开始一段婚外情的时候，我总是说："从现在开始6个月之后再告诉我你的感觉，让我们先有机会来讨论一下你的渴望是什么，找出这些渴望真正意味着什么，看看一段婚外情会如何满足这些渴望。"那些愿意等一等、没有因为冲动而采取行动的病人通常会发现，当他们致力于解决自己的问题，学会感恩自己已经拥有的东西时，那种迷恋就暗淡下去了。

对我们的拥有体验到一种感恩，这让我们不会对我们的缺憾感到怨恨。正如他们所说，感恩是对自己的奖赏。

没有人能够构思或想象出这个世界上那些没有被看到的和无法被看到的奇迹。

——弗朗西斯 • P. 丘奇（Francis P. Church）

第十三章
信念：坚信人们心中基本的善良

你走在生活的路上，会看到一个鸿沟。

跳过去。

它并没有你以为的那么宽。

——约瑟夫·坎贝尔

几年前的一天，我坐在叔叔菲尔家的门前台阶上，他抽着烟，还喝了好几杯很浓的黑咖啡。我记不得出于什么原因，我当时在回忆我的高中毕业舞会。

“哦，是的，我记得，”叔叔说，“你爸爸特别要求你那天晚上不要喝酒，因为前一年麦卢西家的儿子喝醉后骑摩托车出事故死了，再前一年一个橄榄球运动员开车撞到了树上。”

菲尔叔叔喝了口咖啡，然后拍了拍我的大腿。“那天晚上的舞会上，你是个好孩子，”他说，“但是其他人就没那么好了。强尼·圣托瑞就拿着酒瓶直接喝，还有克里斯·阿达姆喝了太多的水果鸡尾酒，他朋友不得不抬着他上车。我觉得那天晚上除了你，其他人都喝酒了。”

我很惊讶地看着他：“你怎么知道强尼和克里斯的事情的？”

“我们就在那儿啊。”他笑了，喝了口咖啡，眼睛从咖啡杯口上面看着我，眼神里充满了顽皮。“你爸爸和我穿着我们最好的西装，一晚上都从窗外看着里面，确保你说到做到。”

我简直无法相信：“你们从窗外看着我的毕业舞会？菲尔叔叔，您说的是真的吗？”

他点点头，显然对他把自己任命为我的守护天使这一角色很得意。叔叔是那种让你觉得，只要有他在，这个世界就是个安全之地的人。他经常说：“哪怕你凌晨两点的时候想要找我，亚瑟，我也会5分钟内赶到，”每当这时，他还会盯着我的眼睛，确保我听明白了他的意思。“你明白我说的话吗，亚瑟？就5分钟。”

“如果你们看到我喝酒了，会怎么办？”我问他。

“你觉得我们为什么穿着西装啊？”他说，露出一个大大的微笑。

一想到如果我喝了一口水果鸡尾酒，父亲和叔叔就会走进我的毕业舞会把我拉走。即使是30年之后，还是让我非常感动。我脸上的表情让叔叔大笑起来。“亚瑟，亚瑟，”他说，“我们都爱你，那我们还能做什么呢？”

从表面上看，这个故事要说的好像是怀疑多于信念。他们不相信我吗？这是我的第一个想法。我已经跟父亲保证过了，他为什么还要怀疑我？但是，如果从共情的角度再来看这个故事，我就能看到信念所发挥的重要作用。父亲和菲尔叔叔对我们的关系有着终极的信任。他们把自己看作是我的保护者，他们相信只要在那儿盯着，我就会是安全的。他们相信我，这一点我并不怀疑，但是他们对我有一点点怀疑，这让他们的信任更真实。他们知道信任有时候需要得到友好的助推。他们对我的信任是真的，但不是盲目的。就像菲尔叔叔说的：“我们又不是昨天才出生。”

共情对信念的定义

共情所激发出的信念会坚信人们心中基本的善良。信念会让你有信心，如果你努力了，就会看到结果。然而，共情产生的信念也根植于怀疑。让我来解释一下这个明显的矛盾。

我对下面这些现象深信不疑：

- 人际关系是有疗愈效果的。
- 共情是一种与生俱来的能力，能在有关爱的关系中得到培养。
- 共情能减少压力、减轻焦虑、提高自我觉察、强化乐观态度、解决冲突和产生亲密。

我对这些现象（我会称作事实）的信念来自我的体验——我是从多年来跟很多人的互动中“获得”了这些信念。但是，我不能要求你盲目地相信这些现象都是真的。我只能通过我的信念来鼓励你，在你自己的生活中培养出共情，然后去观察它会如何影响你的关系。如果你看到共情是有用的，那你也会“获得”你的信念。

起源于共情的信念是实事求是的，而怀疑就是它的坚实基础。起始于怀疑——包括好奇、想象、问出问题、争论答案——你就踏上了通往信念的道路。怀疑就是提出一个问题——如果你都没有提出问题，怎么可能得到答案呢？

怀疑是探索式思维的标志。心存怀疑的人会说：“把那个解释给我听。帮我理解这个问题。不要只是告诉我答案——展示给我看。”展示给我看，而不是告诉我答案——这是所有的教学中最重要的一个规矩。在心理治疗中，我很鼓励怀疑。我希望能在我的病人身上灌输一种质疑的态度，这种态度会说：“展示给我看看。我不是说不信，但我也不会把你说的所有事情都当作绝对真理。”怀疑来自自信，而自信是坚定信念的一个基本成分。如果你连自己都不相信，你又怎么能发展出对诸如共情、希望、感恩和宽恕这种无形现实的坚定信念呢？

怀疑本身就具有创新性。它对事情感到迷惑，就开始琢磨，翻来覆去地看，摇一摇、晃一晃。怀疑是一种信号，表示你在寻找你自己的道路，你不愿意接受他们的观点只是因为他人告诉你事情就是这样的。只有在你怀疑的时候，才能找到真正的信念——不只是相信一些原则或教条（“要么做这件事，要么做其他的事”“吃了这个药你会感觉好一些”“听我的，就按我说的做”），而是相信你睁大眼睛、竖起耳朵才得来的信念。你愿意走过怀疑这条路，是为了有一天能抵达信念的乐园，你知道只有通过这个旅程，你才能相信自己所发现的都是真实的信念。

信念总是出现在黑暗之中，出现在我们感到迷失和害怕，感到对自己和我们在这个世界上的位置都不确定之时。当我们似乎失去了所有去相信的理由时，我们最需要信念。在《忏悔录》（*A Confession*）中，19世纪的俄罗斯作家列夫·托尔斯泰（Leo Tolstoy）描写了他跟抑郁的斗争，抑郁几乎熄灭了他生命中的意义和目的。

> 我觉得我的生命一直所依靠的东西在我的体内崩塌了，没有什么可以让我坚持下去的了……我也不知道我想要什么。我害怕生活；我被驱赶着要离开生活；尽管这样，我还是对生活抱有希望。

托尔斯泰的信念危机给他带来了两年的痛苦折磨。初春的一天，当他独自在树林里散步时，他突然感觉到活下去的意愿复活了。他把这称为信念。

> 信念是生命的含义，是人们因为它而不会自我毁灭、继续活下去的含义。这是我们借以存活的力量。如果人类不相信自己必须为

了什么东西而活下去，那他就不会活着了。

托尔斯泰的信念从何而来？他的信念又是建立在什么基础之上呢？他说自己的信念并不是一个新的发现。“奇怪的是，”他写道，“我找回来的这些能量完全都不是新的。它就是我少年时代对信念的力量——相信我生活的唯一目的就是变得更好。”从他的过去中复活过来的那个简单事实，让托尔斯泰找到了他生活的任务——“变得更好”。

我们在遇到危机的时候要有信念，即使在日常生活中，信念也能很好地为我们服务。当我们犯错时，我们坚信以后自己会尽量避免再犯类似的错误；当我们的子女争吵时，我们坚信第二天他们还会彼此相爱；当我们跟朋友争论时，我们坚信我们的关系可以承受这种争论；当我们深爱的人死去时，我们坚信他们的爱会陪伴我们一生。向前看，我们坚信，我们给予孩子的共情会永远传递下去，他们会传递给他们的孩子，再传递给他们孩子的孩子。

共情如何产生信念

共情引导我们穿过怀疑（不是围绕着怀疑）来找到信念。托尔斯泰的信念寻找过程很有指导意义。首先，他承认可能存在某些被他忽略或没有理解到的事实或体验；然后，他提出问题，寻找答案；感受到了对连接的渴望，与比他更庞大、更有力量的整体建立关系的渴求时，他继续寻找；他倾听着、等待着、观察着。然后一天晚上，当他在树林里散步时，信念就不请自来了。

共情——就是渴望去理解而且想要去连接——是改变的有力催化剂。共情能够改变世界，至少它能改变我们对世界的直接体验，通过改变我们的体验，直接影响我们相互理解和互动的方式。几年前，我跟瑞贝卡一起工作过，她19岁，处在白血病的恢复期。她是被一位康复训练医生转诊到我这里来的。那位医生引用“继发性获益理论”来解释瑞贝卡不靠助行器就不肯走路的原因。按照这个理论，人们持续生病或夸大他们的症状以求得到关注。他承认自己对瑞贝卡继续依赖助行器感到不满，他告诉我，如果她自己想要做到的话，她是完全可以走路的。

在我们的第一次会谈中，瑞贝卡说她烦透了被那些“行为主义者们”催来催去，他们不明白她身体状况的局限，在她说自己还不能走路时，他们还不相信她。“这是一种很长期、很痛苦的病，”她眼含泪花地解释说，“我的身体还没有强壮到可以不靠助行器走路。”

她若有所思地看着我，明显是想猜出我的想法。过了一会儿，她问我是不是会像其他人那样尽力劝说她放弃助行器。我跟她保证我不会强迫她做任何事情，而且什么时候以及要不要靠自己来走路，这些都由她自己决定。

接下来的几个礼拜，我们讨论了她作为一个白血病病人的体验、她对死的恐惧、当她的高中朋友停止让她参加各种活动时她所承受的情感创伤，以及她继续依赖父母提供情感和经济支持的情况。她说，我听。当她向我求助时，我鼓励她去重新审视自己的世界中某些固定的认知，试着对自己更理解、更宽恕一些。

随着我们在一起工作的时间越来越多，她开始了解她恐惧的本质和治疗进展缓慢的原因。每次想要靠自己而不用助行器走路时，她就会大量涌现出自己生病期间的各种记忆：初始的诊断、痛苦的治疗、跟医生和护士的不愉快互动，以及跟这些记忆相关的各种焦虑和恐惧。使用助行器能让瑞贝卡感觉到强壮和独立，因为她不用担心摔倒后向他人求助。放弃助行器会让她害怕，因为这表示她又回到了生命中最脆弱的一个阶段，这会给她带来那时候经历的所有不安全感。

每次会谈中，她至少都要问一次我什么时候会催她走路。我总是给她同样的回答：“这由您来决定，瑞贝卡。您会知道什么时候是正确的时间。我坚信当您觉得准备好了的时候，您就会走路，而且当您开始走路的时候，我会在旁边帮您。”

在我们一起工作了六七周之后，有一天，瑞贝卡来的时候感冒得很厉害，嗓子也疼。“我知道我应该在家里卧床休息，”她说，“但是我今天必须要来。今天早晨我意识到，恐惧已经成了一个坏习惯。它一直把我卡在那里，不让我向前进。只要我能克服这些焦虑，我觉得我就能走路。您明白我的意思吗？您觉得我被恐惧困得无法动弹是不是很蠢啊？”

“我不觉得您很蠢，”我微笑着，“我觉得您是被吓到了，而且我觉得这很正常。”

她笑了，低头看了看整齐地放在大腿上的双手，“那您觉得我什么时候能准备好自己走路呢？”

我能从她的微笑和问题中知道她已经下定了决心。“我觉得您现在就准备好了。”我说。

“现在？就在这儿？”她的语调中兴奋多于焦虑。

“您可以沿着墙走，”我说，“我在您的另一边，就在您身边。我向您保证，我不会让您摔倒的。”

她做了一个深呼吸，站了起来，扶着墙作为支撑。快步走了几步，几乎要摔倒时，她靠在了墙上，面露慌张。我用言语帮她平稳下来，鼓励她走慢点，一次只迈出一步。

她点了点头，我能看出来她很努力地聚焦在她眼前的任务上。她迈了一步，然后又一步，又一步。几分钟之后，她就在我办公室里走来走去了，自豪和兴奋涨红了她的脸。

她喘不过气来，坐回到椅子上。“我们成功啦！”她说。

“是您成功了，瑞贝卡，”我提醒她，“您找到了您所需要的身体和情绪上的力量，更重要的是，您的智慧让您知道什么时候是正确的时间。”

那天我想起了一个我最喜欢的说法，替我表达出了治疗关系的真正意义：“不要走在我前面，我可能跟不上；不要走在我后面，我可能没法带路；走在我旁边，就做我的朋友。”共情就是一个平衡器，因为它总是能建立一段让两个人都意识到他们互相依赖，同时又互相支持的关系。在治疗中，我总是想传达出我对我的病人天生能力的尊重，尊重他们自我蜕变的渴望。我对关系本身无比坚信，因为我知道，如果人们受到尊重，并相信他们的能力，他们就会成长和改变。

信念是有用的——但是也不要害怕对它有所怀疑。被训练得时刻保持怀疑态度的科学家们经常是最后一个相信诸如信念、希望、宽恕和共情这种无法衡量的概念也具有疗愈能力的人。这也是斯坦福大学的精神科医生戴维・施皮格尔（David Spiegel）当初想要探究的内容，为此他决定要研究一下社会心理干预对患有晚期乳腺癌的妇女的效果。人们经常将他跟写畅销书《关爱・治疗・奇迹》（*Love, Medicine and Miracles*）以宣扬心理和社会因素能延长寿命的那个伯尼・S. 西格尔（Bernie S. Siegel）医生弄混。施皮格尔带着想证明这些理念不正确的本意开始了他的实验。

这个研究涉及86名患晚期乳腺癌的妇女。这些妇女被随机分进两组：两个组都接受常规的癌症治疗（放疗和化疗），但是其中一个组在一年里还要每周一起见一次面，每次90分钟。在这种团体治疗中，这些病人讨论她们对疾病的感受和疾病对生活的影响，互相帮助应对死亡的威胁，一起悲伤，彼此支持，分享她们对拥有生活中每个时刻的感恩。这种团体中的牢固关系有助于缓解她们身为癌症病人的社会隔离感。

研究进行5年之后，施皮格尔拿到了分析“生存曲线”的计算机打印结果，显示出在每个特定的时间点这些病人的存活人数。当时他真的被吓了一大跳。

> 我拿到第一份（后来一共有上百份）打印结果时不得不坐下来。两条生存曲线开始时是重合的，但在第20个月的时候就明显分开了。在这些病人被纳入这个研究之后的4年后，就可以发现对照组的所有病人都已经去世了，但是接受团体治疗组的病人中整整1/3还活着……换句话说，平均来讲，从她们进入这个研究的时间算起，实验干预项目中的病人的存活时间是对照组病人的两倍长。这个区别太显著了，所以几乎都不需要统计分析了——你所需要做的就只是看看这两条曲线而已。我当初的预期是两组没有任何区别的。

在实验结束时，施皮格尔拿到了所有结果并信心十足地说："充满爱的亲密关系能够延长生命和改善生活。"他对这个事实的信念并不是自动出现的。事实上，他需要亲眼看到实验数据才会相信。但是在怀疑过、看到过之后，他的信念就不可动摇了。

践行信念

找到一个起程点

信念有时候需要一块发射垫。我13岁八年级结束的时候，需要决定是继续读天主教学校还是读公立学校。在公立学校会有打橄榄球的机会，我非常想得到这个机会。牧师听说了我的纠结后，有一天把我叫到他的办公室，问我是否真的觉得应该为橄榄球而放弃上帝。我被这个疑惑所折磨，有一天下午放学之后去了教堂，双手合十，用我所有的能量和信念来祈祷出现上帝的指点。在某一个时刻，我抬头望向祭坛，我发誓我看到耶稣的雕像移动了。这就是我所需要的全部。我离开教堂时相信，耶稣也想让我去打橄榄球。

那一天对我来说绝对是个起程点，是我借以回望思考的地方，然后就看到信念的灵光一闪。我现在意识到，我所做决定中的信念来自想打橄榄球的强烈渴望，但我需求的强烈才激发出了我的信念和让我坚持自己想法的决心。**我们在一生中都能找到许多个起程点，在那里我们下定决心朝一个方向，而不是另一个方向前进。**从你自己的生活中找到一些起程点，即你想要得到确认或建议时就正好找到了你正在寻找的东西。然后，想一下：那些反应是从何而来的？是我想要的回答吗？这个回答如何改变了我的生活？

秉持怀疑心

不要让怀疑把你从信念身边吓跑。允许你自己心存疑虑。带着你的怀疑。小心一些。去挑战信念。问一问为什么？一遍一遍又一遍，但问的时候一定要带着想接近你要去理解的东西的目的，而不是把它推向远方。

注意：不要怀疑一切

怀疑一切和有所怀疑可不是同一种体验。怀疑一切是一种不相信的状态，是一种主动不去相信的行为；有所怀疑会提出问题，但头脑并不是封闭的。怀疑一切会关闭所有的可能性；有所怀疑还给希望留有空间。怀疑一切会导致悲观主义；有所怀疑会给乐观留有机会。怀疑一切让视野紧缩；有所怀疑会让世界扩展。

有所怀疑是房门全开地面对世界，向信念挑战：继续，展示给我看！而怀疑一切会转过身去，慢慢地走开。

不要害怕驳斥上帝

共情引发的信念不会害怕提出问题和表达怀疑——共情只会要求我们仔细地倾听，去寻找答案，因为就是在两个互相关爱的人之间的这种来回互动中，我们才能学习和成长。

树立信念可以看作是一种挑战权威的方式。表达出你的怀疑；去等待，去倾听；然后，某个时候，你就会听到一个声音跟你说话。

在《每天的领悟》(*Everyday Epiphanies*) 一书中，梅兰斯·沃博达 (Mela Svoboda) 讲述了自己跟上帝进行的一次有意思的对话，她指责上帝心太软了。

> "您的爱太不加选择了。您太信任人了。您宽恕得太多了。您绝对是太过于有耐心了！"
>
> 说完这些，我邀请上帝告诉我，我哪里不对了。但是我听见上帝只说了："你知道，宝贝，你真的让我很开心！"
>
> 这只是验证了我的说法。

像普通人一样去相信上帝，生命就可能又会开始成长。

——威廉·詹姆斯 (William James)

第十四章

希望：事情会一天天好起来的

死亡并不是生活的终极悲剧。终极悲剧是去人性化——在一个陌生贫瘠的地方死去，与拉着爱人的手所带来的精神滋养相隔离，与体验生命价值的渴望相隔离，与希望相隔离。

——诺曼·卡曾斯（Norman Cousins）

我们内心都是乐观主义者。我们都想去相信，因为带着相信，我们就能忍受几乎任何事情。但是，有时候生活不仅会让我们喘不过气来，还会把我们的信念带走，而就在这种随波逐流的寂静中，共情能把我们带回到希望身边。

我母亲晚年得了癌症。在她临终前，我每天晚上都去医院看她。在那里，就在降临的黑暗中，我找到了希望。有一天晚上她问了我一个问题。

“亚瑟？”她悄声说。

“什么？”我也悄声回答。

“你还记得我们去公墓那天吗？”

我知道她说的是哪一天。“是的。”我说。

她把目光从我身上转向别处看了一会儿，她是在回忆。那是在春天，大卫死后的几天。我们跟牧师一起去了公墓，母亲跟牧师说她想要一个有三个墓穴的位置——一个给大卫，一个给自己，还有一个给父亲。我看着她想，那我呢？但我什么都没说。她后来问我明白了吗。“没有。”我说，因为我确实没明白。“你会有另外的生活，”她说，“你会有家庭和孩子，你会有你自己的墓穴，跟他们在一起。”“我想跟你们在一起。”我告诉她。“你会有自己的家庭，你的墓会跟他们在一起。”她说。“你怎么知道呢？”我问。“这是我知道的事情。”她说。当然她说得对。我娶了一个非常好的女人，父母爱她就像爱自己的女儿一样，而且我们也有了孩子，正如母亲预言的那样。

现在，这么多年过去了，我看着母亲那映衬在医院白床单上的苍白脸庞，感觉在我的内心最深处发出了一声感叹。

“现在你明白了，不是吗？”她问。

“是的，我明白了。”我说。

“很好，”她轻轻地说，“现在告诉我，艾瑞卡怎么样？”然后我们谈了1岁大的艾瑞卡，她病得很厉害，正面临着下一次手术。

“她会好起来的。”她说，这是一个没有问号的问题。

“是的，”我说，“她会好起来的，我们会保证她会好起来。”

“那你呢？”她问我。

“我也会很好。”她还是用那种表情盯着我——像在说，你还是没明白这个问题，亚瑟——我就说：“我保证，我会好好照顾自己的。”

“你会照顾好其他的每个人，亚瑟，所有的病人都需要你的帮助，你父亲和我走了之后，家族中的人有问题时都会给你打电话，”她说，前额因为担心皱了起来，“可谁来照顾你呢？”

“我们会相互照顾的。”我说。她没说话，然后点点头，我知道她明白了。

就这样，在这次谈话中，母亲问到了一些能在她的旅程中支持她的东西，一些能让她抓牢和相信的东西，一些能带给她希望的东西。我能从一个比记忆和事实更深层的地方感知到，未来对于我的孩子会是一片光明。

母亲露出了笑容，我知道她也相信这一点。

共情对希望的定义

共情所激发出的希望肯定是符合现实的。希望并不是相信所有的事情都会好转，而是坚信即使在事情出了问题的时候，我们还是会以某种方式找到自己的出路。“以某种方式”是共情中的俗语，它总是涉及关系。通过我们跟这个世界的关系、跟自己的关系及彼此之间的关系，共情会保证我们找到出路。

共情中的希望很有韧性，也很顽强。不管希望被打倒了多少次，它都还会再站起来。希望既体现在我们的态度（“我能做”）上，也体现在我们的行动（“我会去做”）中。希望是一种“鼓起勇气”——这意味着先要找到什么去相信，然后坚定地努力去实现它。共情中的希望不仅是用一种幻想的方式来看待未来，而是要让事情一天天地好起来。希望的态度中充满了目的和方向，希望的行动让我们一直在前进。

希望产生于极大的努力、勤奋、耐心和专注。我们通过努力坚持一步一步向前走而获得希望。但是要发展出抱有希望的态度——要学会如何相信我们自己——我们需要他人也能相信我们。当我的高中辅导员老师告诉我，我应该放弃上大学的想法，因为我的成绩表明我缺乏雄心壮志和学习天赋时，我动摇了。我想或许他是对的。或许我应该加入陆军或海军。或许，那里才是我的归属。

我向父亲求助，他给了我希望。真正关键的问题是，他给了我心怀希望的理由。他并没有只是说：“亚瑟，那个人是个傻瓜，他都不知道自己在说些什么。”相反，他让辅导员说话，仔细地倾听着辅导员给出的理由，尽力去理解辅导员的视角，然后他才告诉我为什么他觉得辅导员对我天赋的评估是不对的。那次见面之后，我才对我的未来充满了希望，这不是因为父亲直接用盘子把希望端给我，而是因为他花了功夫让希望从实际体验中呈现了出来。

共情会带来理解，这总是会产生希望。一旦我们带着共情进入了一个情境，努力地去理解其中的所有纷繁复杂，我们就会意识到生活不仅只有一条出路。“每一个出口都是一个地方的入口。”剧作家汤姆·斯托帕德（Tom Stoppard）写道，而这也就是最关键的那一点——如果一扇门关上了，就去找找还开着的窗；如果你丢了什么东西，就想想你还拿着什么。或者就像奥斯卡·王尔德（Oscar Wilde）曾经说的：“每次摔倒的时候，都捡点东西起来。”

跟辅导员见过面的几个月之后，父亲开车带我去了缅因州的布里奇顿学院（Bridgton Academy）去面试，这是一家专门为高中的体育特长生开办的大学预备班。布里奇顿的面试刚开始时，父亲和我面对着学校的校长戈德·史密斯先生坐下来。他对我们两个人的到来表示感谢，几分钟之后他就让父亲先离开房间，留我与他单独聊聊。

我们谈到了我的家乡和我决定申请布里奇顿的理由。“我不知道，我们学校的招生人员去你们高中学校的时候，你为什么没去面试呢？”戈德·史密斯先生在谈话中问我。

“我的辅导员认为我不应该申请布里奇顿。”我说。

“为什么呢？”

“他觉得我应该参军。他认为我不应该走求学的路。我以前学习都不够勤奋。”我坦诚相告。

“你觉得你在这里能学好吗？”

“我父亲觉得我需要这样一所学校来教会我如何学习。”我说。

“你同意他的观点吗？”

“我想是的，但还不是完全确信。”

那会儿史密斯先生又问了我喜欢读些什么书。我告诉他我不怎么读书。

“你一点都不读吗？”

“是的。”我说，难有一丝自豪。事实上，给出这个答案时，我都觉得自己应该在当地的玻璃厂工作，父亲和他的兄弟们及他们的父亲都在那儿工作过。

“你看报纸的体育版吗？”戈德·史密斯先生问。

“当然，是的，我每天都看体育版。”

我们谈了很长时间的体育。我告诉他我最喜欢的球员是克利夫兰布朗队（the Cheveland Browns）的吉姆·布朗（Jimmy Brown）。“你知道去年他每次进攻的平均码数是多少吗？”戈德·史密斯先生问。我知道。他问我知不知道NFL（美国职业橄榄球大联盟）冠军赛的成绩。我告诉了他。后来我才意识到他是在给我做测试，分析对自己相对擅长的领域里细节信息的记忆能力。

我们谈话结束时，我告诉史密斯先生我是多么想来布里奇顿学习。“我想证明给我父母和自己看，我在学校里也能像在橄榄球场上表现得那么好。”我说。

史密斯先生握了握我的手，告诉我说他很高兴让我来布里奇顿。“我相信你会有很好的前途，”他说，“你记忆力很好，对你感兴趣的话题很有激情，你能记住很多细节，很有礼貌，也很有想法，还是个很好的倾听者。而且最重要的是，我能听出来在这里好好学习对你来讲有多重要，以及你会多么感激获得第二次上学的机会。”

那天我离开布里奇顿的时候对自己的未来充满了希望，因为史密斯先生花费了大量的时间和力气来找出我在乎的东西，还对我的潜能做了一个实事求是的评估。他关注于我的记忆力、专注度和学习的意愿——我以前从来没有把这些品质跟学业成绩相关联过——他让我对自己的能力和潜能有了一些了解。通过使用共情，戈德·史密斯先生给了我希望。

共情如何产生希望

研究人员已经通过大量的研究证实了，心怀希望对我们的头脑、身体和精神都有深远的影响。按照这些研究的结果，希望能够：

- 在逆境中产生所需的能量。
- 提高创造性，给我们提供更多的选择和路径。
- 帮助我们应对创伤和悲痛。
- 保护我们免受抑郁。
- 改善我们在学校里的表现。
- 增强我们的免疫反应。

心理学家赫尔格森（Helgeson）和海迪·弗里茨（Heidi Fritz）最近的一项研究所给出的证据表明，抱有希望的态度能对身体健康产生巨大的影响。研究人员给298名住院做血管扩张手术的病人发了调查问卷。血管扩张术是一种用来解除主动脉栓塞的手术。这些病人们被问到他们对生活，以及他们从家人、朋友和医生那里得到的支持的总体看法，还有一些更明确的问题，包括他们锻炼的强度，他们是否觉得自己能控制住影响健康的行为，比如吸烟和过度饮食。6个月之后，这些病人又被询问了一次。其中那些悲观态度得分高的人再次得动脉栓塞的可能性几乎是那些对自己的状况很有信心和希望的病人的3倍。而且具有积极心态、高自我价值感和自我控制能力强的病人中，经历心脏病发作、做搭桥手术或需要做第二次血管扩张术的可能性更低。

在另一项很引人关注的用来测定乐观对表现的影响的研究中，心理学家马丁·塞利格曼（Martin Seligman）给保险推销员发放调查问卷来测定他们的乐观程度。当把他们的问卷结果和实际销售记录相对应时，他发现乐观程度得分高的销售员比悲观的销售员平均多卖出37%的保险。乐观程度排名前10%的销售员比悲观程度排名前10%的销售员要多卖出88%的保险。

乐观的销售员跟他们的潜在客户打交道的方式会更加共情。当潜在客户说“不”的时候，悲观的人会认为他们自己是个失败者，会做出“我不够好”或“我甚至都迈不出第一步”这样的归因；相反，乐观的销售员会以他人的视角看问题，做出“我给她打电话的时候她太忙了”或“这个家庭已经买了保险了”这样的归因。乐观的销售员不会认为拒绝是针对他们个人的，因此他们对未来的客户还会抱有希望。

在关系中，共情通过帮我们发展出一个更广阔的视角来产生一种抱有希望的态度；在更广阔的视角中，不幸和失望都被看作是暂时的，是这个情境所特有的，而且最终也是可以被战胜的。如果我们认为原因是永久性的——“我很蠢”“他不够敏感”“她很粗心大意”——我们就为绝望和抑郁铺平了道路；如果我们认为这个情境是独特的，只是限定在这个时刻——“我刚说了一句很蠢的话”或“他通常都很善解人意，但是现在倒不是非常有反应”——我们就只是把失望限定在这次特定的互动中，避免泛化到过去和将来。

当堪萨斯大学的心理学家C.R.斯奈德（C.R.Snyder）研究大学生们的学业表现时，他发现希望对成功有非常大的影响。斯奈德把希望定义为“相信你既有意愿也有途径来实现你的目标”。斯奈德发现，高希望度的学生一般来讲学习更努力，而且他们也会发展出越来越多的基于希望的技能。他们会拒绝向焦虑或抑郁屈服，会寻找方法来自我激励，陷在困难中时会让自己打消疑虑，有创造性地去寻找实现目标的替代路线（或者需要的话就转换目标），不管事情有多沮丧都能保持灵活性等。

共情能让我们平静下来，加强我们与他人的关系，帮助建立一种让我们弯曲而不是断裂的态度。共情能降低恐惧的热度，平抚“我做不到”的焦虑。我们一起努力，提醒自己并没有谁是完美的，把事情的节奏慢下来，我们就能在关系中找到希望。

共情所激发的希望能在人与人之间建立起连接，这会产生行动所需的能量。有一个故事是讲温斯顿·丘吉尔（Winston Churchill）的，他在上学的时候英语课重修了三遍，而他班上那些（用他的话说就是）“更加聪明”的男生已经去学希腊语和拉丁语了。1941年，在“二战”初期，丘吉尔当选英国首相后重访了他的学校。在给学生们做的一次简短的演讲中，他说了几句至理名言。

> “永远都不要屈服！”丘吉尔大声说，一边还用拐杖敲着地板。“永远，永远，永远，永远都不要！永远不要以任何方式让步，不管是大人物还是小人物，不管是大事情还是小事情，除非让步给尊严和善良。永远都不要向敌军的武力和貌似强大的强权屈服。”

“永不屈服”——这四个字也道出了共情和希望的战斗精神。

践行希望

与自己争辩

我们大多数人在跟他人争辩时都相当有才，当面对自己的自我评估时，却很少能给出有异议的观点。“你太蠢了，”你对自己说，“你总是让自己陷入这种混乱的局面。你为什么不能长大一些呢？”然后，我们就在感觉挫败和无望中打转。

要开始跟这类表述辩论。谁说你很蠢的？你为什么要相信这种评价呢？说你蠢的证据在哪里？花些时间来学学如何根据自己今天的表现而不是靠找出过去的失败来评估自己的能力。如果你犯了个错误或没能达到自己的目标，这并不意味着你有欠缺或可能是有缺陷的——这只是意味着你是一个人。错误本来就是这个游戏中的一部分。

寻找解决方案

希望的根基是相信每一个问题都能在某个地方找得到答案。它可能并不是我们想要的或是期待着的答案，但是每一种答案都指向一个明确的方向。我们可以选择朝这个方向走，也可以走向完全不同的另一个方向。关键就在于——一个问题从来都不是只有一个解决方案。让你的选择保持开放，或者像我母亲经常说的，“合上书本，睁开眼睛”。

多听音乐

一天结束之后，如果我的能量值很低，而我还有几个小时的工作要做时，我就去听意大利盲人歌剧演唱家安德烈·波切利（Andrea Bocelli）的音乐。他的声音总能让我精神振奋。哪种音乐能激发你呢？哪些抒情的乐曲能平抚你困顿的精神？比如，我知道很多人听到《奇异恩典》（*Amazing*

Grace）或《忧愁河上的金桥》(*Bridge Over Troubled Water*）中的歌词立刻就能打起精神。

南希·伯克（Nancy Burke）在《健康冥想》(*Meditations for Health*）中谈到了帮她找到面对癌症治疗的能量和勇气的音乐。

> 历经了两个冬天和两个夏天，每周开车去癌症中心做治疗的来回路上，我都一遍又一遍地播放帕蒂·拉贝尔（Patti LaBelle）演唱的《飞越彩虹》(*Somewhere over the Rainbow*）和《胜利属于你》(*There's a Winner in You*)。当我觉得害怕，以为自己无法再去做这次治疗时，我就靠播放这两首歌把车开到医院。然后，在我很疲惫，担心自己不能开车到家时，我也会播放这两首歌。我的精神总能恢复过来，就这么不知不觉地就开回来了。我能在她富有激情的声音中找到这种勇气和希望。在我生命最黑暗的阶段，那个声音让我对还能活着充满感激。

像伯克一样，我相信对我们每个人来说都有这样的歌曲，“一种旋律和魔力的不可估量的组合，能如此完美地呵护我们的心，让我们能脱离此时此地”。你的那首歌是哪一首？你为什么觉得这首歌有疗愈效果？它是如何振奋你的精神的？适合你的歌是如何随着时间和环境而变化的？它能把你带到哪里？你什么时候会听这首歌呢？

去看《生活多美好》这部电影

多年以前，我跟一位43岁的高中老师一起工作过，她被丈夫抛弃后想自杀。圣诞节前的几个礼拜，她让我帮个忙。

“我知道您不喜欢告诉他人要去做什么，”她说，“但是我在想您能不能给我一点建议，让我看到我生命的价值，现在就让我找到我生命的意义。我都不知道自己还能不能继续坚持下去，因为我感觉不到自己对他人的生活有过任何影响。”

“您是一位老师，向那么多人付出了那么多东西，简，”我说，“我知道您不能经常听到他人说您的工作如何影响了他们。我们大多数人都不会回去告诉我们伟大的老师，他们是怎样深刻地影响了我们的人生的。我知道我从来没有这么做过。但是现在您坐在这儿，我还能想起来某些老师说的话，感觉就像发生在昨天一样。您让我给您些帮助，但是我倒想让您帮我个忙。我想让您去看看《生活多美好》（*It's a Wonderful Life*）这部电影，听听克拉伦斯（Clarence），就是想得到翅膀的那个天使，跟乔治·百利（George Bailey）都说了些什么。然后，我想让您尽量客观地想一下，您的生活对那么多人来说意味着什么。”

圣诞节那天我打开家门，在门廊上发现了一个包装好的礼物。是《生活多美好》的录像带，还有一张纸条上写着：“你就是我的克拉伦斯。圣诞节快乐。简。”

每个圣诞节晚上我都会跟家人一起看这部电影，每次我都会想到那些我能有幸跟他们一起工作过的人，他们失去了希望，但是通过勇气、努力和共情的疗愈力量，又重新找回了奋斗精神。在生活中，当他人感到绝望、看不到出路时给予他们帮助，我们就是在“获得我们的翅膀”。我们通过共情的领悟和引导来获得我们的翅膀。

避免使用“总是”这个词

“这种事情总是发生在我身上。”“我总是这样反应过度。”“我总是犯愚蠢的错误。”“我总是匆匆忙忙，丢三落四。”“他总是迟到。”“她总是把所有的事情都怪在我身上。”

这些说法中的希望在哪里啊？“总是”这个词里的“出路”在哪里？“总是”是一种没有过去、现在或将来的表达方式，一个让时间停摆的词，是一个棺柩。即使你以一种积极的方式来使用“总是”这个词——“我跑得总是很快。”“我在学校总是表现很好。”“我总是努力工作。”——那你也是在为失望铺平道路。如果你在一次重要的比赛中拉伤了肌肉怎么办？如果你考试前只睡了3个小时，最后得了 B 而不是通常的 A 怎么办？如果你今天生病了，身体疲惫、不想努力工作怎么办？

“总是”这个词对其他的可能性和解释紧闭大门。因为尊重生活永恒变化的本性，共情能认识到“总是”这个词里包含的威胁，所以会使用像“有时候”或“时不时”或“每过一段时间”这种词来代替。“有时候我三击出局，但有时候我能打出本垒打。”“我时不时会说些不该说的话。”“每过一段时间我就找个身边的人来责怪，而不是自己承担责任。”

这些词是在强调情形总是暂时的，是一直在改变的。通过语言上这一小小的变化，你就不会感觉那么无望，而是会更有希望。

利用好你的记忆

记忆是强大的希望制造者，它也可以是很多绝望的原因。所以，通往希望的一条道路就是非常仔细地挑选你的记忆。当发生一件美好的、愉快的事情时——一个陌生人向你微笑，朋友给了你一个赞美，亲戚给了你一个拥抱，孩子向你寻求安慰——就给这个记忆加个框。把这种时刻从时间的本来位置上移出来，在它的周围加上金色边框，然后把它“放置”在你的记忆展厅中。日复一日，有那么多给人希望的美好事情在我们生活中发生，如果我们不稍停片刻，好好想想这些事情，有意识地给它们加上边框，我们就会失去这些美好的时刻。

愿意做出改变

希望，就像由共情所驱动的所有体验一样，并不是一个被动地等待着好事情发生的状态，而是对美好的主动追求。你怎样才能让行动体现在希望之中呢？你能做些什么来创造希望，并给他人带来希望呢？

能产生希望的最肥沃的土地之一就是做出改变的意愿。如果我们不够灵活、很僵化、不能弯曲、不肯让步，那我们就制造出了一片厚重泥泞的沼泽地，希望只能从中艰难前行。但是如果我们可以弯曲、灵活、让步和臣服，希望就会插上双翼。

> *心自有它的容身之地，在它自己的世界，能够把地狱变成天堂，把天堂变成地狱。*
>
> ——约翰 • 弥尔顿（John Milton）

第十五章

宽恕：原谅自己，就原谅了整个世界

因为我们的意图从不曾完美无缺，我们的尝试从不曾准确无误，我们的所成从不曾摆脱我们称之为人性的局限，我们需要被宽恕所救赎。

——大卫·奥格斯伯格（David Augsburger）

我们提到宽恕时，会以为这是我们赐予他人的东西——我宽恕你。但是宽恕的核心是宽恕我们自己的过程和行动。

大卫为什么会自杀

30年前，当我弟弟自杀后，我迷失了方向。在超过两年的时间里，我活在黑暗和绝望之中。我穿的唯一的颜色是棕色——我所有的衬衫、长裤、袜子和鞋，我的所有东西都是象牙色或棕色。我每天都去上课学习，但是在工作中找不到快乐。每天晚上我都去跑步，逼着自己跑得更远些、更快些，甚至我还能听见大卫的声音，环绕着我，叫我向前跑，给我跑步的力量，而过后我只是会深感疲惫、孤独。

大卫死了3个月之后，我放弃了大学里当老师的职位，搬回家乡跟父母一起生活。我的想法和情绪都围绕着父母。我需要跟他们待在一起，同样他们也需要跟我待在一起。在我长大的房子里醒来，在跟大卫一起吃过无数顿饭的厨房里吃饭，沿着我们过去一起走过的马路散步，我一直在跟我的悲伤和愤怒做斗争。大卫怎么能这样离开我们呢？什么样的痛苦和恐惧会让他结束了自己的生命呢？当他锁上房门把针打进手臂的那个晚上，他都在想些什么？我整夜整夜地清醒地躺着，尽力去想象大卫的绝望，我却无法走进，也找不到能进入他内心和灵魂的路。

为什么呢？这是一直萦绕着我的问题，我所能找到的答案都无法给我任何慰藉。我当初应该花更多时间跟他待在一起，多关心他，多跟他谈心吗？我是不是太关注于我自己的生活，却没有注意到他可能需要我做些什么？这是我父母的错吗？父亲对大卫期望过高了吗？母亲太依附于他，使得他很难与母亲分离吗？

我发现自己在苦苦思索着自己当初应该做的事情，和我当初应该说的话。明知道问这些无法回答的问题没有意义，只会让我精神更疲惫，但我还是在琢磨：我当初能够做些什么来拯救他。我在哪里走错了？我在哪里失败了？

我从来不曾想到过宽恕。宽恕什么？宽恕谁？宽恕似乎并不是问题的所在。因为我又能宽恕谁，宽恕又能改变什么呢？宽恕也不会让大卫复活。我把宽恕等同于这个活着的世界。我看不到宽恕跟我的生活，或者跟我与我再也见不到的弟弟之间的关系有什么关联。

一周又一周，一月复一月，我如行尸走肉一般。我结束了博士学位的课程，只剩下写论文了。我每写一页，母亲（世界上唯一一个能看懂我字迹的人）就用打字机打一页。周末，我会在父亲的家具店里帮忙，会跟朋友聊天，会在路上朝陌生人微笑，会跟父母在前门台阶上闲坐，会跟邻居闲聊，会跟我的阿姨、叔叔和表兄弟们庆祝节日。我活着，也呼吸着，就这样一步一步向前走着。

慢慢地，我感觉到内心有一种松动。对我来说，这是身体上的一种解脱，就像是抽筋的肌肉自己松开了。**在我逐渐认清了事实之后，宽恕出现了。**大卫已经走了，我能做的任何事情也无法把他救回来。回头看，我知道我已经做了我所能做的一切。我并不完美，我也犯过错误，我说过一些我希望自己没有说过的话，做了一些我后悔做过的事情——但是我爱他。我不可能更爱他了。所以，就有了这样一个事实——我爱他，而我的爱没能挽救他。

如果那时我就能知道我现在所知道的关于共情的力量，我应该能够救回我的弟弟吗？我相信这个问题的答案是肯定的。我给在阿姆斯特丹的大卫打电话时，他说："如果我要坐牢的话，我会杀了我自己的。"我就会直接问他有关自杀的威胁。"你有伤害自己的计划吗？"我会这么说，"你离自杀有多近？"通过这些问题，我会试着判断他有多脆弱，他伤害自己的可能性有多大。当大卫说"我爱你"时，我会说"我也爱你"。我会仔细地倾听他说的话，而不是关注于我自己的反应。我会共情他，而不会去假定、猜测、让情绪掌控我的反应。

知道了我本可以做些什么、说些什么就可能救了大卫的命，我可怎么接受这一点啊？我接受了。这是我能给出的唯一答案——我接受它。我知道当时我是谁，正处在我自己生命中的哪个阶段，而且知道我已经做了基于自己当时的知识和经验所能做的所有事情；我知道父母也做了他们能做的所有事情；而且大卫……大卫也做了他所能做的所有事情。

我已经找到宽恕了吗？从完全摆脱悲伤、痛苦，以及没有被回答的那些问题的意义上看，还没有。但是我不会再用我当初应该做些什么、说些什么的想法来折磨我自己了。我聚焦在今天，为活着的人尽我所能。我记得大卫——我永远都不会忘记他——我知道我对他的死的回答就是，我要来帮助那些像他一样感到迷失、孤独、茫然的人。我一直提醒我自己：你还活着。你还有工作要做。在这个工作中，日复一日，我继续找寻着对我自己和对大卫的宽恕。

每一天都是一个新的机会。去年夏天，我到缅因州休两个礼拜的假，到达时疲惫不堪，睡眠不足。我等不及要睡睡午觉，跟家人在海滩散散步，跟邻居聊聊天，让自己迷失在没有日程规划的节奏里。我是礼拜五晚上到的，礼拜二早晨我正要出门跑步时，卡伦当时正在接电话，示意我等一等。她用手捂住电话听筒。“是约翰的老婆。”她告诉我，约翰是给我们缅因州的房子干过活的电工。“他现在深度抑郁。他最好的朋友两个月前死于一场车祸，他瘦了将近45斤。我担心他可能会再酗起酒来。”

不到1个小时之后，约翰和我坐下来开始聊天。那天我们一起待了3个小时。他告诉我，他已经接受了一个精神科医生的治疗，医生给他开了一种能成瘾的安定药赞安诺（Xanax）和一种抗抑郁药左洛复（Zoloft）。精神科医生又把约翰转介给一位心理治疗师，治疗师说他正遭受中年危机。

“我听说这位治疗师擅长处理‘中年危机事件’。”他说着，露出了那天的第一个微笑。

“他有多大年纪？”我问。

“50岁上下。”

我们俩相互看了看，一起大笑起来。我们都有了一个相同的想法——这里是谁在遭受中年危机啊？但是透过这个笑声我还感觉到了一层愤怒——怎么能有人把约翰生活中那么多严重的问题合在一起就贴上一个“中年危机”的标签呢？10岁生日之前父母双亡；40几岁的时候哥哥也死了；最好的朋友又在一场车祸中丧生；20年来都在跟酗酒作斗争，直到最近才戒掉。他被悲伤和恐惧压倒，想找人来帮帮自己，但是好像没人愿意倾听那些让他抑郁的深层痛苦。一个精神科医生说他抑郁了，指导他用安定药和抗抑郁药来减轻自己的痛苦；一个社会工作者说他正在经历中年危机；他在匿名戒酒协会的资助者警告他要采取行动，否则他就会被关进醉汉监禁室；他的妻子害怕他会自杀。

所有这些人的本意都是好的，但是他们都是从一个有倾向性的位置来倾听，因为他们有自己的担心或恐惧而不能共情到约翰的体会。

所以当约翰说出了这些事情，我也听到了之后，我们都感觉好多了。“没有人告诉我说我对朋友的死感到不知所措可能是正常的。”约翰那天离开我家的时候说，“没有人跟我讨论过我父母或哥哥或我婚姻的压力。为什么呢？为什么没有人问过我人际关系的情况？他们为什么自动就认为他们知道了我的想法和感受呢？他们为什么不帮我弄明白这些？”

听了这些问题，我竟找到了我自己那个问题的答案，这又要追溯到许多年以前。有时候我们不理解他人；我们会犯错误；我们会诊断错误、误贴标签、错误归类，会走错方向。我记得我在大卫拜访过牧师之后跟他沟通过，牧师向他保证说祈祷能解决他的问题；我还记得大卫的医生给他开了可以多次取药的安定药和镇静剂处方，希望这能让他的痛苦走开；我也记得自己花几个小时陪他在书店里找那些自助类书籍，在保健品商店寻找可能会减轻他症状的非处方药物。我记得很多次大卫向我寻求建议时，我给了他同情而不是共情，当时我还以为自己理解了他的感受（而事实上，我并没有明白他的感受有多深），比这更糟糕的是，我还建议他要为自己负责任，要成为那个我知道他能成为的人。我做出了这些方向错误的回应，最终把他自己留在了痛苦里。

共情把我带回到过去，去理解我弟弟的痛苦。我知道，这么多年来他一直想得到帮助，却一直没能得到，这让他产生了最深的绝望。我知道酒精和海洛因把他带离了生者的世界。当大卫跟药物建立了全时关系之后，他那些有血有肉的关系的重要性就下降了。他满心羞耻和自责，躲避跟家人、朋友的互动。毒瘾把他和那些爱他的人分隔开来，只留下他自己活在一个没有目的和意义的世界里。就在那时，他失去了希望和信念；也是那时，他无法原谅自己的行为，无法原谅他觉得带给我们全家的耻辱，无法原谅他所造成的悲伤，也无法原谅他在年轻的生命中已经造成的各种心痛。他的世界不断缩窄，直到最终他看不到任何出路，所以他结束了自己的生命。

他无法宽恕自己。这是我弟弟自杀的真正原因。他无法接受自己已经变成的样子——一个大学辍学生、一个海洛因成瘾者、一个罪犯、一个犯法的逃亡者、一个被排斥者。这些标签毁了他，死亡成了他生命中无法忍受之痛的一种解脱。

共情引领我理解了弟弟，在这个理解中，我找到了对自己的宽恕。这并不是一下子全部都找到了，而是日复一日，在我跟那些努力寻找方法来接受他们自己的人们一起工作时慢慢找到的。我跟他们讨论改变的可能性，讨论每一天我们都要重新开始这个事实；讨论如何学会接受我们的不完美，改变我们能够改变的部分，并探寻如何包容其他的部分。最重要的是，在人们诉说他们的绝望、寻找继续前进的方向时，我仔细地倾听着。我尽量带着关心和尊重来做出回应，尊重他们独特的体验。我欢庆他们的成功，也参与他们的悲痛。

因为被共情的力量所指引，我知道我是在尽我所能，我也相信这会带来变化。我保证，只要他们还在一步一步向前走，我就永远不会放弃他们。我也从来都没有放弃过。

共情对宽恕的定义

共情能拓宽我们看世界的视野，从那个拓宽的视野中，我们能找到对自己和对他人的宽恕。宽恕是一个逐渐深入的过程，而不是完成后就放在一边的一个动作。就在我们继续努力从过去的悲剧和创伤中学习如何超越它们时，宽恕会缓缓地到来。随着时间的推移和我们所付出的努力，我们就能够向前进，对过去加以修建，而不是无休止地进行重复。

海伦·普雷金（Helen Prejean）在自己的书《死囚漫步》（*Dead Man Walking*）中讲了一个毫无价值的死亡及之后发生的故事。在很前面的一段内容里，被谋杀的年轻人的父亲低头看着儿子的尸体说："不管是谁干的，我都宽恕他们。"但是，这个父亲随后才发现，这句话只是一趟漫长旅程中的第一步。因为每一天，他都被迫走一遍宽恕之路。普雷金写道：

> 他知道自己要奋力去克服痛苦的感受和涌起的报仇之心，尤其是当他每年想起大卫的生日时，就又要重新失去他一次：20岁的大卫、25岁的大卫、结婚的大卫、站在后门儿孙绕膝的大卫、成年的大卫。宽恕从来都不容易。每一天都必须去祈祷宽恕，奋力去宽恕，才能迎来宽恕。

宽恕跟着体验而来，随着共情的脚步而来。共情能让我们更深刻地理解我们属于哪里，通过这个理解，我们才能意识到为什么宽恕是必需的。宽恕并不是我们能够命令或控制的东西，而是随着共情的努力工作而出现的一种体验。如果想去理解，并向曾经被遮掩住、看不到的东西打开我们的头脑和内心，我们就会看到以前看不到的景象；在那个拓宽的视野中，宽恕不需邀请就会向我们走来，就像是林间小路的突然转弯，会为我们呈现出这个世界的一道风景，而这是我们以前从未见过的。

共情如何产生宽恕

共情是如何教会我们宽恕自己和他人的呢？当然这是个终极问题——因为即使我们知道了宽恕是什么，我们真正想知道的是如何做到。我们如何才能找到宽恕，当我们找到之后又拿它来做什么呢？宽恕又如何把我们从过去带到现在，指引我们拓宽我们的自我认知，加强我们的关系呢？

在犹太教义中，宽恕被认为是包含四个阶段的过程：第一，你意识到你做了什么错事；第二，你向你所伤害的人道歉；第三，在任何可能的时候对那个人做出补偿；第四，你尽量不要再犯同样的错误。当然，这个第四步是要终尽一生的事情。

共情也给出了一个类似的宽恕方案，但是这个方案把重点放在我们相互之间持续发展的关系上。

宽恕的 5 个阶段

阶段 1：觉察

由共情激发的每一种体验都一定要从这样的提醒开始：我们的认知受限于我们的体验和我们对这些体验的解读。这个世界复杂无限，在任何一个特定的时刻，我们都只能理解到它的一部分。“对任何事情，我们都只能看到它的一半，”荣格派心理学家爱丽丝·O. 豪威尔（Alice O. Howell）提醒说，“而另一半是我们给看到的东西所赋予的意义。”

阶段 2：找寻

认识到了我们的局限，我们就想知道更多。在宽恕的过程中，共情会让我们持续寻找、梳理、筛分：我还能知道哪些东西？我哪里还没有看清楚？我的倾向性是什么？是什么妨碍了我对事物的理解？

阶段 3：向外走出去

在找寻的阶段，我们开始从自身向外走向他人。共情使得我们可以参与进他人的生活、感受他们的感受、想着他们的想法。通过主动努力借用他人的视角，我们能让自己放弃对世界的偏激看法。

阶段 4：改变

进入到他人的世界中，借用了他人的想法和感受，我们再回到转变后的自己。在每一次共情式互动之后，我们都发生改变和延展，超越了原来的自己。用这个扩展后的视野，我们能看到以前看不到的内容。宽恕的体验就包含在这个新的视野中。

阶段 5：投入

知道我们的心智状态是与他人的体验密不可分的，所以我们要把自己投入到更大的社群之中。在非洲，这个投入到全局的过程被叫作乌班图（Ubuutu），是指一种与世界合一的感觉。南非的大主教德斯蒙德·图图（Desmond Tutu）给出了下面的解释。

> 乌班图……说的是作为人的本质含义……我的人性跟你的人性是绑定在一起的，因为一个人是通过别的人才成为这个人的。在我们非洲，我们极度重视群体的和平与和谐。任何破坏这个和谐的事物都是有害的，不仅仅对社区有害，而且对我们所有人都

有害。因此，宽恕对人类的持续存在绝对是必需的。

宽恕是相互连接的终极行为。我宽恕你，因为我就是你；宽恕了你，我就宽恕了我自己；宽恕了我自己，我就宽恕了这个世界。

践行宽恕

一笔勾销

宽恕意味着自由——把我们自己从骄傲、怨恨和苦难中解脱出来。我们从头再来，或者说，我们把以前的事情一笔勾销。有一个故事很好地阐释了这一点。

一位年长的酒馆老板有两个账本。在第一个账本里，他罗列着他这一年里所犯过的所有罪恶；在第二本里，他罗列着同一年里发生在他和他爱的人身上所有不好的事情。然后，在一年的最后一天，他先看一遍详细列举他的缺点和错误的第一个账本；看完之后，他拿起第二本，再看一遍那一年发生在他身上所有的不幸。

读完之后，酒馆老板合上账本，双手相扣进行祈祷，眼望天空。“亲爱的上帝，”他祈祷，“我有许多罪恶要向你忏悔。但是你也对我做了很多让人痛苦的事情。所以现在我们要开始新的一年，我请求我们都一笔勾销吧。我宽恕你，你也宽恕我。”

在你的生活中，也要记得总是有两个账本的——一个写满了你的错误和不完美，另一个记录着你路上的所有考验和磨难。当你觉得埋怨时，要记得这两个方面的情况，并把你的全部能量用来清除干净你自己犯下的错误。你想要抹去的并不是记忆本身，而是记忆所带来的内疚、怨恨和愤怒这些痛苦的情绪。

给你自己写信

如果你花时间写下自己的想法和感受，就会发生神奇的事情。南卫理公会大学的心理学家詹姆斯·潘尼贝克（James Pennebaker）在一系列的研究中发现，定期写信能提高免疫功能、减少误工天数、促进肝脏的酶功能、减少找医生看病的次数。这些明显的生理变化好像与给自己卸下负担而产生的情绪释放直接相关。

潘尼贝克的方法直截了当。他让人们每天花15~20分钟来写信，集中写一个创伤事件或者让人有压力的担心。然后，他让被试者讲一个故事，并有意识地在这个故事中找到意义。从我们的困扰中找到意义给了我们一个看待这些困扰的新方法——不是作为可能要压垮我们的灾难，而是作为要帮我们开悟的体验。

烧掉你的苦难

在印度传统中，怨恨可以用一种简单但是不寻常的方式来处理。首先，你写出困扰你心智和精神的那些冒犯和侮辱。然后，你把这张纸烧掉。看着纸被烧掉就是一种暗示——所有的事情，即使是怨恨，最终都会消亡。

打坐

当我们匆匆忙忙地赶时间时，心中的怨恨就会累积起来。在一天里找一个地方、一个时间，安静地跟自己的想法和情绪待在一起。如果你正觉得生气或有敌意，不要认为几个深呼吸就能让你安静下来。冥想专家认为我们需要15~20分钟才能从一个高度生理唤醒的状态（比如在高速公路上侥幸脱险、工作中一次伤脑筋的汇报，或者跟朋友或家人的一次有敌意的互动）中恢复过来。

我们很少有人能有幸拿整天的时间来消磨，但是想想亨利·戴维·梭罗（Henry David Thoreau）在瓦尔登湖边的冥想肯定是很让人舒缓的。共情对梭罗的影响很是明显。

> 我爱给自己的生命留有更多余地。有时候，在一个夏天的早晨，照常洗过澡之后，我坐在阳光下的门前，从日出坐到正午，坐在松树、山核桃树和黄栌树中间，在没有打扰的寂寞与宁静之中，凝神沉思。那时，鸟雀在四周唱歌，或默不作声地疾飞而过我的屋子，直到太阳照上我的西窗；或者远处公路上传来一些旅行者的车辆的辚辚声，提醒我时间的流逝。我在这样的季节中生长，好像玉米生长在夜间一样，这比任何手上的劳动好得不知多少了。这样做不是从我的生命中减去了时间，而是在我通常的时间里增添了许多，还超产了许多。我明白了东方人的所谓沉思及抛开工作的意思了。大体上，虚度岁月，我不在乎。白昼在前进，仿佛只是为了照亮我的某种工作；可是刚才还是黎明，你瞧，现在已经是晚上，我并没有完成什么值得纪念的工作。我也没有像鸣禽一般歌唱，我只静静地微笑，笑我自己幸福无涯。正像那麻雀，蹲在我门前的山核桃树上，啁啾地叫着，我也窃窃笑着，或抑制了我的啁啾之声，怕它也许从我的巢中听到了。

独处对于不肯宽恕的人是很难忍受的，他们会发现每个安静的时刻都是重温他们过去痛苦的机会。宽恕能抹去过往，解脱自己，能让我们“像玉米生长在夜间一样”，能走进我们内心，并超越我们自己，让我们成为本想成为的那个自己。

有两种方式来传播光明：做一支蜡烛，或者是反射烛光的明镜。

——伊迪丝·沃顿（Edith Wharton）

后记

我每周三晚上都在一个路德派小教堂里带一次团体治疗，团体里有8个病人，男女都有。最近一个冬天的晚上，48岁的萨拉走进会议室，坐在一把坐垫很厚的老旧椅子上就开始哭。我们都吓了一跳，因为萨拉是典型的新英格兰人，保守、谨慎、态度坚定，有一种顽强的精神，仿佛向世界宣告：嗨，我是在纠结——谁不是呢？——但是无论如何我都能把事情解决。用萨拉自己的话说，她曾经经历过烈火的考验。她7岁时酗酒的父亲就自杀了；34岁时妹妹也企图自杀；酗酒的丈夫对她的身体和情绪虐待了长达20年。她也开始喝酒“来减轻痛苦”，吃赞安诺来“安抚”自己，而且一天抽两包香烟，只是为了好玩。两年前，她跟丈夫离婚之后开始做心理治疗，那时她告诉我她已经让自己跟这个世界的一半切断了关系。“怎么回事呢？”我问。“因为我恨男人。”她回答。

她那天晚上的痛苦让我在想，不知是什么事情打破了她坚固的防御。“您能告诉我们您为什么这么伤心吗，萨拉？”

萨拉尽力地控制着情绪，讲了她跟医生的碰面，医生跟她说他怀疑她得了肺癌，给她安排了这周晚些时候做活体组织检查手术。“他那么冰冷，没有情感。”她说，很明显医生的行为跟癌症的威胁一样让她很不爽。接下来的一个小时，萨拉试着描述出她的愤怒和恐惧，房间里其他的病人都尽其所能地给予安慰。那天晚上离开时，萨拉在团体成员的支持下看起来好多了。

下一个周三，萨拉走进教堂，把厚重的橡胶靴子上的雪抖掉，在长沙发上挨着马修坐了下来。马修是个恢复中的酗酒者，身高近2米，就像是现代版的伐木巨人（Paul Bunyan），手臂像小树一样粗，英俊但饱经风霜的脸庞棱角分明。马修尖酸刻薄，而且常常评判人，几个团体成员给他起了个外号叫“不宽容先生”，因为他对跟自己不一样的人缺乏耐心。以前他对萨拉特别苛责，说她“超级敏感”“爱管闲事”，而萨拉说他“自我中心”“冷酷无情”“咄咄逼人”。在团体里一起待了几个月之后，他们勉强开始相互尊重，但是这个连接还很脆弱。每次他们俩互动时，团体里的其他人都得坐得远远的，等着火花飞溅。

54岁的米利亚姆很温和地、很小心翼翼地询问萨拉有没有活体组织检查的消息。自从女儿28岁死于吸毒过量之后，米利亚姆就一直在跟抑郁做斗争。

“再过一个礼拜我就会知道结果，”萨拉带着平和的微笑说，“但是跟您说实话吧，我并没有自己以为的那么担心。”

“我想知道这个礼拜发生了什么，上周您还那么生气和伤心。”盖里说。盖里，32岁，正在办离婚，争夺他5岁孩子的抚养权。

“发生了一些很神奇的事情，”萨拉说，同时身体前倾，就像是要把大家围坐的一圈拉得更近一些，“去医院做活体组织手术时，我非常害怕。我都无法让自己安静下来。一名男护士在给我量血压时，我突然间就晕倒了。我惊恐发作，告诉那个护士说我要不行了。他拉着我的手，看着我的眼睛说，‘萨拉，没有我，您哪儿也不会去的。我就在这儿陪着您，我会拉着您，我不会让您走的。’”

“那时我想到了您。”萨拉转向马修说。

“您想到了我？”马修并不相信。

“我记得您说过很多次您觉得自己不属于这个团体，”萨拉说，“您说您觉得我们跟您不一样，我们没人能真正理解您的感受。”

“是的，”马修说，身体在沙发上挪了挪，不好意思地笑了，“好像是我说的。”

“我知道您不相信有更高阶的力量，马修，但是我向您保证您真有。”萨拉用她深沉沙哑的声音说：“当那个护士拉着我，跟我说只要他陪着我，我就不会离开的时候，我知道我并不孤独。我也意识到这就是我们在这个团体里为彼此所做的事情——我们互相牢牢抓住，让彼此知道我们会一起渡过难关，我们永远都不会留下孤单的任何一个人。”

萨拉都快哭了，深呼吸了几下好让自己平稳下来。“我要告诉你们所有人，如果这个癌症恐吓发生在一年前，在我还没有你们的支持的时候，我一定被关进疯人院了。如果没有你们，我肯定做不到像现在这样。这其中也包括您，马修。我们之间是有问题，这一点是肯定的。您毫不宽容的评论和您拒绝相信他人的态度着实让我抓狂。但是，我们都在改变，我们都在学习如何相信他人，如何发现自己的感受。我想让您知道——我在这里当着大家的面告诉您——不管发生什么，我都会紧紧地跟您在一起的。我永远都不会放弃您的。”

现在是马修眼含热泪了。有那么一会儿，没有人说话，然后让我们都惊讶得哑口无言的是，就见这个身型巨大的、很为他的自控能力自豪的男人竟然把脸埋在双手当中，肩膀抽动，开始哭泣。过了一会儿，我问马修能不能告诉团体成员，是什么让他产生了如此强烈的情绪。

“当有人真正关心我的时候，”他一边说，一边擦掉脸上的泪水，“我真的感觉到了，在我内心的深处，就像刚才萨拉让我感觉到的，我身上好像发生了什么。我就没控制住。”

那天晚上，坐在昏暗教堂里发霉老旧的座椅上，空气里弥漫着咖啡的味道，外面雪花轻柔地飘落，我们都感觉到了共情的存在。两个一度坚持认为没有任何共同点的人找到了一种深深的久远的连接。他们之间的连接继续扩展，涵盖了我们所有人，最后还会超越我们这个小圈子，延伸到外面的世界。因为那天晚上道别时，我们每一个人都感觉到了共情的力量，记住了一个护士敏感的回应如何平复了一个女人的恐惧；记住了她又是如何带着这个护士的关爱和体贴，再心怀感激地、几乎是虔诚地传递给另一个痛苦挣扎的灵魂；也记住了见证这个互动的所有人是如何感觉到我们自己内心中发生的转变。

我想象萨拉那天晚上回到家之后，一边煮茶，看着厨房窗外雪花飘落，一边想着马修和其他团体成员。我想到马修回家后走上楼把他家的两个小男孩儿塞到床上，告诉他们说他爱他们。他曾经告诉过我，没喝醉的时候自己最大的快乐之一就是吻着他的儿子们说晚安，然后早晨醒来的时候再回忆起这个时刻。我想着团体里的所有人，回想他们的挣扎、他们的胜利，和他们持续努力着在他们的生命中寻找意义和目的。我想到了我的父母、弟弟和所有的亲戚、朋友、老师，他们都是我人生旅途中的一部分。那天晚上我回到家，听了太太和女儿们关于她们那天的事情，我感觉到一种平和，和对我生命中所有眷顾的一种更深的感恩。

共情就是这样起作用的，不是突如其来、轰轰烈烈，而是慢慢地，就像太阳从远处的山上升起，渐渐地产生觉察的曙光，把理解和领悟的温暖播撒开来。共情的光照亮了我们最深层的需要，让我们永远不会忘记：我们的生存都依赖于我们准确地理解并敏感地回应彼此的能力。共情是我们的共同语言，它能说出我们内心最深沉的渴望，能清晰地表达出灵魂中最痛苦的问题。

通过审慎的行为和互动，共情能产生看不见的连接，把我们都拉在一起，一个人跟另一个人，街区跟村庄，社群跟国家，民族跟整个星球。因为共情产生的这种连接性，这个世界本身变得不再那么让人害怕。归属感取代了孤独，陌生人不那么陌生，防御没那么必要，希望代替了无望，怀疑给信念让路，怨恨逐渐褪去。而我们的心，曾经因为恐惧和痛苦而关闭，现在则为可能的宽恕而敞开。

这就是，共情的力量——和它的承诺。

致谢一

过去的25年里，我似乎都在以不同的方式为这本书工作，也曾经得到过很多善良的人们或直接或间接的帮助。

每个人在生命中都需要一个精神支柱，我的妻子卡伦就是我的支柱。我们在我生命最艰难的时光中相识，让我感觉到了精神的回归。你对生命的热爱，最重要的是对有意义的关系的热爱，已经融入这本书的每一页里。你“再写一本给大众的书”的建议是我所需的全部动力。谢谢你读过书中的每一个字，对每一版书稿都给出你坦诚且有见地的评论。坦诚很需要勇气，而这正是你的天赋。你的心中仿佛蕴藏着无尽的可能。

我们的孩子们就是我生命的快乐来源。没有哪种经验比为人父母更能教会我共情的深远意义。我们的女儿艾瑞卡，你的勇气和积极的社会参与度一直都是我的灵感来源。你探索的能量和“尝试新的事情”“遇见不同的人”表明了你对这个世界的开放度，也为我们家带来了新鲜的空气。我们的女儿阿莱娜，你的温暖和爱意让人每天跟你在一起都很快乐。每一个“我爱你，爸爸”都让我下一页写起来更为轻松，让下一个故事讲起来更有意义。

我最伟大的老师是我的母亲卡尼（Carnie）和我的父亲老亚瑟。我永远感激你们教给我共情和坚定不移的爱的真正含义。

我亲爱的朋友凯瑟琳·柯茜（Kathy Ketcham）是写作大师。你的见解、创新、坚毅，以及最重要的，让口语跃然纸上的神奇能力，都让我感激不尽。你的共情遍布全书。你帮我把我的个人想法，最重要的是我的家庭所教给我的东西都清晰地呈现出来。如果没有跟你的合作，我无法将本书写成。谢谢你的耐心、你对我工作的坚定信任、对共情的力量的坚定信念。我会永远心怀感激。

我的作品经纪人简·迪斯特尔（Jane Dystel），非常感谢你准确无误的坦率、能量、付出和毅力。简的合作伙伴米利亚姆·戈德里奇（Miriam Goderich），谢谢你的见地让整个方案和最终的书稿更加完善。

达顿·普卢默（Dutton Plume）出版公司的主编布赖恩·塔特（Brian Tart），从我们的第一次会谈，我就对我们的合作感觉很好，这种感觉又转变为对你的能量、热情、组织能力和你尽可能把这本书带给更广大读者的付出的深深感激。我感谢达顿公司宣传部主管丽莎·约翰逊（Lisa Johnson）的及时反馈和宣传智慧，也很感谢助理编辑卡拉·霍兰德（Kara Howland）和文字编辑苏珊·布朗（Susan Brown）的最称职的努力。

我非常幸运有一个一直支持我工作的大家族。因为多年来我得到的关爱和善待，我要特别感激玛丽和菲尔·乔拉米卡利（Mary and Phil Ciaramicoli）、安和多克·迪威陶瑞欧（Ann and Doc DiVittorio）、奥尔佳和弗兰克·迪威陶瑞欧（Olga and Frank DiVittorio）、珍妮和麦克·菲茨帕特里克（Jeanne and Mark Fitzpatrick）、盖瑞（Gerry）和苔希希尼、唐纳和飞利浦·伍德（Donna and Philip Wood）。

感谢我的同事注册独立临床社会工作者（LICSW）安德烈·沃德斯坦（Andrea Waldstein）。我知道没有哪个心理治疗师能投入比你更多的时间和精力来理解和实施共情的力量。我们就共情方式的价值有过上百次的讨论。我感谢你的友谊和帮我澄清我的思考。

我的感激还要献给我的朋友、同事和练习伙伴鲍勃·切尼（Bob Cherney）博士和他的妻子玛丽·艾伦（Mary Ellen），你们在这本书的写作过程中给出了支持性建议；献给我的同事和老朋友教育学博士瓦莱丽·索

耶 - 史密斯（Valerie Sawyer-Smith）、教育学博士彼得 • 史密斯（Peter Smith）和我们最亲爱的朋友黛安娜和理查德 • 维纳（Diane and Richard Werner），是你们证明了距离从来不能分开我们的心。还要特别感激理查德 • 弗莱克（Richard Fleck）牧师多年来的精神教导，以及护理专家弗丽达 • 阿尔贝蒂尼 - 达菲（Frieda Albertini-Duffy）和她和蔼可亲的丈夫丹尼斯（Dennis）。

波士顿朗格广播公司电台脱口秀《健康生活》（*Healthy Living*）节目的弗朗克 • 博耶（Frankie Boyer），谢谢你的支持、友谊和坚信在电台中讨论共情的价值。在我们每周的节目中，我既有收获也有乐趣——一种美妙的组合。我还要感谢制片经理约翰 • 马拉博（John Marable），谢谢你教会我如何在电台工作的知识。

意大利男高音歌唱家安德烈 • 波切利（Andrea Bocelli），你的唱片《浪漫曲》中的激情能让语言流淌。你的声音每天都提醒着我音乐如何让灵魂充满生机。

特别感谢我在西郊康复中心、西郊医疗中心和哈佛医学院的同事们给我提供了一个共情的工作环境。

最最重要的，强调千遍都不为过的是，我要感谢来向我寻求帮助的人们。是你们让我有幸知道即使是破碎的心也能得以修复。你们让我更加理解了人性，你们给了我灿烂的信念。我永远感激不尽。

——亚瑟 • 乔拉米卡利

致谢二

共情最深远的体验之一就是认识到，如果没有彼此，我们将一无所成。我对很多人都非常感激。我非常感激亚瑟·乔拉米卡利，一个富有激情和原则的人。他愿意对我敞开他的生活和内心，才让这本书得以完成。我深受他的勇气、智慧和人性的启迪。那些笑与泪都让我感激不尽。

是作品经纪人简·迪斯特尔把我的名字提议给亚瑟，我很感激她促成和滋养了这个合作关系。我也很感谢简·迪斯特尔作品代理公司的副总裁米利亚姆·戈德里奇对书稿的帮助。

我的作品经纪人凯瑟琳·安德森（Kathleen Anderson）有着不同寻常的慷慨精神。我非常感谢她坚定不移的支持、她对文字的热爱和她的抚慰人心。

达顿·普卢默出版公司的布赖恩·塔特在整个过程中一直都能付出他的精力、热情和支持。助理编辑卡拉·霍兰德在书稿准备出版的最后阶段给予了很大帮助；文字编辑苏珊·布朗也给出了很多有用的建议和仔细的修改。

我最初是从我的父母弗兰克和琼·柯茜（Frank and Joan Ketcham）以及我的兄弟姐妹麦克·柯茜（Mike Ketchem）、约翰·柯茜（John Ketchem）、比利·柯茜·希思（Billy Ketchem Heath）、黛比·柯茜·古迪夫（Debbie Ketcham Goodeve）那里学到了共情。我的母亲和父亲都会很喜欢这本书的；我只是希望他们真的能看到这本书。

我的好朋友们——美琳达·伯吉斯（Melinda Burgess）、沙朗·考夫曼-奥斯本（Sharon Kaufman-Osborn）、劳瑞·贝克（Laurie Becker）、玛丽莲·迪更森（Marilyn Dickinson）、特雷斯·西蒙（Tracee Simon）和扑克牌团队

成员——你们愿意倾听我，跟我共享欢笑与泪水，也愿意继续与我为伴。我的感激溢于言表。特别感谢美琳达读了这本书稿，并给出她的洞察和经验的智慧。

我的密友铂尔·贝斯曼（Perle Besserman）和曼弗雷德·斯泰格尔（Manfred Steger）给了我那么多，要的回报却那么少——有一天我会想法回报你们给我的馈赠。

露丝安（Ruthanne）同意把自己的故事写在这本书里，我想说我永远都不会忘记你。你的精神永放光芒。

我很感谢厄尼·库尔茨（Ernie Kurtz）教会我讲故事和灵性之间的关联；感谢威廉·F. 阿斯伯里（William F. Asbury）的故事让我20年前写出了我的第一本书；感谢梅尔·斯楚斯坦德（Mel Schulstad）内心的力量总能给我启迪；感谢惠特曼学院的古典文学副教授达纳·伯吉斯（Dana Burgess）对共情文字意义的理解。

我的孩子们——萝宾、艾莉森和本杰明·斯潘塞（Robyn、Alison and Benjamin Spencer）——你们的耐心、笑声和暖心的话语帮我度过了许多个日日夜夜，我想说工作永远不是第一位的。你们是我生命中的太阳、月亮和星星，没有你们世界将暗淡无光。

最后，我要感谢我的丈夫帕特里克·斯潘塞（Patrick Spencer），你的善良和悲悯之心会一直扩展着我能有幸生存其中的世界。对你给予我的所有厚爱，我都感激不尽。

——凯瑟琳·柯茜